창발 경영

창발경영

한국경제의 새로운 성공 DNA

· 이장우 지음 ·

創發經營

21세기북스

우리는 지금 시대적 전환기를 맞이하고 있다. 특별히 경제적 대전환을 경험하는 중이다. 경제의 틀은 '창조경제'로 바뀌고 있다. 내가 '창조경제'라는 키워드를 의식하기 시작한 것은 꽤 오래전이다. 1990년대 후반부터 불어닥친 벤처기업들의 대약진과 2000년대 초반 닷컴 열풍은 창조경제로 진입하는 관문이었다. 창조경제는 2010년 이후에 폭발적으로 진행되었지만, 그보다 10년 전인 2000년대 들어서부터 싹을 틔우고 있었던 것이다.

나는 심상치 않은 낌새와 중요성을 감지하고 2009년에 재단법인 창조경제연구원을 설립했다. 창조경제의 개념을 알리고 정책적 대안들을 연구하기 위해서였다. 특히 '1인 창조기업'이라는 개념을 만들어 정부에 정책 대안을 제안했다. 다행히 2011년에 '1인 창조기업 육성에 관한 법률'이 제정됨으로써 창조경제의 새로운 주체를 세우기 위한 육성 기반을 마련할 수 있었다.

이와 함께 창의 인재 육성을 위한 국가 차원의 파트너십 제도의 필요성을 강조하면서 '청년 창직'의 개념을 제안하였고 콘텐츠 산업을 중심으로 한 '창의인재 동반제도'라는 정부 차원의 지원 프로그램을 가동하는 데 기여했다.

지난 30년을 돌이켜보니 나는 주로 한국의 강소기업들을 연구해왔다. 그 덕분에 항상 우리 곁에 소리 없이 다가오는 '미래의 모습들'

을 한발 앞서 관찰할 수 있었다. 1985년에는 메디슨이라는 1세대 대표 벤처기업의 창업에 엔젤 투자자이자 경영 자문으로 참여했다. 그 인연으로 수많은 1세대 벤처기업인들과 교류하면서 한국식 경영의 현재와 미래에 대한 현장 밀착형 연구를 할 수 있었다. 그 연구 결과를 정리한 것이 나의 첫 번째 저서『세계를 이기는 우리 경영, 혼경영』이다. 이 책을 통해 그 당시 "가장 한국적인 것이 세계적이다"라는 화두를 실천에 옮기고 있던 벤처기업들의 도전과 경영 방식을 서술했다.

그리고 2000년대에 들어서면서 나는 창조경제라는 미래를 목격할 수 있었다. 당시 내 마음을 사로잡은 건 대중이 주목했던 닷컴 열풍과 같은 기술 창업의 미래가 아니었다. 그보다는 어려운 여건에서 꽃피기 시작한 한국인의 창의력이 내 눈길을 끌었다. 나는 문화 콘텐츠에 대한 우리의 잠재력을 미래로 느끼기 시작했다. 그 시절은 '한류'라는 단어도 등장하지 않았을뿐더러 문화와 산업의 융합을 어색하게 여기던 때였다.

나는 2002년에 CJ엔터테인먼트의 이강복 대표이사, SM엔터테인먼트의 이수만 프로듀서, 난타의 송승환 대표 등을 설득해서 사단법인 문화산업포럼을 창립했다. 이 포럼은 산업적 기반이 취약한 콘텐츠 업계를 위해 정책적 대안을 마련하고 공통의 목소리를 내는 일로 출발했다. 그리고 이후 영화, 드라마, 음악, 공연, 뮤지컬, 게임, 만화와 캐릭터 등 핵심 장르는 물론 기술 벤처, 출판, 클래식 등에 이르기까지 다양한 창조 분야의 기업가와 전문가들이 교류하고 토론하는 장으로 발전했다.

하지만 경영학자인 나의 가장 큰 관심사는 역시 '한국식 기업 경영의 미래'였다. 변화의 미래에 우리 기업들이 어떻게 대응하고 있는지를 관찰하고 연구하는 것이 가장 중요하게 여겨졌다. 다행히 2008년부터 3년간 우리나라의 대표적 강소기업들을 100곳 가까이 심층 연구할 기회가 주어졌다. 그 연구 결과들은 『대한민국 강소기업, 스몰자이언츠』라는 한 권의 책에 담겼다.

2014년 나에게 또다시 '한국식 기업 경영의 미래'라는 화두를 깊이 파고들 기회가 생겼다. 그래서 1994년의 첫 저서 『혼경영』을 낸 이후 20년간 연구한 많은 내용을 새롭게 조명하고 미래에 투영해보았다. 또한 2008년 글로벌 금융위기 이후 두드러진 경제·산업계의 추세와 사례들을 미래의 관점에서 관찰하려 했다.

이와 같은 나의 연구 역정은 한국 경제의 미래 패러다임을 조망하는 데 중요한 밑바탕이 되었다. 그러나 내 단출한 경험과 좁은 시야만으로 과거를 새로운 관점에서 분석하고 미래를 조망하기는 매우 버거웠다. 다행히 나는 학창 시절부터 훌륭한 선생님들의 가르침과 선배들의 도움을 많이 받아왔다. 특히 창조경제의 전환기에 새로운 미래 패러다임을 제안하려는 이 책을 완성하는 데는 두 스승님의 가르침이 토대가 되었다.

박사과정 지도교수이셨던 고故 김인수 교수님은 나에게 학문의 세계를 열어주신 분이다. 2003년 불의의 사고로 돌아가시기 2년 전 한국 기업들의 과제를 세계적 이론가의 안목으로 일목요연하게 정리하셨다. 나는 그분이 정리한 한국식 기업 경영의 미래 특성을 디딤돌 삼아 한국 기업이 지난 10여 년간 어떠한 변화를 거쳤으며, 무엇이 극복되고, 무엇이 미래 과제로 남아 있는지를 분석할 수 있었다. 그분은 나에게 연구 방법론의 체계를 가르치심으로써 현상을 분석할 수 있는 학습 능력을 키워주셨다.

또 한 분의 스승이신 안소정 교수님은 한정된 울타리에 갇혀 있던 내 정신과 마음을 활짝 열어 우주만큼 큰 통찰의 세계로 이끌어주셨다. 심리학자 프로이트Sigmund Freud와 융Carl Gustav Jung이 설명했듯이, 인간에게는 무의식이라는 깊이를 알 수 없는 내면의 심연이 존재한다. 그리고 집단 무의식이라는 정신적 자료의 저장소를 통해 역사적·문화적 원형들을 공유한다. 안 교수님께서는 인간 개인에게 잠재의식이라는 방대하고 깊은 기억의 정보source data가 있음을 알려주셨다. 나아가 우주에는 선각자들이 깨닫고 연구한 실적을 축적한 정보 보관 창고big-data storage가 있다고 하셨다. 이를 통해 우주의 총체적인 정보를 활용할 수 있고 인간들이 이 땅에 왜 와야 하는지 어떤 마음으로 성공을 이루며 살다가 가야 하는지를 일깨워주셨다.

우리는 일상에서 자신을 관찰하며 반성하고 각성하여 연구함으로써 통찰력을 증대시키고 지혜를 키울 수 있다. 그리고 이를 통해 영성을 발전시키고 창조적인 삶을 살 수 있다. 스승은 우주와 인간이 단순히 물질만이 아니라 눈에 보이지 않는 정보로 구성되어 있음을 느끼게 하셨다. 그리고 물질론에 입각한 삶은 눈앞의 이익에 집착할 수밖에 없지만, 정보론에 입각한 삶(발전된 정신과 위하는 마음)은 더 좋은 정보 축적data gathering과 함께 정보를 공유data sharing하는 큰 뜻을 세워감으로써 온 세상에 선순환을 일으킬 수 있다는 지혜를 전해주셨다.

이 책의 집필은 박은주 전 김영사 대표의 제안이 직접적 계기가 되었다. 그는 20년 전인 1994년에 출간된 저서 『한경영』을 수정·보완해 재출간하자고 제안했다. 한국식 경영에 관한 책이 필요해진 것이 사실이었다. 하지만 최근 한국 기업들이 보인 도전과 혁신을 담아내려면 더 많은 공부가 필요했다. 특히 한국식 경영의 미래 경쟁력에 대한 분석과 평가가 절실하게 느껴졌다.

마침 한국의 대표적 사회학자인 서울대 이재열 교수가 사회학 관점에서 한국식 기업 경영을 연구해온 터라 세 사람이 모여 수차례에 걸쳐 한국식 경영의 과거, 현재, 미래에 대해 진지한 토론을 벌이게 되었다. 비록 세 사람이 함께한 공저로 발전하지는 못했지만, 이 과정이 집필에 중요한 밑거름이 되었음을 밝히고 싶다.

이와 함께 항상 미래에 먼저 서서 나를 도와주신 이수만 SM엔터테인먼트 회장께 감사를 드린다. 또한 대한민국 창발 경영의 전범典範을 보여준 이해진 네이버 이사회 의장과 네이버 사례를 연구하도록 허락해준 김상헌 대표께도 감사드린다. 이분들의 앞선 도전과 성공 사례가 없었다면 대한민국의 창조경제를 자신 있게 논할 수 없었을 것이다. 그리고 2009년 (재)창조경제연구원 설립 이래 많은 도움을 준 임태희 전 의원께도 깊은 감사를 드린다.

내가 미래를 공부하도록 길을 열어준 분들은 이민화 벤처기업협회 고문을 비롯해 변대규 휴맥스 대표, 남민우 다산네트웍스 대표, 김덕용 케이엠더블유 회장, 조현정 비트컴퓨터 회장, 황철주 주성엔지니어링 회장, 성명기 이노비즈협회장 등 대한민국 벤처업계의 대부들인 것 같다. 이분들의 도전이 열매를 맺어 이제는 매출 1조 원을 넘는 중견 벤처기업들이 적지 않다.

나는 수년 전부터 이분들이 모인 글로벌중견벤처포럼에서 정준 쏠리드 대표, 박윤민 디스플레이테크 대표, 김철영 미래나노텍 대표 등과 많은 토론을 통해 소중한 공부를 했다. 또 유니베라의 이병훈 총괄사장, 아이디스의 김영달 대표, 제닉의 유현오 대표 등과의 교감을 통해 경영의 지혜를 배울 수 있었다. 벤처캐피털 업계에서는 고정석 일신창투 대표와 문규학 소프트뱅크 코리아 대표가 늘 새로운 자극을 주었다.

이와 함께 한국 경제의 토대를 놓은 삼성, 현대, LG, SK 등 대기업들의 성공 경험을 통해 한국의 기업가정신에 대한 통찰력을 얻을 수 있었다. 삼성전자의 권오현 부회장님과의 수차례 걸친 대화와 토론을 통해 깊이 있는 공부를 할 수 있었다. 그리고 아산 정주영 탄생 100주년을 기념해 아산리더십연구원이 제공한 연구 기회는 한국식 기업 경영의 뿌리를 이해하는 데 큰 도움이 되었다. 바른 경영을 실천하고 있는 교보생명의 신창재 회장님으로부터는 한국식 경영의 미래에 대해 더 많은 생각을 할 수 있는 기회를 얻었다. 또한 한국 중소·중견기업들의 경쟁력 강화를 위해 헌신하고 계신 중소기업중앙회의 김기문 회장님과 중견기업연합회의 강호갑 회장님께도 이 자리를 빌려 감사를 드린다. 한국 경제의 혁신 방향에 대해 많은 가르침을 주고계신 현정택 국민경제자문회의 부위원장님과 서동원 규제개혁위원장님께도 심심한 감사를 드린다.

이 책이 논리적 체계를 잡아가는 데는 서울과학종합대학원의

'K-way 한국형 경영 CEO 강좌'에서 행한 세 차례의 강의가 큰 도움이 되었다. 강의란 남에게 지식을 제공하는 일이지만 오히려 강사 스스로 배우는 바가 더 큰 것 같다. 강의 기회를 마련해주신 김일섭 총장님께 감사를 드린다.

끝으로, 서구 이론 일변도의 학문 추세에도 불구하고 평생을 한국적 경영의 연구에 매진해오신 신유근 교수님을 비롯한 한국 경영학계의 원로 및 선배 교수님들께도 깊은 감사를 드린다. 세계 시장에 우뚝 선 한국 기업들의 경영 방식에 대해 전 세계 연구자들의 관심이 커지고 있는 만큼, 우리 기업들의 현재와 미래를 통찰한 이론과 저술들이 더 풍부하게 나오기를 기대한다.

이장우

CONTENTS

• 서문 •

대한민국, 속도 경영을 넘어 창발성 시대로

"지금까지의 인간은 이미 너무 많이 행동했고 너무 적게 사유했다."

– 하이데거 –

한국 경제는 지금까지 극한의 속도 경쟁을 벌여왔다. 이것이 눈부신 성장의 원동력이 되어왔음은 아무도 부정할 수 없다. 그러나 이제는 속도 경쟁이 한계에 부닥쳤다. 곳곳에서 그 징후를 찾을 수 있다. 우선 후발 주자로서의 이점이 급격히 사라지고 있다. 속도의 추구가 가져온 부작용도 속출했다. 안전 불감증, 양극화, 스트레스 등이 우리 사회에 어두운 그늘을 드리우고 있다. 속도 경쟁을 지탱해주던 사회의 기반이 흔들리는 상황을 맞이하게 된 것이다. 이제 한국 경제는 구체제의 끝자락에서 미래를 끌고 나갈 새로운 패러다임을 절실히 원하게 되었다.

그럼에도 정작 우리 국민들과 기업들은 새로운 경제 패러다임에 대응할 준비가 충분하지 않은 것으로 보인다. 이는 생존 위기에 직면해서야 화들짝 움직이는 우리 특유의 속성 때문이기도 하다. 하지만 아직도 과거 성공 패러다임에 안주하고 있는 탓이 더 큰 것 같다.

지금까지의 한국식 성공 패러다임은 단연코 속도 경영이었다. 한국의 속도 경영은 산업화의 대전제로 출발했다. 1960년대 산업화를 시작하면서부터 '최소한의 비용으로 최단시일 안에' 과업task을 완수하는 것이 성공의 지상 과제로 등장했다. 이를 위해서는 기계화도 필요했지만, 전 조직 구성원이 하나로 뭉쳐서 온 힘을 한데 모음으로써 속도를 높이는 경영 방식이 필수적이었다. 말하자면 한국 기업의 스피드 역량은 구성원들을 북돋우는 신바람 경영super-synergy으로 발휘되었다.

신바람 경영은 한국인의 정서를 십분 활용한 경영 방식이다. 한국인의 정서는 '정情'이란 한 글자로 표현된다. 즉 조직 구성원 간에 공동체의식과 따뜻한 인간적 교감이 형성되면 일에 몰두하고 열정을 발휘하는 속성이 있다. 그래서 한국 전통문화는 '흥'의 문화로도 불린다. 공동체의식이 촉발되고 '흥'이 일어나면 구성원들은 집단의 운명을 자기 자신의 운명으로 받아들인다. 집단의 명예가 곧바로 자신의 명예가 된다. 이때 '신바람'이라는 집단적 초능력이 발생한다.

현대의 정주영, 삼성의 이병철 신화도 이 신바람을 바탕으로 이루어졌다. 그리고 이러한 기업 차원의 활동들은 그 범위를 넓혀갔다. '가난을 극복하자'는 국가적 공감대, 즉 '잘살아보세'의 정신과 어우러져 국가 차원에서 신바람 에너지를 창출한 것이다. 그리고 그 동인으로 한강의 기적을 일구어냈다고 할 수 있다.

하지만 신바람 경영은 너무 감성적으로 흐르는 약점이 있다. 무엇보다도 지속적이지 못하다는 비판을 받는다. 특히 집단의 공동체의식이 깨지는 순간 지금까지의 장점이 단점으로 돌변한다. 신속한 행동은 부실 공사를 낳는 대충주의로 흐를 수 있다. 선의의 경쟁은 이전투구로 돌변하기도 한다. 강한 독립심이 오히려 조직의 규율을 흐트러뜨리고 대규모 노사분규를 낳을 때도 있다.

산업화의 에너지로 작용한 신바람 경영 패러다임은 1990년대에 들어오면서 그 힘을 잃기 시작했다. 민주화, 국내 시장 개방, 국제경제 환경 변화 등이 중요한 이유다. 특히 1997년 IMF 경제위기를 기화로 산업화의 성공신화들이 하루아침에 무너져버렸다. 하지만 구조조정과 경영혁신을 통해 살아남은 기업들은 새로운 성공신화를 또다시 써내려갔다. 산업화 이후 기운을 잃은 기존 경쟁력의 한계를 극복하며 정보화의 새로운 기회를 획득했다. 이는 '융합 경영 convergence management'이라는 패러다임으로 뒷받침되었다.

산업화 시대 신바람 경영은 집단과 조직의 힘을 모으는 데 목적을 두고 있었다. 이에 비해 융합 경영은 갑자기 닥쳐온 문제들을 신속히 해결하는 과정에 필요한 이론, 관점, 지식, 경험, 노하우 등을 모으고 결합해 혁신적인 해법을 제시하는 데 목적이 있었다.

융합 경영은 기업이 당면한 문제에 대한 인식에서 출발한다. 그리고 이를 해결하는 데 필요한 요소들을 주변으로부터 발굴하여 이들과 함께 빠른 속도로 문제를 해결해나간다. 이로써 혁신을 이루고 경쟁자와 차별화해나갈 수 있게 하는 것이다. 이러한 융합 경영은 내부 효율성만을 강조하는 전통적인 경영 패러다임과는 맥을 달리한다. 그 대신 '시장 지향적'이라는 특징이 있다. 즉 시장의 요구와 환경 변화를 예측하고 이에 신속히 대응하기 위해 외국 제휴선, 협력 업체, 외부 전문 기관 등 외부 조직들과 적극적인 소통과 협력을 펼친다.

융합 경영 프로세스는 프로젝트, 사업부, 전사적 차원 등 모든 조직 단위와 수준에서 동시에 적용되었다. 그리고 기존 신바람 경영과 상호 보완 또는 상승 작용을 만들어냄으로써 한국식 속도 경영의 효과를 배가시켰다. 환경 변화와 시장 요구에 따라 몸을 바꾸는 한국 기업 특유의 유연성은 바로 이 속도 경영으로 가능했다.

이렇듯 한국식 속도 경영은 산업화 30년(1960~1980년대)과 정보화 20년(1990~2000년대)을 이어오면서 위기 극복과 고도성장의 핵심 수단이 되었다. 그러나 최근 들어서 급격히 힘을 잃어가고 있다. 한국을 대표하는 제조 대기업들의 경쟁력이 하락하고 낮은 경제 성장률이 계속되고 있다. 이런 추세는 새로운 혁신 수단이 필요하다는 신호임이 틀림없다.

한발 늦게 출발하여 선두 주자를 따라잡던 특유의 강점은 이제 좀처럼 실현되기 어렵다. 또한 세계 최고 수준의 노동시간과 자살률, 치솟는 이혼율, 줄어드는 중산층 비중 등 사회 전반의 현상을 살펴볼 때 이제 속도 경쟁에 의존하기 어려운 형편임이 확실하다.

과거 패러다임의 절정 속에는 미래가 들어 있다. 우리는 이제 속도 시대의 뒤를 이을 새로운 주체들을 곳곳에서 목격하고 있다. 이들은 창발성emergence 시대의 주역들이다. 국내 기업 중에서는 라인, 카카오톡 같은 SNS를 제공하는 기업들과 세계로 뻗어가는 한류 콘텐츠 회사들이 이들의 대표라 할 수 있다. 세계로 눈을 넓히면 지구

촌 인터넷과 모바일 시장을 장악한 구글과 페이스북 같은 기업, 세계 커피 시장에서 새로운 틈새를 발굴한 네스프레소 등이 보인다. 이들은 남보다 빨라서 성공한 것이 아니다. 기존 시장을 뒤집고 존재하지 않는 새로운 시장을 만드는 파괴적 혁신을 통해 미래를 지배한 것이다.

새로운 혁신 패러다임으로서 창발 경영emergence management은 극단적 불확실성 속에서 기회를 포착하고 투자를 감행함으로써 성공을 일구는 과정이다. 이를 위해 먼저 뜻과 비전을 우뚝 세운다. 그리고 확고한 실천 의지를 지니고 반복적 투자와 활동을 감행하면서 불현듯 떠오르는 기회를 획득해 새로운 가치를 구현해나간다.

네이버 라인의 성공 사례를 보면 행운이 작용한 것처럼 보인다. 지진이라는 천재지변 중에 우연한 기회를 발견한 억세게 운 좋은 경우로 느껴질 수 있다. 또한 음악이나 드라마 등의 콘텐츠 역시 우연히 히트하는 것처럼 보인다. 하지만 전혀 그렇지 않다. 창발성 시대에 이루어진 큰 성공들은 수많은 시간과 막대한 금액의 투자가 바탕이 된다. 즉 끈기와 정성의 산물이다. 물론 창업자의 직관과 학습된 능력이 이를 든든히 뒷받침한다.

창발 경영은 '뜻과 비전을 세우고 이를 실천할 확고한 의지를 기반으로 반복적 투자와 활동으로 때를 기다리다가 불현듯 떠오르는 기회를 획득해 새로운 가치를 구현하는 과정'이다. 이는 과거와 현재의 입장에서 자신을 보지 않고 미래의 자기 위치, 즉 정체성을 먼저 보는 패러다임이다. 변화하는 환경을 좇아 멋지게 적응하려는 차원을 넘어 스스로 변화 그 자체가 되려는 경영 방식이다.

창발 경영을 실천할 때는 물질 자원보다 인간의 통찰력과 지혜 같은 소프트 자원이 훨씬 더 강력한 힘을 발휘한다. 물질과 지식은 쓸수록 고갈된다. 그러나 소프트 자원은 쓴다고 마르지 않는다. 오히려 커지고 늘어나는 속성을 지니고 있다. 그래서 소프트 경영의 하나인 창발 경영은 비록 기대보다 경제적 성취가 늦을 수 있지만 지치거나 에너지가 고갈되지 않는다는 장점이 있다.

창발성 시대는 우리에게 새로운 과제를 던져 주었다. 선진 이론과 지식을 배우고 따라 하는 수준을 뛰어넘어 스스로 깨달아 전에 없었던 참신한 제안을 해야 한다. 때마침 제기된 '창조 경제'는 우리의 아이디어와 상상력이 사회적 부 창출의 핵심 요소가 됨을 강조한다. 하지만 창조 경제란 단순히 신성장 동력을 발굴해 그로부터 일자리를 만들어내고 그것을 국민에게 나누어주는 개념이 아니다. 창조 경제는 보통 사람들이 창조적인 활동으로 스스로 삶을 살아가며 행복을 추구하는 과정에서 국가의 부가 자연스럽게 만들어지는 경제를 말한다. 미래의 성장 동력은 평범한 사람들이 창조해내는 비밀스러운 힘으로부터 나오기 때문이다.

이러한 창발성 시대를 사는 경제 주체들은 과거와는 다른 모습이어야 한다. 먼저 개인은 일상에서의 깨달음으로 스스로 미래를 열어가야 한다. 먼저 자신에 대한 믿음을 지니고 이를 기반으로 자기 내면으로부터 불현듯 솟아나는 상상력과 지혜의 힘을 키워야 한다. 한편 기업들은 정해진 목표를 향해 힘껏 달려오던 관성에서 벗어나 '멈출 줄 아는' 태도를 지녀야 한다. 그래야 세상 흐름도 판단할 수 있고 자신의 존재 이유와 비전을 만들어낼 수 있다. 그리고 정부는

'평범한 국민과 소통'해야 한다. 창발성 시대의 주역은 평범한 국민이기에 이들에게 주파수를 맞추어야 한다. 또한 장자의 소통 철학이 반영된 '조삼모사'의 지혜를 되새길 필요가 있다. 하루 공급량이 똑같이 일곱 개라도 상관없다. 국민은 아침에 네 개를 먼저 받기를 원할 수도 있기 때문이다. 즉 국민 심리를 헤아려 새로운 정책 대안을 마련할 줄 아는 '창의적' 정부가 되어야 한다.

처음 이 책은 한국식 기업 경영의 본질을 밝히고 그것이 변화하는 미래에 어느 정도 경쟁력이 있는지를 알아보려는 의도에서 시작되었다. "성장 산업은 없다. 기업의 혁신과 도전만이 있다"[1]는 유명한 말처럼, 지난 50년간 우리 기업들의 혁신과 도전의 역사가 '한강의 기적'과 'IT 강국 신화'를 만들어냈다. 그리고 앞으로 이들이 어떻게 혁신하고 도전하느냐에 따라 국가의 운명이 달렸다고 해도 과언이 아니다.

또한 우리 기업들은 지난 20년 동안 "가장 한국적인 것이 가장 세계적일 수 있다"는 말을 증명해 보였다. 하지만 지금은 "가장 세계적인 것이 한국적인 것은 아니다"는 한계를 극복해야 할 상황에 있다. 특히 흥의 문화에 기반을 둔 신바람과 '빨리빨리' DNA를 활용한 융합 경영만으로는 21세기를 헤쳐나갈 수 없게 되었다. 그렇다고 바깥으로부터 체질에 맞지 않는 패러다임을 수입해올 수도 없는 일이다. 성공 기업, 선진 국가가 되기 위해서는 자신이 만든 패러다임으로 자신의 길을 헤쳐나가야 한다.

우리는 시간을 거꾸로 돌려 우리의 잠재의식 속에 존재하는 성공

DNA를 새롭게 찾아내야 할 것 같다. 그것은 단군신화에서 환웅과 결혼해 한민족을 잉태한 웅녀가 보여준 '끈기와 정성'인지 모른다. 아니면 기나긴 역사의 고난을 헤쳐온 '은근과 끈기'일지 모른다. 어쨌든 우리 내면에는 기회와 틈새를 찾을 때까지 끈기와 정성으로 기다리며 노력할 줄 아는 인내심과 지혜가 존재한다. 이것이 창발 경영의 핵심이다.

결국 이 책은 우리 민족의 창조적 DNA를 오늘에 되살려 미래에 닥칠 위기를 극복하고 새로운 기회를 잡아나가야 한다는 절박함에서 비롯되었다. 특히 한국 기업들이 변화하는 미래에 제대로 대응하는 데 필요한 새로운 혁신 패러다임을 제안하고자 했다. 이를 위해서는 지난 50년 동안 한국 기업들이 수행해온 도전과 혁신의 과정을 분석하고 정리할 필요가 있었다.

따라서 이 책의 1부에서는 한국식 기업 경영의 출발과 발전 과정을 추적한다. 산업화와 정보화 시대에 한국 기업들은 속도 경영이라는 독특한 패러다임으로 변화에 대응하고 혁신을 수행했다. '한강의 기적'을 일구는 데 핵심 에너지가 된 신바람 경영과 'IT 강국' 신화를 만들어낸 융합 경영은 한국식 속도 경영을 구성하는 핵심 경영 방식이다.

그러나 이러한 속도 경영이 한계에 봉착했다는 평가와 함께 한국식 기업 경영의 미래에 대한 성찰과 대안 제시가 필요한 실정이다. 그래서 2부에서는 한국식 기업 경영의 특징을 설명하고 미래 방향을 제시한다. 한국식 기업 경영에 대한 이론적 비판에도 불구하고 실제 한국 기업들이 실천으로 보여준 특징과 강점이 무엇인지, 그리고 그것들이 미래에 얼마나 유지될 수 있는지를 살펴본다. 그리고 새로운 성공 패러다임에 기반을 둔 미래 도전의 필요성을 주장한다.

끝으로 3부에서는 새로운 성공 패러다임으로서 창발 경영을 제안한다. 창발 경영은 속도 경영을 대체할 새로운 혁신 패러다임이다. 경제 주체들은 이를 토대로 다양한 분야에서 기회의 틈새를 발굴하고 새로운 가치를 창출할 수 있다. 이 책은 창발 경영의 구체적인 실천 프로세스를 제시함으로써 개인뿐만 아니라 집단과 기업, 그리고 정부에 이르기까지 다양한 수준에서 창발하는 인간의 통찰력과 지혜라는 고갈되지 않는 자원들을 활발하게 활용할 것을 제안한다. 한국식 기업 경영의 미래에 대해 관심이 많은 독자들은 바로 3부부터 읽을 수 있게 구성했다.

창발성 시대는 평범한 사람들이 기업가정신을 발휘하는 때다. 자기 뜻과 의지로 새로운 기회의 틈새를 찾아 경제적, 예술적, 사회적 가치들을 창출하며 스스로 인생을 행복으로 이끄는 시대다. 자신이 원하는 일을 찾아 창업과 취직이라는 전통적 방법뿐만 아니라 1인 창조기업, 메이커스, 프리랜서, 전문 아티스트, 협동조합 등 다양한 형태로 기업가정신을 발휘할 수 있다.

따라서 창발성 시대는 '기업가 성공 시대'가 될 것이다. 1970~1980년대에는 '샐러리맨 성공 시대'가 열리면서 직장 생활에서 자신의 꿈을 키웠다. 뒤이은 21세기는 세상의 작은 틈새를 찾아 기회를 잡아냄으로써 자기 뜻을 실현하는 '평범한' 기업가들의 세상이 펼쳐질 것이다.

창발성 시대의 주역으로서 기업가의 모습은 커다란 위험을 감수하면서 대규모 조직을 끌고 가는 '모험가'가 아니다. 그보다는 세상의 변화를 자신의 기회로 이용하는 '기회 추구자'에 더 가깝다. 인간 수명 100세 시대인 미래에는 기회 추구자가 오히려 더 안전한 삶을 영위할 수 있다. 왜냐하면 변화의 미래에는 가만히 있는 게 훨씬 더 위험하기 때문이다.

"청년들이여, 기회를 잡아라. 기회가 당신의 것이다.Boys! Seek your opportunities."

1

PART

한국식 속도 경영

"가장 한국적인 것이 세계적인 것이다"

創發經營

01

신바람 경영

'하면 된다'가 '한강의 기적'을 만들어냈다

한국식 경영 방식의 시초는 산업화의 전개와 함께 시작되었다. 정보화 시대 이전의 산업화 시대는 대량생산 체제를 기반으로 하는 '효율성의 시대'라고 할 수 있다. 이때는 남들보다 싼 가격으로 더 많은 수량을 생산해내는 것이 지상 과제였다. 그러나 전후戰後 한국은 암담한 현실이었다. 1인당 국민소득 100달러대의 경제 현실에서 대량생산 설비를 갖출 만한 자금도 없었을뿐더러 노하우와 경험도 전무했다. 그야말로 빈털터리였다. 이런 상황에서 산업화란 불가능에 가까운 일이었다. 이때 무에서 유를 만들어내는 유일한 방법은 사람의 힘을 활용하는 것이었다.

'하면 된다'의 정신으로 사람들에게 동기를 부여하여 그들의 잠재

능력을 이끌어내고, 그들이 열성과 자발성을 발휘하도록 하는 것이 산업화를 일으킬 유일한 성장 동력이었다. 그런데 '사람'의 중시가 꼭 산업화에서만 중요한 것은 아니다. 어떤 심오한 경영관리 방법이라 할지라도 궁극적으로는 인간의 정신적 에너지를 도출하고 활용하는 데 초점을 둔다. 그래서 산업화를 위해 등장한 신바람 경영이라는 인간 중심의 경영 방식은 시대의 변화에 아랑곳없이 계속 중요하게 활용되고 있다.

산업화에서 성공을 위한 과제는 '최소한의 비용으로 최단 시일 안에' 과업을 완수하는 것이다. 한국식 속도 경영의 출발도 이러한 산업화의 명제로부터 시작되었다고 할 수 있다. 기업들은 이러한 목표를 달성하기 위해 '빨리빨리'의 속도전에 전면적으로 나섰다. 산업화 시절의 대표 사업인 경부고속도로 건설에 대해 정주영 회장이 한 이야기를 들어보자.

> 430억 원의 최저 공사비로 전장 428km의 고속도로를 3년 안에 건설한다는 것은 국가로서도 모험이었고, 공사에 참여하는 건설 회사들로서도 자칫 잘못하다가는 결손을 보게 되어 있는 위험을 안고 시작하는 일이었다. 기업가는 이익을 남겨 소득과 고용을 창출하는 것으로 국가에 기여해야지 국가에, 사회에, 거저 돈을 퍼 넣는 자선 사업가가 아니다. 공사비가 아무리 빠듯해도 기업을 경영하는 사람 입장에서는 어떤 경우에도 이익을 남겨야 하는 것이 원칙이다. 탈법도 부실 공사도 해서는 안 된다. 그러면서도 이익은 남겨야 한다. 그렇다면 택할 수 있는 일은 역시 공사 일정 단축밖에는 없다.[1]

'최소한의 비용으로 최단 시일 안에' 일을 완수하기 위해서는 기계화도 필요했지만 전 조직 구성원들이 하나로 뭉쳐서 온 힘을 하나로 모음으로써 속도를 높여가는 경영 방식이 필수적이었다. 이런 한국 기업들의 스피드 역량은 바로 신바람 경영으로 발휘되었다.

인간의 내면에는 2가지 상반된 사회심리적 사이클이 존재한다. 이 2가지 사이클 중 부정적인 것은 조직 구성원들로 하여금 이기적 집단주의에 흐르고 소극성과 은폐의식을 나타내게 한다. 하지만 긍정적 심리 사이클도 있다. 이것은 조직 구성원들로 하여금 공존공생의 공동체주의를 지향하고 스스로 자발성과 창의성을 나타내게 하면서 다시 공동체의식을 강화하는 선순환을 일으킨다. 이러한 긍정적 사이클을 활용하는 것이 신바람 경영이다.

특히 한국인들은 긍정적 선순환의 사회심리적 사이클을 통해 강력한 집단 에너지인 신바람을 일으킬 수 있다. 여기에 대해서는 많은 사람이 공감하고 있다. 말하자면 '일할 맛이 안 나면' 나태해지고 노사분규도 불사하지만 일정한 조건이 충족되면 '죽을 동, 살 동' 일하는 모습을 보인다.

현대 정주영 신화

신바람 경영의 전범

대한민국 산업화 역사에 큰 발자취를 남긴 정주영 회장은 신바람 경영의 전범典範이라 부를 만하다. 그는 각종 사업에 도전하면서 "내가 믿는 것은 '하고자 하는 굳센 의지'를 가졌을 때 발휘되는 인간의 무한한 잠재 능력과 창의성, 그리고 뜻을 모았을 때 분출되는 우리 민족의 엄청난 에너지뿐이다"라고 말했다.[2] 즉 신바람을 에너지 삼아 어려운 사업에 도전해 성취했다는 것이다. 그의 신바람 경영의 예는 앞에서 언급한 경부고속도로 건설만이 아니다. 세계 조선사에 최단 시일 건설이라는 기록을 남긴 조선 사업에서도 그 전형을 찾아볼 수 있다. 그가 조선소 건설에서 실천한 신바람 경영의 내용은 다음과 같은 그의 회고에 잘 나타나 있다.

> 우리는 리바노스가 주문한 배 2척을 만들면서 동시에 방파제를 쌓고, 바다를 준설하고, 안벽을 만들고, 도크를 파고, 14만 평의 공장을 지었다. 최대 선 건조 능력 70만 톤, 부지 60만 평, 70만 톤급 드라이 도크 2기를 갖춘 국제 규모의 조선소 1단계의 준공을 본 것이 1974년 6월. 기공식을 했던 1972년 3월부터 2년 3개월 만이었고, 우리는 최단 시일에 조선소를 건설하면서 동시에 유조선 2척을 건조해낸 기록으로 세계 조선사에 남게 되었다. 그리고 1차 공사를 진행하는 도중에 시작한 확장 공사로 '현대조선'은 1975년 최대 선 건조 능력을 갖춘 세계 최대의 조선소가 되었다.
>
> 세계 조선사에 기록을 남기면서 그렇게 빠른 시일 안에 조선소를 만들 수 있었던 것을 나는, 5,000년 문화 민족인 우리의 잠재력과 저력의 총화가 만든 결과라고 믿는다. 우리 한국인은 모두 작심만 하면 뛰어난 정신력으로 어떤 난관도 돌파할 수 있는 민족이고, 무슨 일이라도 훌륭하게 성공시킬 수 있는 아주 특별한 능력과 저력이 있는 사람들이다. 인간의 정신력이라는 것은 계량할 수가 없는 무한한 힘을 가진 것이며, 모든 일의 성

패가, 국가의 흥망이 결국은 그 집단을 이루는 사람들의 정신력에 의해 좌우된다는 것을 나는 조선소를 지으면서 절절하게 느끼고 배웠다.

2,000명이 넘는 사람들이 다 같이 바로 우리가 조국 근대화에 앞장선 전위 부대라는 일체감으로 똘똘 뭉쳐서, 낮도 밤도 없이 거의 365일 돌관작업을 해냈다. 대부분의 임직원이 새벽에 일어나서는 여기저기 고인 웅덩이 물에 대충 얼굴을 씻고는 일터로 나가 밤늦게까지 일하고 숙소에 돌아와서는 구두끈도 못 푼 채 자고는 했다. 하루 이틀도 아니고 공사 기간 내내 그랬던 것을 생각하면, 당시 우리 '현대' 사람들의 그 투철했던 사명감과 강인한 정신력에 지금도 경의와 감사의 염이 출렁인다.[3]

신바람을 사전에서 찾아보면 "마음이 즐겁고 좋아서 일어나는 정서", 혹은 "신이 나서 활발하게 움직이는 정서" 등으로 정의되어 있다. 이는 한국인 고유의 정서를 반영한다.[4] 특히, 이 신바람은 현대그룹의 신화에서 보듯이 기업 경쟁력을 제고시키는 데 핵심적 수단이 되었다. 이 신바람을 조직 이론 측면에서 다시 정의하면 "조직 구성원들 간의 독특한 일체감에서 비롯된 일종의 사회심리적 에너지"라고 할 수 있다.[5] 이 에너지는 특정 개인의 심리적 결단이나 조직의 강요로부터 비롯되지 않는다. 이것은 구성원들의 상호 일체감으로부터 일어나는 특징이 있다. 구성원들 간의 일체감은 조직의 공동체적 질서와 문화적 바탕 위에서 형성된다. 정주영 회장은 이 신바람 에너지를 현대라는 기업 조직에서 창출해내었고, 이를 활용해 '세계 최대' 또는 '국내 최초'의 성과들을 달성했다.

정주영의 철학적 바탕과 신바람

잘 알려진 바와 같이, 아산 정주영은 1915년 함경북도 통천 산골에서 가난한 농부의 아들로 태어났다. 그의 공식 학력은 초등학교 졸업이 전부이다. 그러나 그는 초등학교에 들어가기 전 3년 동안 할아버지의 서당에서 『천자문』을 시작으로 『동몽선습』, 『소학』, 『대학』, 『맹자』, 『논어』를 배웠다. 또한 무제시, 연주시, 당시 등도 익혔다. 이러한 배움은 그의 철학적 바탕을 형성하는 데 큰 영향을 끼쳤다. 그것은 시대적 사명감과 책임의식으로 대변되는 선비정신이라 할 수 있다. 선비정신은 청렴과 청빈을 기본 가치로 삼으면서 일상생활에서 검약과 절제를 미덕으로 여기는 것이다.[6] 정주영은 그가 어릴 때부터 배운 유학을 토대로 사람 관계와 일에 있어서 다음과 같은 경영 철학을 실천했다.

첫째, 사람 관계에서 솔선수범과 공동체정신을 기본으로 삼았다. 그는 검약을 앞장서서 실천했다. 열아홉 살에 객지로 나와 막노동하던 시절부터 누구보다 지독하게 절약했다. 최초의 직장이었던 복흥상회에서 배달하며 받은 월급 중 무조건 절반을 저축했다. 보너스를 받을 때는 전액을 저축했다. 또한, 장작값을 아끼기 위해 저녁 한때만 불을 지폈다. 담배도 피우지 않았다. 배가 부른 것도 아닌데 연기로 날려버리는 돈이 아까웠기 때문이다. 전차값이 아까워 일찍 일어나 걸어서 출근했고, 구두를 오래 신기 위해 징을 박아서 신기도 했다. 이러한 아산의 솔선수범은 많은 부를 축적한 후에도 달라지지 않았다. 이는 평생에 걸쳐 계속되었다.[7]

정주영의 일상생활은 중산층의 삶과 비슷했다고 한다. 평범한 수

제화집에서 만든 같은 디자인의 구두 세 켤레를 30년 넘게 신었다. 그리고 평생 현장에서 머무르면서 위험한 일에는 누구보다도 먼저 나서며 직원들을 격려했다. 이러한 그의 솔선수범은 직원들에게 자극제가 되었을 뿐만 아니라 오늘의 현대를 만드는 데 있어 중요한 역할을 했음이 분명하다.

또한 정주영은 사업 초기부터 가족적 공동체를 강조했다. 그의 어머니는 사업 초기에 회사 직원들을 자식처럼 돌보고 보살폈다. 회사 야유회 때는 전 가족이 동원되어 직원을 위해 음식을 장만하곤 했다고 한다. 한국전쟁 당시 1·4 후퇴 때는 전 가족은 물론 직원들까지 모두 함께 부산으로 내려갔다는 기록이 있다. 부산에서는 집 마당에 숙소를 짓고 말단 기술자까지 같이 생활했으며 마당에서 함께 밥을 지어 먹으며 일거리들을 처리했다고 한다.

둘째, 일에 대해서는 개척정신과 신용을 중요시했다. 개척정신은 '아무도 손대지 않은 분야의 일을 처음 시작하여 새로운 길을 닦는 것'이라고 정의할 수 있다. 정주영은 이러한 개척정신을 근간으로 하여 새로운 분야에 남보다 먼저 진입했으며 수많은 난관에 부딪힐 때마다 스스로 극복해내는 모험심을 발휘했다. 그는 이런 개척정신을 바탕으로 국내 최초로 해외의 어려운 공사를 수주하여 성사시켰다. 그리고 국내 최초의 자동차 고유 모델인 '포니'를 개발하여 수출한 밑바닥에는 개척정신이 있다.

또한, 정주영은 일이 시작되면 '신용'을 최우선으로 여겼다. 수익이 나지 않거나 손해가 생기더라도 결코 신용을 저버리지 않았다. 낙동강 고령교 공사를 할 때는 이미 시작할 당시부터 손해가 예상되었지만, '기업가가 신용을 잃으면 모든 것이 끝이다'는 신념으로 묵묵히 공사를 완수했다. 이 공사로 생긴 빚을 청산하는 데 오랜 세월이 걸렸을 정도였지만 결국 신용은 열매를 낳았다. 그 후 정부가 손해를 무릅쓰고 묵묵히 공사를 완수하는 현대에 한강 인도교 복구공사를 맡긴 것이다. 현대는 이렇게 국가의 굵직한 토목 사업들을 수주할 수 있었다.[8] "신뢰는 신용이고, 신용은 곧 자본"이라는 그의 말은 항상 실천으로 옮겨졌다. 그는 현재의 이익보다는 가치 추구를 최우선으로 삼았다. 그중에서도 신용이라는 가치를 소중하게 여겼다.

이러한 정주영의 철학적 바탕은 신바람 경영으로 구현되었다. 그의 경영 리더십이 강력한 신바람 에너지를 만들어낸 데에는 다음과 같은 4가지 요인이 중요하게 작용했다. 이 4가지 요인은 바로 신바람 경영을 구성하는 단계이기도 하다.

첫째, 조직 수준에서 공생의식을 만들고, 조직에 대한 자부심과 구성원들 간의 인간적 유대감이 느껴지도록 관리했다. 기업 내 모든 직원이 하나의 공동체임을 강조하며, 기업이 국가의 이익과 경제 발전에 이바지해야 함을 강조했다. 이를 통해 조직 내 구성원들이 회사와 자기 일에 대해 자부심을 품도록 했다. 조선과 건설, 자동차 산업에서의 도전을 통해 현대의 목표가 단순히 이익 창출이 아니라 국가 발전에 기여하는 것임을 드러내었다. 이러한 회사 목표는 구성원들의 신바람 에너지를 창출하는 토대가 되었다. 그의 공동체의식은 회사의 울타리를 넘었다. 임직원뿐 아니라 협력 업체 가족들까지 모두를 '한솥밥 식구'라고 표현하며 공생의 정신을 북돋았다.

둘째, 구성원들이 자신의 업무를 자율적이고 경쟁적인 분위기에

서 하도록 했다. 정주영은 앞에서 언급한 것처럼 공동체의식을 기반으로 도전정신과 개척정신을 강조했다. 그는 "우리 '현대'는 장사꾼의 모임이 아니라, 이 나라 발전의 진취적인 선도자요 경제 건설의 중추 역할을 사명으로 하는 유능한 인재들의 집단이다"라고 말하며, 모든 구성원이 자율적이고 경쟁적인 분위기에서 일할 수 있도록 했다. 또한 기술 혁신과 산업 고도화의 핵심 원천이 인재 양성에 있음을 강조했다. 그는 일단 선발된 인재들에게는 '권한과 책임'을 부여해 그 능력을 최대한 발휘할 수 있도록 분위기를 만들어주었다. 그는 자신이 키운 인재에 대해 이렇게 자랑했다.

> 우리 현대의 자랑이 고급 인력이에요. 누가 뭐래도 우리나라 최고의 인력이 우리 현대에 몰려 있어요. 또 이춘림 회장(중공업)이라던가, 이명박 사장(건설)이라던가, 정세영 사장(자동차)이라던가 현재 리더를 맡고 있는 사람들은, 어떤 건 미흡한 게 있어서 내가 잔소리도 하지만, 어떤 건 내가 들여다보지 않아도 나보다 훨씬 나아. 나는 그렇게 못 할 텐데 하는 게 반반이라고.[9]

셋째, 구성원 개개인의 자발성과 혁신 성향을 유발하고 관리해나갔다. 본질적으로 개인의 심리 상태는 그들에게 부가된 과업에 영향을 받는다. 따라서 앞에서 말한 것처럼 자율적이고 경쟁적인 과업이 기본 전제가 되어야 한다. 이와 관련해 정주영은 사원들 각자의 자기실현을 강조했으며 창의성 발현과 기술 혁신을 장려했다. 그는 "국가의 부존자원은 유한한 것이지만 인간의 창의와 노력은 무한하다"라고 말하며, 구성원들의 자발성과 혁신성의 고취를 위해 노력했다. 신입사원을 뽑을 때도 행동력이 강한 사람을 선호했으며 업무 수행 과정에서는 현장에서의 순발력 있는 일 처리를 강조했다.

넷째, 구성원들에게 공정한 보상이 주어지도록 노력했다. 정주영은 사원들의 자기실현과 복지를 중요시했다. 사원들의 경력 개발과 관리를 지속해서 지원하고 연공서열과 성과주의 보상을 함께 시행했다. 또한 한번 사람을 신임하면 절대 버리지 않았고 언젠가는 반드시 중용했다. 이때문에 구성원들의 회사에 대한 신뢰가 매우 높았다. 이것은 결과적으로 자부심과 공동체의식을 불붙임으로써 신바람의 선순환을 일으키는 동력으로 작용했다.

신바람 경영이 만든 현대의 혁신 모멘텀

경영혁신이란 "새로운 제품이나 서비스, 새로운 생산 공정 기술, 새로운 조직 구조나 관리 시스템, 그리고 조직 구성원을 변화시키는 새로운 계획이나 프로그램 등을 의도적으로 실행함으로써 기업을 본질적으로 변화시키는 것"이라고 할 수 있다.[10] 현대는 산업화 과정을 거치면서 부단한 경영혁신을 이루어왔다. 여기에 신바람 경영이 중요한 에너지를 제공했다. 현대의 신화도 바로 이러한 혁신 과정을 통해 만들어졌다고 해도 과언이 아니다. 현대가 이룩한 혁신적 경영 활동을 역사적 흐름에 따라 정리하면 다음과 같다.

① 초기 경영 활동(1940년~1960년)

정주영은 1940년 25세 나이에 처음으로 '아도서비스' 자동차 수리 공장을 설립했다. 하지만 일제의 기업 통제 정책에 따라 아도서비스는 '일한공업소'에 흡수 합병되었다. 자동차 수리업을 더는 할 수 없게 된 것이다. 그는 이러한 위기를 광석 운반업을 통해 극복했다. 그리고 해방 이후인 1946년에 '현대자동차공업사'를 설립하고 미군 부대로부터 불하받은 낡은 자동차로 사업을 하며 기업의 규모를 키워 나갔다. 1947년에는 '현대토건사'를 세워서 미군 관련 공사를 중심으로 건설업을 시작했다. 1950년에는 현대자동차공업사와 현대토건사를 합병하여 '현대건설주식회사'를 설립했다. 하지만 6개월 만에 6·25 전쟁이 발발했다. 사업을 포기한 채 부산으로 피난을 떠나야만 했다. 하지만 이러한 위기 상황에서도 전쟁 관련 공사 수주라는 새로운 기회를 포착했다. 그는 미군과 관련된 공사를 도전적으로 수주하게 된다. 이런 사업 과정에서 그는 신용과 가치를 우선으로 삼았다. 비록 수익이 나지 않더라도 계약을 지키며 항상 계약기간을 앞당겨 완공하려 했다. 이러한 초기 경영 활동들이 혁신 모멘텀을 형성하기 위한 기초 단계라 할 수 있다.

② 국산화와 해외 진출을 통한 위기 극복기(1961년~1980년)

이 시기는 정주영의 장년기이다. 그는 정부의 산업화 정책을 가장 앞서서 구현했기 때문에 사업적으로 성공 가도를 달릴 수 있었다. 그러나 또 한편으로는 비판의 대상이 되었다. 정부와의 유착을 통해 부정한 방법으로 부를 축적한다는 뼈아픈 지적이 있었다. 정주영이 이것을 극복하기 위해 선택한 길은 '해외 진출'이었다. 현대는 1965년 9월 30일 한국 건설업 역사상 최초로 해외 진출에 성공했다. 태국의 파타니 나라티왓 고속도로 공사를 수주한 것이다. 이 일을 시작으로 괌, 알래스카, 오스트리아, 파푸아뉴기니, 인도네시아 등으로 진출했다.

또한, 1967년 12월에는 현대자동차주식회사를 설립했고 1968년에는 경부고속도로를 착공하여 세계 고속도로 건설사에서 최단시간 완공이라는 기록을 남겼다. 이후 제1차 석유파동이라는 위기가 발생했지만, 중동 진출 전략으로 극복했다. 이와 함께 정부의 중화학공업화 정책에 부응하여 기업 전략을 중화학공업 중심으로 전환하고 건설, 자동차, 조선업을 축으로 사업을 다각화했다. 1972년에는 현대조선소를 건설했는데 이 역시 세계가 놀랄만한 진기록이었다. 조선소 건설부터 선박 건조 진수까지의 험난한 과정을 2년 3개월이라는 짧은 시간에 완수한 것이다.[11] 그리고 우리나라 최초의 고유 자동차 모델 '포니'를 개발했다. 이렇듯 현대는 환경 변화로 야기된 위기를 기회로 삼았다. 경영 환경에 맞춰 기업을 지속적으로 변화시키며 발전시킨 것이다.

③ 글로벌 기업으로 도약(1981년~)

1980년대 정부는 수출 지향과 대기업 주도의 고도성장, 중화학공업 육성 등 다양한 경제 정책을 수립하고 기업의 해외 시장 개척을 적극 권장했다. 현대 역시 글로벌 기업으로 변신하기 위해 조직구조와 시스템을 변화시켰다. 먼저 건설과 중공업의 유기적인 결합을 통해 중공업 체제를 확립하고 기업 규모를 확대했다. 이와 함께 운영과 관리 체계도 국제화시켜나갔다. 또한, 기업의 핵심 경쟁력을 갖추기 위해 다양한 기술을 축적하고 인력의 양성과 개발에 힘썼다. 특히, 자동차를 비롯해 현대가 영위하는 핵심 사업 분야에서 전자화 수요가 증대할 것으로 예측하고 전자 산업에 새로운 투자를 했다. 이 시기 국내 전자 산업은 가전 산업에만 집중되어 산업 전자 분야는 낙후된 상태였다.

현대는 글로벌 시장으로의 진출이 본격화됨에 따라 원활한 해외 투자를 위해 지역 거점제를 시행했다. 이와 함께 고객 중심의 가치 극대화를 위해 마케팅과 고객 만족도 제고를 위한 투자를 늘렸다. 이러한 경영혁신은 현대가 글로벌 기업으로 도약하는 데 든든한 바탕이 되었다. 이를 통해 현대자동차는 미국 시장에서의 성공과 함께 세계 시장에서 시장점유율을 크게 높였고 건설업의 해외 진출도 다양한 국가들로 퍼져 나갔다.

현대그룹은 창립 이래로 오랜 기간에 걸쳐 이룩한 경영혁신 요인들이 상호작용하면서 혁신 모멘텀을 형성했다고 할 수 있다. 즉 최고경영자의 경영 이념, 산업화 시대의 특수한 상황과 경영 환경, 그리고 현대 고유의 경영 전략과 시스템이 결합하면서 1990년대에 강력한 혁신 모멘텀을 형성했다. 그 결과 현대그룹은 1996년 말 매출액이 약 70조 원을 기록하면서 국내 경상GNP의 18%를 차지했다. 수출액은 152억 4,600만 달러(한국 수출 총액의 12%)를 기록했다. 1995년 기준으로 약 120만 대의 자동차를 판매함으로써 국내 시장점유율 48.2%, 세계 시장점유율 2.6%를 차지했다. 이 밖에 해외 건설 18억 달러, 조선 226만GT(전 세계 11.1%), 냉동 컨테이너 1만 8,160대(전 세계 42.7%) 등의 성과를 거두며 높은 성장세를 기록했다.

이런 눈부신 성과는 신바람 경영의 전범을 만들어낸 정주영 신화의 결과라 할 수 있다. '현대식 경영The Hyundai Way'으로 불리는 현대 특유의 경영 방식은 인간 정주영의 철학적 바탕 위에서 만들어졌으며 그것은 궁극적으로 한국인 특유의 신바람 에너지를 효과적으로 불러일으켰다.

삼성 이병철 신화

유학儒學과 신바람

삼성의 창업주 이병철 회장은 1910년 경상남도 의령에서 부농의 아들로 태어났다. 그는 다섯 살부터 할아버지가 세운 서당에서 한문을 배우기 시작했다. 열 살까지 5년 동안 『통감』과 『논어』 등을 통해 유학의 기초를 섭렵했다. 이때 배운 『논어』는 그의 인생에서 가장 중대한 영향을 미쳤다고 한다. 이병철 자신도 『논어』가 자신의 인간 형성에 가장 큰 영향을 끼친 책이라고 말한 바 있다. 그는 『논어』에 대해 "내적 규범이 담겨 있고, 인간이 사회인으로서 살아가는 데 불가결한 마음가짐을 알려준다"고 평했다.[12] 특히 그의 아버지가 처세훈으로서 풀이해준 '사필귀정事必歸正'이라는 글귀를 통해 "매사에 성급하지 말아야 한다. 무리하게 사물을 처리하려 들면 안 된다"는 교훈을 평생 새겼다고 한다. 그리고 '신信'을 중요하게 여겼는데 "비록 손해를 보는 일이 있더라도 신용을 잃어서는 안 된다"는 가르침을 항상 기억했다.

이병철은 정주영과 마찬가지로 일찍부터 유학의 선비정신을 바탕으로 경영 이념을 정립해갔다. 이병철의 경영 이념은 '사업보국, 인재 제일, 합리 추구'의 3가지로 요약된다. 이러한 경영 이념은 산업화 시대의 경영 현장에서 신바람을 창출하는 데 큰 몫을 담당했다. 특히 공동체적 조직 질서의 구축, 자율과 경쟁의 내부 질서, 공정하고 정확한 보상이라는 신바람 경영의 3대 요인과 잘 맞아떨어졌다.

첫째, 사업보국의 이념을 통해 공동체적 조직 질서를 구축해나갔다. 일제강점기의 설움과 절대 빈곤이라는 시대적 아픔을 극복하려는 시대적 소명을 사업보국의 실천을 통해 이루려 했다. 그의 이런 마음가짐은 1930년대에 사업에 투신하면서 다졌던 결심 속에 잘 녹아 있다.

> 나라는 강해야 한다. 강해지려면 우선 풍족해야 한다. 우리나라는 어떤 일이 있어도 풍족하고 강한 독립 국가가 되어야 한다. …… 무엇인가 해야 한다. 독립운동, 관리, 사업 등 여러 가지가 있다. 독립을 위해서 투쟁에 투신하는 것 못지않게 국민을 빈곤에서 구하는 일 또한 시급하다. …… 사업에 투신하자. 나의 인생을 사업에 걸어보자.

1948년 11월 서울 종로에 삼성물산공사를 설립하면서 그가 정한 회사 방침은 다음과 같았다. 첫째, 모든 사원에게 투자의 기회를 주고 이익 배당을 투자액에 따라 공평하게 받을 수 있는 제도를 채택한다. 둘째, 사장이거나 평사원이거나 공존공영의 정신으로 일에 몰두하게 하고 능력에 따라 대우하며 신상필벌의 기풍을 확립한다. 셋째, 사원의 생활 안정을 도모하기 위하여 회사 형편이 허락하는 한 우대해서 가족적 분위기가 유지되도록 한다. 이러한 회사 방침은 조직의 성과가 개인에게 공정하게 분배됨으로써 회사가 발전하면 나도 발전할 수 있다는 공생의식을 심어줄 수 있었다. 또한 가족적 분위기로 인간적 유대감을 돈독히 함으로써 공동체적 조직 분위기를 높이는 데도 이바지했다.

둘째, 자율과 경쟁을 중시했다. 이병철은 사업을 처음 시작할 때부터 사람 관리에 대한 확고한 철학을 가지고 있었다. 그것은 "의심이 가거든 사람을 고용하지 말라"는 것이다. 의심하면서 사람을 부리면 그 사람의 장점을 살릴 수 없기 때문이다. 사람을 채용할 때는 신중을 기하고 일단 채용했으면 대담하게 일을 맡긴다는 것이 잘 알려진 그의 철학이다. 이병철의 경영 방식 근간에는 처음부터 책임경영제가 있었다. 아직 본격적으로 사업에 입문하지 않았던 1920년대 마산 시절 정미소와 운수업을 운영했을 때부터 대규모 기업으로 성장한 이후까지 전권을 위임하는 경영 체제를 한결같이 유지했다. 이병철이 구체적인 작업에 관여하거나 서류 결재 등 경영 실무를 한 일은 없다고 한다. 그 대신 각사 사장에게 회사 경영을 분담시키고, 비서실이 그룹을 총괄적으로 기획하고 조정하는 운영 체제를 유지했다. 그는 삼성그룹의 창업 이념과 경영 원칙, 그리고 이것을 실천할 인재의 발굴만을 맡아왔다고 스스로 평가한다. 인재를 찾아서 모든 것을 맡기는 책임제 자율 경영을 실천한 것이다. 그는 이와 관련해 다음과 같이 말했다.

인재 제일은 나의 신조이며, 인사 정책은 언제나 삼성의 경영 정책 중에서 최우선의 위치를 차지한다. 사원 교육을 중시하고, 용인자연농원 안에 1,000명을 일시에 수용할 수 있는 세계적인 대형 연수 시설을 만든 것도 이 때문이다.

셋째, 신상필벌에 의한 공정하고 정확한 보상을 강조했다. 삼성의 신상필벌은 한국 재계에서 가장 두드러진다고 평가받는다. 이병철은 1948년 삼성물산공사 설립 시절부터 능력에 따른 대우와 신상필벌의 기풍 확립을 회사 운영의 기본 방침으로 삼았다. 그는 적자생존의 원칙이 어느 사회에나 필요하다고 생각했다. 따라서 잘못한 사람을 제재하고 잘하는 사람에게 상 주는 신상필벌 제도만이 회사나 국가를 발전시킬 수 있다고 믿었다.[13]

삼성의 신바람 경영

삼성 역시 신바람이라는 에너지를 경영에 적절히 활용했다. 이것은 1967년 7월에 완공된 세계 최대의 단일 비료 공장인 한국비료 울산 공장의 사례를 통해서 잘 알 수 있다. 원래 30만 톤급 규모의 비료 공장을 건설하는 데는 40개월의 시간이 걸렸다. 그것이 세계 표준이었다. 그러나 삼성은 처음부터 18개월 안에 완성할 계획을 세웠다. 이렇게 공사기간을 세계 표준의 절반 이하로 줄여 계획한 이유는 신바람 에너지에 기초한 돌관공사突貫工事의 잠재력을 믿었기 때문이다.

이병철은 이에 대해 "무엇보다도 우리나라 기술자와 노무자들의 열성과 근면을 신뢰하고 있었기 때문이었다. 자기 자신이나 개인 시간을 철저히 내세우는 서양인과는 달리, 한국 사람은 자기 일에 대한 깊은 애착과 긍지는 물론 봉사정신을 지니고 있기 때문이다. 적정하고 효율적인 지도만 있으면 기술은 다소 미숙하더라도 충분히 그것을 극복해낼 수 있다고 확신했다."고 회고했다.[14]

한국비료 공장 건설에는 일본 측 계약 당사자인 미쓰이물산을 필두로 IHI, 코베제강 등 일본의 유력 기계 회사 160곳이 참여했으며 그 회사들의 하청업체까지 합치면 400곳이 넘었다. 이처럼 많은 기업이 동원되어 총 18만 톤이나 되는 기계 장치를 질서정연하게 제작·조립해나가는 작업은 매우 험난했다. 당시 일본으로서도 종전 후 처음 다루는 큰 프로젝트였다고 한다. 이 일에 미쓰이물산과 삼성이 협력하여 마침내 결실을 보았다.[15] 국내 업체로는 현대건설, 대림산업, 한국기계, 제일건설 등을 비롯해 30여 중소 하청기업들이 공사에 참여했다. 공기 단축을 위해 돌관공사가 계속된 당시의 광경은 마치 전쟁터를 방불케 했다고 한다. 그 결과 애초 계약 공기 40개월을 목표대로 18개월로 단축할 수 있었다.

이러한 공장 건설 신화의 배후에는 이병철을 대신한 솔선수범의 리더들이 있었다. 예를 들어 김재명(후일 동서식품의 창업주가 됨)은 부산에서 제일제당을 지을 때부터 공장장으로서 공장 건설을 책임졌다. 그는 일단 책임을 맡으면 노무자들과 먹고 자기를 함께하면서 밤낮없이 공사를 독려하여 공장을 단시일에 완공시키는 리더십을 발휘했다. 공장이 완성될 때까지는 귀가하지도 않았고, 점심시간을 쪼개어 옷을 갈아입을 정도였다고 한다. 그는 누구보다도 일찍 일어나 매일 새벽부터 일을 시작했는데, 합숙 중인 다른 사람들이 깰까 봐 소리를 죽여가며 몰래 건설 현장으로 나갔다고 한다. 이렇듯 리더의 솔선수범이 종업원들의 일사불란한 단합을 가능하게 했다. 이와 같은 신바람에 기초한 스피드 역량은 1970년대 이후 전자와 중화학공업으로 번져나갔다. 삼성전자의 흑백 TV 생산은 그 실례이다. 삼성전자는 설립한 지 9년 만인 1978년에 흑백 TV 200만 대를 생산하여 일본 마쓰시타전기를 앞섰다. 연간 생산에서 세계 최고 기록을 수립했으며, 1981년에는 1,000만 대를 돌파했다. 회사 창립 10여 년 만에 흑백 TV 생산에서 미국과 일본을 능가하는 놀라운 성과를 올린 것이다.

신바람 경영이 만든 삼성의 경영혁신

삼성은 산업화 과정에서 앞서 설명한 현대와 비슷한 과정을 거쳐 경영혁신을 이루어왔다. 이병철의 삼성이 이룩한 혁신적 경영 활동을 역사적 흐름에 따라 정리하면 다음과 같다.[16]

① 초기 경영 활동(1938년~1960년)

이병철은 삼성그룹의 모체인 '삼성상회'를 대구에 설립했다. 과일과 건어류를 만주와 베이징 등에 수출했으며 제분과 제면 사업도 겸했다. '삼성'의 '삼'은 큰 것, 많은 것, 강한 것을 나타내며, '성'은 밝고 높고 영원히 깨끗이 빛나는 것을 뜻한다. 따라서 '크고 강력하고 영원하라'는 의미에서 회사 이름을 삼성으로 정했다고 한다.

1948년 서울로 올라온 이병철은 종로에 삼성물산공사를 설립하여 무역업에 뛰어들었다. 당시 직원은 20여 명에 정도였는데 참여의식을 높이고자 직원들의 출자를 받았다. 그는 하루라도 빨리 한국에서 가장 이익 배당률이 높은 회사로 발전시키려 애썼다. 하지만 2년 후 한국전쟁이 발발했다. 그는 빈손으로 대구로 피난을 떠나게 된다. 전쟁의 혼란 속에서 생활 물자의 결핍을 실감한 그는 제조업에 눈뜨게 된다. 이병철은 국민이 일상적으로 사용하는 소비재를 수입에만 의존하다가는 언제까지나 가난에서 벗어날 수 없으리라고 생각했다. 그리고 사람 외에는 자원다운 자원을 갖지 못한 한국으로서는 원자재를 수입하여 그것을 다양한 상품으로 가공하여 수출하는 것만이 잘살 수 있는 유일한 길이라고 판단했다. 즉 우수한 기술과 생산 시설을 갖춘 제조업이 한국 경제에 반드시 필요하다는 신념으로 제조업 투자에 대한 최종 결단을 내렸다.

그는 1953년 8월 전쟁이 끝나자마자 대구에 제일제당을 설립했다. 하지만 전란의 상처가 채 가시지 않은데다 자본과 기술이 전혀 없는 상태에서 생산 공장을 세운다는 것은 맨땅에 머리를 박는 꼴이 아닐 수 없었다. 그러나 이병철은 이렇게 마음을 다잡았다. "제일제당은 해방 후 우리나라에 건설된 최초의 현대적 대규모 생산 시설이다. 앞으로 항상 한국 경제의 제일 주자로서 국가와 민족의 번영에 크게 기여해나가자."[17] 제일제당 공장은 우여곡절 끝에 국내 기술로 완성되었다. 그리고 수요 증대에 따라 시설을 계속 확장하였고, 원가절감을 위해 최신 시설을 도입했다. 제일제당의 성공은 삼성이 제조 기업의 면모를 갖춘 첫 사례였다. 이는 상업자본으로부터 산업자본으로 전환했다는 점에서 큰 의미가 있다. 이병철은 제일제당 설립 후 2년 만에 한국 최고의 거부로 꼽히기도 했다. 하지만 그는 현재의 달콤함에 머무르지 않았다. 자본을 축적하여 차례차례 새로운 제조 기업을 개척함으로써, 선진 외국과 당당히 맞서 이기는 것을 목표로 삼았다. 그는 1954년 9월 제일모직을 설립해 의류 산업의 기초를 닦았다. 또한 1957년 1월에는 국내 최초로 사원 공개 채용 제도를 시행했다. 이때가 소위 '삼성고시'의 출발이라고 할 수 있다. 이후 산업화를 국가적으로 추진한 박정희 정부의 등장으로 삼성의 사업 확장이 본격화되었다.

② 산업화 성취기(1961년~1980년)

1961년 6월 26일 이병철은 당시 국가재건최고회의 부의장이었던 박정희와 첫 대면을 가졌다. 이후 경제 개발 5개년 계획의 틀 속에 이루어진 산업화 과정에서 재계를 통틀어 가장 다양한 사업에 진출하게 되었다. 1963년에는 동방생명, 동화백화점, 동남증권, 동양화재, 대한제유 등을 인수함으로써 다각화를 통한 사업 확장을 시도했다. 1964년에는 한국비료를 설립했고 앞에서 말한 바와 같이 1967년 세계 최대의 단일 비료 공장을 최단기간에 건설하는 신화를 만들어냈다. 또한 동양TV방송과 중앙일보 등의 미디어 사업에도 뛰어들었다. 삼성은 정부의 수출 정책에도 적극 부응했다. 1964년에 삼성물산은 제1회 수출의 날에 대통령상을 받기도 했다. 그리고 1965년에는 삼성문화재단을 설립하고 성균관대를 인수하는 등 문화와 교육 사업에도 적극 나섰다. 1969년에는 삼성전자를 설립함으로써 미래 첨단 산업으로의 진출에 초석을 놓았다.

그리고 1970년대에 전자와 중화학공업 시대를 맞이했다. 중화학공업에는 대규모 자금의 조달, 고도의 기술 확보, 기술 인력의 지속적인 공급, 양질의 원자재 공급, 전문화되고 계열화된 관련 중소 협력 업체, 국내외 시장 개척 능력 등 다양한 경영 요건들이 필수적이다. 삼성은 이러한 다양한 요건들을 충족시키면서 전자와 중화학공업에서 경쟁력을 확보해나갔다. 제일합섬(1972년), 삼성석유화학(1974년), 삼성중공업(1974년), 삼성종합건설(1977년), 삼성조선(1977년) 등을 설립하였고 한국반도체를 인수해 반도체 산업에 진출했다. 한편 1979년 호텔신라를 열었다. 이병철은 이런 경영 업적을 세계적으로 인정받기 시작했다. 1979년에는 미국 뱁슨Babson대학으로부터 세계 최고경영자상을 받았다.

③ 첨단 산업 도전(1981년~1987년)

삼성은 1980년대에 들어오면서 중대한 결단을 내렸다. 중화학공업 건설로 기간산업 조성에 성공한 것을 기반으로 삼아 첨단 기술 산업을 개척해야 할 시기가 되었다고 판단했기 때문이다. 이병철은 산업화 시대의 성취를 바탕으로 반도체라는 또 다른 성공신화를 만들어갔다. 그는 삼성의 미래를 반도체 사업에 걸었다. 1년에 걸친 철저한 기초 조사와 밤낮을 가리지 않은 연구 검토 끝에 힘겨운 결단을 내렸다. 그리고 이 투자 결정으로부터 1년이 되는 1984년 3월 말까지 64KD램의 양산 제1라인을 완성하기로 계획했다. 완성 일자를 중심으로 거꾸로 계산하여 모든 진행 계획이 수립되었고 진척 상황은 매일매일 확인되었다.

최종 사업계획에 따라 설계, 생산 공정, 기계 장비, 기술 인력, 자금, 판매, 부지, 용수와 전력, 건설 등의 과제별 담당자를 정했다. 그리고 과제별 진행 상황은 일일 회의에서 하나하나 확인되었다. 필요 기술은 미국의 마이크론사와 일본의 샤프사로부터 도입했다. 마이크론으로부터는 64KD램을, 샤프로부터는 CMOS 공정 기술과 16KS램 기술을 도입했다. 하지만 모든 기술을 외국에 의존하지는 않았다. 특히 핵심이 되는 기술은 한국인 기술진이 개발하도록 했다. 삼성은 핵심 인력 확보를 위해 스탠퍼드대학, 인텔, 자이로그 등에 재직 중인 한국인 전문가들의 협력을 호소했다. 그들은 각 분야의 최고 전문가일 뿐 아니라 설계나 제조, 판매 등에서 실제 경험을 쌓은 기술자들이었다. 그들은 조국애를 발휘해 내 나라에 보답하자는 결의를 다지고 최고의 직장을 박차고 나와 삼성의 반도체 사업에 동참했다.

한편 자금 조달 측면에서도 성공적이었다. 국내외에서 1,000여억 원의 자금도 순조롭게 조달되어 기계 장비의 발주가 신속히 추진되었다. 명절과 휴일도 잊은 채 24시간 돌관작업으로 공장 건설이 진행되었다. 건설 총지휘자는 일찍이 한국비료 건설에 참여했으며 삼성석유화학 공정 합리화에도 공헌한 성평건이 맡았다. 1983년 9월 12일에 착공한 제1라인이 착공 6개월 18일 만인 1984년 3월 말에 완공되었다.

선진국 경험으로는 18개월 이상 걸리는 일인데, 그 3분의 1로 시간을 줄인 것이다. 건설 공정과 시운전 현장을 지켜본 미국의 인텔, IBM과 일본의 유수 메이커 관계자와 전문가들은 경탄을 감추지 못했다.

밤낮이 없는 돌관작업에 참여한 연인원은 20만 명에 이르렀다.[18]

반복되는 성공 패턴

지금까지 살펴본 삼성의 경영 역사를 보면 일정한 흐름을 찾을 수 있다. 1938년 삼성상회 설립 이래 시작된 삼성의 성공신화 안에는 일정한 패턴이 존재했다. 예를 들어 이병철 신화의 대미를 장식한 반도체 성공 사례는 다음과 같은 ①~⑥의 과정으로 요약할 수 있다.

삼성 반도체 신화[19]

① "1년에 걸친 철저한 기초 조사와 밤낮을 가리지 않은 연구와 검토 끝에 내린 참으로 힘겨운 결단이었다."

……

② "기술은 미국의 마이크론과 일본의 샤프 것을 중심으로 도입했다. 마이크론으로부터는 64KD램을, 샤프로부터는 CMOS 공정 기술과 16KS램 기술을 도입했다."

……

③ "고도의 기술 두뇌 진으로는 스탠퍼드대학, 인텔, 자이로그 등에 재직 중이던 한국인 박사들의 협력을 얻었다."

……

④ "건설의 총지휘자는 일찍이 한국비료의 건설에 참여했고, 삼성석유화학 재직 중에는 공정 합리화에도 공헌한 성평건 군이었다."

……

⑤ "1983년 9월 12일에 착공한 제1라인의 건설공사는 이렇게 해서 6개월 18일 만인 1984년 3월 말일에 완공되었다. 선진국의 관례로는 18개월 이상이 걸린다고 하는데, 그 3분의 1로 단축되었던 것이다. 건설공정과 시운전의 현장을 지켜본 미국의 인텔, IBM, 일본의 유수 메이커의 관계자나 전문가들도 경탄을 감추지 못했다."

……

⑥ "하루도 빠지지 않은 공휴일 출근은 다른 나라에서는 유례가 없는 일이다. 한국은 이것 하나만으로도 장래에 큰 희망을 가질 수 있다는 자신을 얻었다."

①은 철저한 사전 조사와 합리적 평가에 의한 투자 결정 과정을 의미한다.

②는 부족한 기술을 보완하기 위해 기본 기술을 해외에 의존함으로써 빠른 기술 개발과 공장 건설을 가능하게 하는 과정을 의미한다.

③은 기술 학습의 주체를 항상 국내 기술진들이 맡음으로써 기술을 주체적으로 학습하고 축적해나가는 전략을 의미한다.

④는 공장 건설의 핵심 노하우와 리더십이 사람을 중심으로 이어지고 축적되도록 하는 과정을 의미한다. 최초의 제조 공장인 제일제당으로부터 한국비료, 삼성석유화학, 그리고 최첨단 공장인 반도체 공장에 이르기까지 업종에 상관없이 건설의 관리 노하우와 리더십이 이어지도록 함으로써 성공 경험과 혁신 노하우가 계속 유지·발전되게 했다.

⑤는 그렇게 완공된 건설 프로젝트는 항상 돌관작업에 의한 공기 단축으로 외국에서 찾아보기 힘든 스피드 역량을 보였고 선진국과 비교해 2~3배의 생산성을 달성하는 놀라운 성과를 기록했음을 나타낸다.

⑥ 그 놀라운 성과 뒤에는 '월화수목금금금'으로 일주일을 보내며 조직을 위해 온 힘과 정성을 다해 일하는 종업원들의 노력이 있었다. 그리고 신바람 경영은 그들의 열성과 자발성을 뒷받침하는 수단이 되었다.

이러한 ①~⑥의 과정은 산업화 시대 여러 기업들이 달성한 성공 패턴과 비슷하다고 할 수 있다. 즉 사업 진출이나 투자에 대해서는 신중을 기하고 세밀하게 사전 계획을 준비한다. 일단 결단을 내리면 성공을 위해 필요한 기술과 노하우를 해외 유수기업들부터 재빨리 도입한다. 하지만 국내 핵심 기술진들로 하여금 개발의 주도권을 갖게 함으로써 도입 기술들을 흡수하여 활용하도록 한다. 그리고 과거 프로젝트에서 검증된 리더를 총책임자로 선정함으로써 과거의 성공 노하우를 적용하고 새로운 경험과 지식이 계속 축적되도록 한다. 최종적으로는 헌신적인 종업원들의 신바람 에너지를 활용해 돌관작업에 돌입함으로써 획기적인 성과를 달성한다는 것이다.

결론적으로 삼성반도체 신화는 신바람 에너지를 활용해 공기 단축과 생산성 향상을 추구해온 산업화 시대의 성공 패턴을 반복 적용한 결과라고 할 수 있다. 이러한 성공 패턴은 과거로부터 이어져 온 것으로 미래에도 계속 작용하도록 할 필요가 있다. 특히 반도체 신화에서 주목할 것은 다양한 외국 기술들을 국내 기술과 결합해

소화해냄으로써 빠른 기술 학습이 가능하도록 했다는 점이다. 이것은 1990년대 삼성식 융합 경영을 꽃피우는 씨앗이 되었다.

'잘살아보세'와 신바람[20]

한국 경제에서 산업화 성공신화의 원동력이 된 신바람이라는 집단 에너지는 사회 조직과 인간 개체 간의 생산적 상호작용의 결과로 발생한다고 할 수 있다. 그런데 이 신바람은 대기업은 물론 중소기업과 같은 소규모 조직에서도 드물지 않게 보인다. 라전모방이라는 중소기업 사례를 보자. 1983년 남재우 사장은 하청 직물 공장으로 겨우 명맥을 유지하던 한 회사를 인수했다. 그는 최선을 다해 인간적 경영을 시도한 끝에 가족적 공동체를 일구어나갔다. 그러나 예기치 않은 사건으로 두 차례 경영 위기를 맞아 도산 일보 직전까지 갔다. 1984년 5월 부도가 나자 채권자들이 회사로 몰려들었다. 하청업자들은 원자재를 회수했고 한전은 전기를 끊었다. 게다가 종업원 급여가 3개월분이 밀린 상태였다. 회사를 구할 뾰족한 방법이 없었다. 사장은 근로자들의 피해를 최소화하기 위해 자신의 집을 내놓는 등 모든 조치를 다했다. 그러자 근로자들이 회사 살리기에 나섰다. 인간관계를 소중하게 여기는 남 사장의 경영 실천과 부도 후의 태도를 지켜본 근로자들이 사장에 대한 보답으로 노조를 중심으로 구사운동을 펼친 것이다. 그 결과 회사는 재기의 희망을 품게 되었다. 한국인 특유의 공동체적 유대감으로 위기를 극적으로 돌파한 감동적인 이야기이다. 그때의 일화 중 한 대목을 옮겨보았다.

> 부도 이후 집을 내놓아 사장의 다섯 식구는 15년 동안 운전기사를 하고 있는 사람의 집인 13평 아파트에 방 하나를 빌려 살게 되었다. 이 소식을 전해 들은 근로자들은 그만 울고 말았다는 것이 당시의 정황이다. …… 현장에서 여직원과 원자재를 회수하러 온 타 회사의 직원들 사이에 예기치 못한 일이 벌어지고 있었다. 원자재를 트럭에 싣는데 여자 직원들이 울면서 방해하고 있는 것이다. 사장이 이에 말하길 "현재 원자재는 수출품인 만큼 우리 회사 입장에서 빨리 회수해가도록 협조하는 것이 좋은 방법이야. 방해하지 말고 오히려 도와주는 것이 회사로서 해야 할 입장이야." 이에 근로자들은 "현재 우리 회사 입장에서 원자재가 있고 기계 돌아가는 소리가 들려야만 은행과 다른 채권자들이 왔을 때 우리 모두가 열심히 노력해서 부채를 갚도록 할 테니 도와달라는 이야기를 할 수 있잖아요?" 하고 반문하며 한사코 원자재를 줄 수 없다고 버티었다. 이들은 원자재를 다 싣고 가면 일을 할 수 없으며 동료들은 뿔뿔이 흩어지고 공장은 누가 와서 보아도 재기의 가망이 없다고 판단하기 때문에 안 된다고 생각한 것이다.[21]

사원들의 헌신적 노력으로 어렵게 부도 위기를 넘겼지만, 같은 해 8월 서울 일대를 강타한 집중호우가 공장 전체를 휩쓸고 지나가 버리고 여자 기숙사마저 불길에 휩싸여 버렸다. 기계는 녹슬기 시작했고 양모는 썩어 갔으며, 짜놓은 옷감들은 흙탕물을 뒤집어쓴 채 널려 있었다. 그러나 근로자들은 당장 기계를 가동시키지 않으면 녹이 슬어 못쓰게 된다며 추석

휴가와 보너스를 모두 반납하고 임시 숙소로 정해진 제품 창고에서 스티로폼을 깔고 새우잠을 자면서 녹슨 기계를 분해, 닦고 기름칠을 하는 등 한 사람의 이탈자도 없이 복구 사업에 전념, 회사는 다시 회생하기 시작했다.[22]

위와 같이 공존공생의 자세를 보여주는 이야기는 당시에 아주 드문 것은 아니었다. 다음은 삼원정공이라는 회사 공장에 불이 났을 때 이야기이다.

회사 쪽 모퉁이를 돌아서니 불타고 있는 것은 바로 삼원정공이었다. 정 반장은 망연자실해졌다. 문득 회사 뒤편의 산소통이 떠올랐다. "아! 산소통이 터지면 안 되는데?" 그는 불길 속으로 뛰어들었다. 워낙 순식간에 일어난 일이라 주위의 동료들이 말릴 틈도 없었다. …… 웅성거리던 여사원들은 사장의 모습을 보자 갑자기 대성통곡을 하기 시작했다. 남자 사원들도 고개를 떨구고 있었다. 철퍼덕 주저앉아 무엇이 그다지도 서러운지 울고 있는 여사원을 달래며 일단 집으로 돌아가도록 조치했다. 그런데 오후가 되자 기이한 일이 벌어졌다. 귀가했던 사원들이 하나둘 모습을 드러내는 것이었다. 그것도 혼자가 아니라 부인, 처남, 동생 심지어는 어린 아이들을 데리고 나온 이도 있었다. 분명히 집으로 돌아가서 별도의 연락이 있을 때까지 기다리고 있으라고 조치했건만 회사 재건을 위해 가족과 함께 나온 것이었다. 시커먼 재를 얼굴에 묻혀가며 쇳덩이를 닦고, 언 손을 녹여가며 플라스틱의 그을음을 벗겨 내면서 모두의 얼굴에는 환한 빛이 감돌았다.[23]

위의 두 사례에서 볼 수 있는 우리의 가족주의적 공동체 모습은 끈끈한 인간적 유대감을 기반으로 하고 있다. 이러한 가족적 공동체주의는 산업화 과정에서 가난에서 벗어나고자 하는 국민적 열망과 함께 사회 저변에 자리 잡았다. 특히 농촌에서는 새마을운동과 함께 '잘살아보세'라는 공감대가 확산되어 마을 공동체 단위로 생산성 증대가 활발하게 이루어졌다. 한마디로 한국의 산업화 혁명은 5,000년 동안의 가난을 극복하자는 국가적 공감대, 즉 '잘살아보세'의 정신을 기초로 이루어졌고 그 배후에서 신바람이 활력을 불어넣었다고 할 수 있다.

'잘살아보세'의 정신은 산업화 시대를 정치적으로 주도한 정부, 기업 그리고 국민이 공감대를 이루면서 3중주의 시너지를 냈다. 그 결과 국가 차원에서 신바람 에너지를 창출하며 그 힘으로 한강의 기적을 일구었다. 당시 박정희 정부는 신상필벌의 차별화 인센티브를 제공함으로써 '하면 된다'의 정신으로 남보다 더 노력하여 성공하는 수출 기업, 자금조달 능력이 우수한 기업, 잘하는 마을과 공장들에 지원을 집중했다.[24] 기업인들은 현대와 삼성의 사례에서 보듯이 사업보국의 공동체정신으로 기업을 일으켰다. 기본적으로 유학의 철학과 선비정신을 가진 기업인들은 사농공상 계급 중 가장 아래 계층의 일에 뛰어들면서도 서양식 이윤 추구가 아니라 국가를 위한다는 명분으로 사업보국의 가치와 공동체주의 기업 이념을 내세웠다.[25]

정주영은 "우리가 잘되는 것이 나라가 잘되는 것이며 나라가 잘되는 것이 우리가 잘되는 길이다"라는 유명한 말을 남겼다. 이러한 한국 기업인들의 사업보국 이념은 마치 메이지유신 때 무사 계급의 사무라이들이 기업 활동에 투신함으로써 국가를 부강하게 하려 했던 것에 비유되기도 한다. 일본에 '주판을 든 사무라이'가 있었다면 한국에는 '사업보국을 부르짖는 선비'가 있었다고나 할까?

한편 일반 국민은 일본 제국주의에서의 설움과 가난, 그리고 전쟁의 폐허 속에서 생존을 위해 몸부림을 쳐왔으며 가난으로부터 탈출하기 위해 소위 '헝그리 정신'으로 무장했다. 그리고 이러한 '헝그리 정신'은 국가와 기업의 '하면 된다'의 리더십과 만나서 신바람이라는 에너지를 발산하는 토대가 되었다.

이렇게 산업화 에너지를 만들어낸 신바람 경영은 비단 그 시대에만 머물러 있지 않았다. 이후 정보화 시대에 접어들면서 또다시 무에서 유를 창조해야 하는 벤처기업들에 의해 잘 활용되었다. 신바람 경영은 1990년대 벤처기업들에서도 심심치 않게 엿볼 수 있다. 아래는 당시 벤처 신화를 만들어낸 메디슨이라는 기업의 이야기이다.

> 홍천에 위치한 공장의 분위기는 한마디로 가족적이라고 할 수 있다. 실제로, 막 입사한 신입사원들은 선배들을 이름 대신 형이나 누나로 부르는 경우가 대부분이다. 동료 간에도 인간적인 유대감이 강하고 서로의 입장을 잘 이해하고 있기 때문에 남의 일과 내 일을 잘 구분하지 않는 편이다. 또한 서울 본사에 있는 사장은 자주 공장에 내려와 격의 없는 대화도 나누고 가끔 식사 모임을 통해 회사의 현황과 전망에 대해 직접 말해주기도 한다. 80여 명에 이르는 현장 사원 이름을 거의 모두 기억하고 있다는 것을 자랑거리로 여기는 사장은 앞으로도 100명 수준까지는 자신이 있다고 기염을 토한다. 그러나 무엇보다도 사원들이 따뜻한 인간적 유대감을 느

끼고 있는 것은 그가 자신들의 신상 내용에 대해 기대 이상으로 많이 기억하고 관심을 표명한다는 것이다. 지난달에 결혼한 김 주임의 처제가 미인이라든가, A공정의 노처녀 미스 리가 요즈음 열심히 선을 보고 있다든가. …… 이 공장에서는 일단 필요 자재를 창고에서 가져오면 작업자들은 일체의 간섭 없이 자신의 작업을 스스로 알아서 한다. 생산 계획이 결정되면 그 일정에 따라 조장이 상황을 판단하여 조원들과 협의를 통해 모든 작업 일정, 야근, 휴일 근무 등을 스스로 알아서 결정한다.

……

이 공장의 작업자들은 간혹 주문 물량이 갑자기 폭주할 때에도 적극적으로 협조해주고 있다. 제품의 시장 특성으로 인해 반기 말과 연말에 몰리는 생산 물량에 맞추기 위해 11시, 12시까지 야근하는 경우가 많으며, 원거리 통근을 해야 하는 사원의 경우 아예 공장과 가까운 친척 집에 임시 숙소를 정하고 일하기도 하였다고 한다. 물론 이러한 일은 강요 없이 스스로 결정한 것이다. 이에 관련해 B공정 조장을 맡고 있는 미스 정의 이야기를 들어보면 다음과 같다.

"올 연말에는 입사 이래로 가장 열심히 일한 것 같습니다. 새벽 2~3시까지 일하는 경우가 많았지요. 그렇지만 일의 과중함에도 불구하고 특별한 스트레스나 회사에 대한 불만은 못 느끼고 있습니다. 평소 하루 70~100개의 물량이 200개로 배 이상 늘어났지만 분명히 목표가 주어졌고 열심히 일을 하여 달성하였습니다. 그에 대한 대가로 회사에서는 50%의 특별상여금이 전 사원에게 지급되었습니다. 무엇인가 이루었다는 뿌듯한 성취감을 느꼈고 기분이 아주 좋았습니다."

회사는 실제로 구성원들의 열의에 진심으로 감사하게 생각하고 있었으며 한 푼의 보너스라도 그들에게 더 주어지도록 최선을 다하고 있었다. 따라서 지금 이 회사 임원들은 번거로운 행정절차와 약간의 불이익을 감수하면서, 거래상 다음 해의 매출로 기록된 C종합상사를 통한 간접수출 물량을 올해 매출량으로 돌리려는 작업을 열심히 하고 있다. 왜냐하면, 그렇게 되면 사전에 공표한 보상 계획에 따라 50%의 연말 특별상여금을 추가로 더 지불할 수 있기 때문이다.[26]

신바람 경영은 한국인의 정서를 가장 잘 활용한 경영 방식이다. 한국인의 정서는 정情으로도 대변되는데, 조직 구성원 간에 따뜻한 인간적 교감과 공감대를 형성하기를 열망하기 때문이다. 일단 분위기만 만들어지면 일에 몰두하고 열정을 발휘하는 속성이 있다. 이래서 우리 문화는 '흥'의 문화라고도 불리운다. 공동체의식이 촉발되면 흥이 일어나고 집단의 운명을 자기 자신의 운명으로 받아들인다. 집단의 명예가 곧 바로 자기의 명예가 되는 것이다. 이때 신바람이라는 집단적 초능력이 발생한다.

하지만 한국인에게는 이와 반대되는 악순환의 사이클도 동시에 존재한다. 모두가 한마음으로 공감대를 형성하지 못한다면, 조직 구성원들이 이기적 집단주의에 흐르고 스스로 소극성과 은폐의식을 나타낸다. 이 과정에서 다시 이기적 집단주의를 강화시키는 악순환이 쉽게 발생할 수 있다. 악순환의 사이클이란 공동체적 조직 질서 구축에 실패함으로써 이기적 집단주의가 자리 잡고 강압적 업무지시로 일관함으로써 소극성과 은폐의식을 조장하며, 구성원의 비생산적 태도에 분노한 경영자가 다시 처벌 위주의 강화를 함으로써 이기적 집단주의가 더욱 조장되는 과정을 말한다. 이러한 관리과정은 한국인 특유의 '한恨'을 작동시킴으로써 구성원들의 원망과 불만을 낳고 한을 축적한다. 따라서 이것을 '한의 사이클'이라 부를 수 있다. 한국인의 내면에는 이러한 악순환 사이클과 신바람 사이클이 공존한다. 그래서 한국인은 양면적이고 잘할 때와 못할 때의 기복이 심하다는 평가를 받는 것이다.

예를 들면 경영진들이 공동체로서의 공감대 형성에 실패하면 노사 간에 불신이 쌓이기 쉽고, 부서나 동료 간 협조적 관계나 인간적 유대를 찾아보기 힘들어진다. 이러한 조직 분위기 속에서 구성원들은 자신들에게 맡겨진 약간의 자율조차 제대로 활용하지 못한다. 그리하여 결국 상부로부터의 타율적 업무 지시를 받는 빌미가 된다. 또한, 품질 관리 분임조 경진 대회나 인사 평가와 같은 내부 경쟁 제도는 선의의 경쟁보다는 작업자들 간 시기와 질투를 불러온다. 이런 분위기 속에서 구성원들은 자연스럽게 몸을 움츠리고 강제로 시켜야 마지못해 하는 소극성을 보인다. 구성원들의 소극적이고 은폐적인 태도와 행동에 경영진은 다시 처벌 위주의 엄격한 징계 조치를 동원하게 된다. 이러한 상부의 일방적인 처사에 불만을 느낀 구성원들은 그나마 조금 남은 애사심과 공동체의식마저 버리고 자신의 이익에만 집착하는 집단 이기주의에 빠짐으로써 악순환이 되풀이된다.

하지만 이러한 악순환 사이클을 극복하고 집단적 초능력을 일으키는 선순환 사이클을 만들어낼 수 있다면, 미래에도 신바람 에너지는 한국 기업들에 기초 체력을 제공하는 힘의 원천이 될 것이다.

얼마 전 금융투자 업계의 스타 기업인에게 성공의 비결을 물어본 적이 있다. 적자의 수렁에 빠진 기업을 맡아 업계 전체의 불황을 뚫고 매년 최고의 경영 성과를 기록하는 그의 성공 노하우가 궁금했기 때문이다. 그는 다음과 같이 답했다.

> 결코 어려운 경영비법을 쓴 것은 아니다. 회사를 맡아 우선적으로 가능한 목표를 명확하게 제시했다. 그리고 어려운 회사 형편에도 불구하고 업계 최고의 연봉을 약속하고 모든 일은 자율에 맡겼다. 개인별·팀별로 스스로 알아서 목표를 정하고 상호 경쟁과 협력도 자율적으로 하게 했다. 그러나 매년 개인별·팀별 업적 평가를 해서 신상필벌을 확실하게 했으며 뛰어난 업적에 대해서는 후한 인센티브를 제공했다.

신바람 유감

한국인은 이성적이기보다는 감성적 성향이 강한 민족이다. 신바람은 이러한 감성적 특성에 뿌리를 내리고 있다. 집단과 개인이 감성적으로 일체를 이룰 때 작동하기 때문이다.[27] 그러다 보니 체계적이지 못하고 무엇보다도 지속적이지 못하다는 비판을 받는다. 특히 집단의 공동체의식이 깨지는 순간 지금까지의 장점이 단점으로 돌변한다. 신속한 행동은 대충주의로 흘러 부실공사를 낳기도 하며 선의의 경쟁이 이전투구로 바뀌거나 강한 독립심이 오히려 조직에 대한 저항과 규율 깨기로 나타날 수도 있다.

한국인의 직장에 대한 만족도는 세계적으로 매우 낮은 수준이다. 직장인의 87%가 스트레스로 정신적 무기력증과 신경성 소화기 질환을 경험했다고 한다. 또 출근만 하면 우울해지는 직장인이 74%를 넘는다고 한다.[28] 그만큼 신바람과 동떨어졌다는 의미이다. 가난한 시절 산업화를 일구어낸 신바람은 소득이 늘어난 요즈음 찾아보기가 더 어려워졌다. 그 원인은 기업의 공동체의식이 취약해졌기 때문이다. 한국인들은 조직의 공동체 질서에 매우 민감하므로 그것이 깨지는 순간 바로 악순환 사이클을 일으킨다. 멀쩡한 회사가 노사 갈등으로 몸살을 앓고 진보와 보수가 평행선을 달리며 무사안일과 텃세가 판을 치는 것은 서로의 마음을 묶어줄 공동체의식이 사라졌기 때문이다.

특히 재벌 그룹으로 급성장한 대기업들은 '함께 잘살아보자'는 초심을 잃었다. 이보다는 글로벌 경쟁에서 살아남아 일등기업이 되려는 열망이 더 컸다. 그리고 성과를 사회와 함께 나누기보다는 2세, 3세에게 상속하고 친족을 챙기는 데 집중했다. 국민은 더는 신바람을 낼 수 없게 되었다.

사업보국의 경영 이념으로 맨주먹으로 시작한 시절에는 성과의 90%를 공동체를 위해 헌신하겠다는 진정성이 살아 있었다. 하지만 성공의 파이가 커진 지금은 10% 정도 헌신하고 나머지 90%는 사적 이익의 영역으로 돌리고 있다는 인식이 널리 퍼졌다. 이렇듯 일단 깨진 공동체의식 아래서는 거금의 사회적 공헌도 제대로 효과를 발휘할 수 없다. 오히려 냉소주의와 비아냥을 만들어내고 있을 뿐이다. 하루빨리 사회 전반적으로 공동체주의를 복원해야 한다. 곳곳에 만연한 비웃음과 냉소를 걷어내고 신바람 에너지를 생산적으로 활용해야 하겠다.

신바람 경영의 틀

신바람은 개인 심리와 조직 질서가 바람직하게 상호작용하여 조직 내부에 따뜻한 인간적 교감과 공감대가 형성될 때 일어난다. 공동체적 집단주의라는 사회적 속성과 적극성과 창의성이라는 심리적 속성이 계속하여 상승 작용을 일으킴으로써 신바람이란 사회심리적 에너지가 창출된다는 말이다. 특히 한국인에게 이러한 상승 작용은 조직이 이기적 집단주의를 버리고 공존공생의 공동체를 이루고자 할 때, 그리고 구성원 개개인이 소극성과 은폐의식에서 탈피하여 스스로 적극적이고 창의적이고자 마음먹을 때 생긴다. 이것은 쉽게 발생하지 않지만 일단 일어나면 엄청난 집단 에너지를 만들어낸다.

기업이라는 차원에서 보았을 때 조직과 인간은 거의 모두 '일' 또는 '과업'을 통하여 만나고 상호작용한다. 따라서 신바람 경영을 위해서는 업무 수행의 방법과 분위기 같은 '일'의 차원이 함께 고려되어야 한다. 신바람이라는 집단 에너지는 조직, 일, 개인 심리 차원의 요인들이 생산적으로 상호작용할 때 발생한다. 마치 양전기(+)와 음전기(-)의 접촉으로 전기 스파크가 일어나듯이 역동적으로 일어난다. 이 세 차원 중 어느 한 차원이라도 빠진다면 신바람 스파크가 일어나지 않는다.

1단계: 공존공생의 조직 질서 구축

신바람 경영의 첫 번째 단계는 조직 수준에서 이루어진다. 조직의 질서와 분위기를 공존공생의 공동체로 만들어나가는 게 우선이다. 이 첫 단계가 개인행동 수준이 아니라 조직 수준에서 이루어져야 하는 이유는 조직이 시간상으로 먼저 존재하기 때문이다. 말하자면 구성원 개개인들이 참여하기 이전에 조직은 과거 역사를 통해 이미 그 질서를 형성하여 구성원들의 행동에 깊은 영향을 미치는 경우가 많다. 특히 기업과 같은 산업 조직에서는 창업자의 생각과 철학에 따라 조직 분위기가 상당 부분 결정된다. 그래서 경영자가 주도권을 가지고 해야 할 가장 중요한 일이 바로 바람직한 조직 질서와 분위기를 만들고 계승하는 것이다. 만약 이러한 조직 질서나 분위기를 만드는 단계 없이 개인행동과 심리에 대한 관리부터 시작한다면, 결국 조직이 원하는 행동과 생각을 구성원에게 일방적으로 강요하는 것밖에 할 수 없을 것이다. 만약 이렇다면 구성원의 협조와 자발적 참여를 끌어내기 어렵다.

조직을 공존공생의 공동체로 만든다는 것은 조직 질서가 이기적 집단주의로 흐르는 것을 막고 모두가 함께 살아간다는 공동체의식을 형성하는 것을 의미한다. 이러한 공동체를 만들기 위해서는 다음과 같은 노력이 꼭 필요하다.

① **조직과 구성원 사이에 공생의식을 형성해야 한다.** 모든 구성원이 회사가 잘된 만큼 내 몫이 돌아오고 따라서 나도 잘된다는 확고한 믿음을 가질 수 있어야 한다.

② **조직이 내세우는 목표에 대해 자부심을 품게 해야 한다.** 구성

원들이 자기 회사의 장기 목표에 대해 자신의 가족과 친구들에게 스스로 자랑할 수 있고, 열심히 하면 언젠가 그것을 달성할 수 있다는 희망을 되새기며 일생을 투자하여 일할 만하다는 생각이 들게 해야 한다. 그러기 위해서는 조직이 나를 인정해주고 아끼고 있다는 생각을 구성원들에게 심어주어야 한다. 즉 회사가 구성원들을 부려먹기만 하고 언젠가는 헌신짝처럼 버릴 것이라는 의심을 벗어던질 수 있어야 한다. 그리고 회사가 구성원 개개인의 개성과 장점을 잘 알고 있으며 장기적 관점에서 개개인을 키워주려고 노력한다는 확신이 들게끔 해야 한다.

③ **구성원들 간에 따뜻한 인간적 유대감이 느껴지도록 만들어야 한다.** 인간적 유대감을 통해 자연스럽게 업무 협조가 잘되고 네 일과 내 일을 구분하지 않는 분위기가 형성되어야 한다.

④ **가장家長 역할을 담당하는 경영자들이 솔선수범함으로써 구성원들에게 강한 신뢰감을 심어주어야 한다.**

위와 같은 공동체적 특성은 고도의 첨단 경영 기법을 통해 단기간에 성취할 수 있는 게 아니다. 그보다는 경영자가 철저한 솔선수범과 구성원 개개인들과의 인간적 유대를 통해 장기적으로 일구어내는 것이다. 따라서 공존공생의 공동체를 이룩하는 일은 매우 힘들며 오랜 시간을 요구한다. 그러나 일단 궤도에 오르면 경영자의 혁신적 시도들이 구성원들에게 정확하게 전달된다. 그래서 그들의 적극적인 지지와 자발적 참여를 통해 본래 의도와 기대를 뛰어넘는 성과를 거둘 수 있다. 즉, 조직의 공동체적 질서와 분위기는 기업의 성공적 변신과 경영혁신에 튼튼한 기초가 된다. 이러한 공동체 기반이 없다면 제아무리 첨단 기법을 조직에 들여온다 하더라도 투자한 만큼의 성과를 거두기 어렵다. 오히려 구성원들의 불신과 반발만을 불러올 수 있다.

2단계: 자율과 경쟁

신바람 경영의 두 번째 단계는 '일'의 수준에서 이루어진다. 이는 구성원들이 자신의 업무를 자율적이고 경쟁적인 분위기에서 수행하도록 하는 것이다. 즉 구성원들이 업무의 내용과 수행 방법을 스스로 알아서 결정하고, 업무를 할 때 구성원들 간 선의의 경쟁이 생기도록 유도한다. 자율과 경쟁 속에서 업무가 의도한 바대로 효과적으로 수행되기 위해서는 첫 단계의 공동체적 분위기 형성이 기본 전제가 되어야 한다. 조직의 공동체화가 전제되지 않은 자율은 마치 사리판단력 없는 어린아이를 방관하는 것과 비슷하다고 할 수 있다. 이 경우 자율은 원래 의도대로 효과를 발휘하지 못하고 개인 욕심에 의해 악용되거나 또 다른 무질서를 낳기 쉽다.

경영자들은 업무 지시를 할 때 종종 자율과 타율의 두 갈래에서 고민하곤 한다. 전체적인 사회 분위기를 고려하고 장기적인 생산성 향상을 꾀하기 위해 종업원들에게 자율을 주는 것이 바람직하다고 생각하지만, 자유와 권한이 악용당했던 실제 경험을 떠올리며 망설이기 일쑤다. 그래서 부작용이 조금 있더라도 강압적이고 타율적인 업무 지시가 더 안전하다고 생각하는 경우가 많다. 한마디로 경영자들은 자율 경영을 하고 싶어도 종업원들이 주어진 자율을 원래 의도대로 잘 활용하리라는 믿음을 갖지 못해 주저하고 있다. 그러나 이러한 믿음은 조직 구성원들이 공존공생의 공동체의식을 가지고 있을 때 진가를 발휘한다. 공동체적 집단주의가 지배하는 조직에서는 설사 주어진 자율을 악용하여 업무 시간에 사우나를 가는 사람이 있더라도 주위의 동료가 그런 나태한 태도를 선의로 질책하는 분위기가 형성된다. 회사에서 구성원의 잘못된 행동을 감시하거나 굳이 탓하지 않더라도 종업원 간에 스스로 그릇된 행동을 통제하는 분위기가 생긴다는 뜻이다. 이러한 동료 간 상호 신뢰와 자발적 통제를 통해 자율이 바람직하게 발휘되며 원래 의도대로 효과를 낳을 수 있다.

하지만 조직이 이기적 집단주의에 흐르고 자신과 회사가 하나의 공동체라는 의식이 부족할 때 자율은 의도한 바대로 나타나지 않을 것이다. 예를 들어 업무 시간에 사우나를 가는 나태한 동료가 있더라도 눈감아주거나 오히려 회사의 규제로부터 그를 보호하려는 삐뚤어진 동료애가 생기는 분위기가 형성될 수 있다. 이럴 때 회사는 주어진 자율을 거두어들이고 강압적이고 타율적 업무 지시로 되돌아갈 가능성이 높다. 바로 이러한 악순환 과정을 통해 회사와 종업원 간의 불신이 더욱 쌓여간다.

경쟁에서도 마찬가지이다. 업무 효율을 증진하도록 자극하는 선의의 경쟁을 일으키려면 공동체적 조직 분위기가 반드시 뒷받침되어야 한다. 경영자들은 종종 업무에서 얼마나 경쟁을 의도적으로 조장해야 할지의 문제로 고민에 빠질 때가 많다. 다시 말해, 경쟁을 조장하자니 인화단결을 해칠 것 같고 그냥 놓아두자니 무사안일주의가 걱정된다. 인화단결을 해치지 않는 생산적 경쟁은 바로 공동체적 조직 분위기를 통하여 성취될 수 있다. 공동체의식으로 무장된 조직과 집단은 구성원들 간 불꽃 튀는 경쟁 속에서도 서로 격려하고 위로하는 따뜻한 분위기를 이루며 팀워크를 더욱 탄탄하게 다져나갈 수 있다. 그러나 공동체 기반이 취약한 상태에서의 경쟁은 자칫하면 화합을 해치고 시기와 질투를 조장하기 쉽다. 그리고 급기야는 이전투구의 분위기 속에서 개인적으로 상처를 입지 않으려 하는 소극적 자세와 은폐의식이 싹트게 된다.

과업의 자율화란 업무 담당자가 상부로부터의 신뢰와 지원을 기반으로 자신의 힘과 방법을 동원해 맡은 일을 완수하는 것을 의미한다. 사람들은 보통 자신에게 주어진 권한의 폭만큼 주인의식을 갖기 마련이다. 따라서 자율은 이 주인의식을 구성원들에게 고취시킴으로써 많은 긍정적 효과를 만들어낼 수 있다. 종종 회사에서 과중한 업무로 압박을 받더라도 그 업무가 자기 책임 아래 독자적으로 추진되고 있다면, 그 스트레스가 회사에 대한 불만으로까지는 표출되지 않는다. 설사 불만이 있더라도 쉽게 잊어버릴 수 있으며 그 업무가 성공적으로 완수되었을 때 뿌듯한 성취감과 보람을 맛볼 수 있다. 생산 현장에서 부품 삽입과 같은 단순 작업을 하더라도 그 작업이 상부의 간섭 없이 자기 방식대로 터득되고 개선되어온 것이라면 나름의 의미가 있다. 비록 권태로운 단순 반복 작업일지라도 재미를 느낄 수 있고 작업 개선을 위해 스스로 노력하고자 하는 의욕이 발휘되곤 한다.

과업의 자율화는 인간 개개인의 능력을 인정하고 신뢰한다는 의미에서 인간 존중 또는 인본주의적 경영의 핵심을 이룬다고 할 수 있다. 이러한 자율적 과업 추진의 성공을 위해서는 적절한 주변 여건의 조성이 필요하다. 앞에서 언급한 공동체적 조직 질서와 분위기가 필수적인 것은 더 말할 필요도 없다. 여기에 구성원들 간에 적당한 경쟁 분위기가 존재할 필요가 있다. 다시 말해, 자율성이 확립되기 위하여 업무 담당자들이 주어진 자유와 권한을 생산적인 곳에 활용하도록 동기 유발하는 내부 경쟁 체제가 중요하다는 뜻이다.

인간은 누구나 타인으로부터 인정받고 싶은 마음이 있다. 굳이 최고경영자가 아니더라도 자신이 속한 팀의 장이나 부서장에게 칭찬받고 인정받는 것은 매우 기분 좋은 일이다. 그리고 사회적 동물인 인간은 자신에게 주어지는 칭찬과 인정의 정도를 다른 사람들과 비교하려는 속성을 지니기 때문에, 동료와의 공정한 경쟁 관계 속에서 인정받으려 하는 경향이 있다. 조직은 건전한 내부 경쟁의 유도를 통해 이 욕구를 충족시켜줌으로써 구성원들이 의욕을 가지고 일하도록 동기 부여할 수 있다. 관료적 조직은 구성원들에게 일정한 규칙과 규율을 따르도록 일방적으로 강요함으로써 구성원들의 행동을 통제해나간다. 반면 적절한 내부 경쟁은 규칙에 따른 통제 없어도 구성원들이 스스로 회사 일에 관심을 보이고 조직 혁신에 앞장서도록 하는 효과를 발휘할 수 있다.

3단계: 자발성과 창의성 고취

신바람 경영의 세 번째 단계는 구성원 개개인의 자발성과 혁신 성향을 고취하고 관리해나가는 것이다. 이는 개인행동과 심리의 차원으로 지금까지 이야기한 것 중에서 가장 미시적 수준이다. 개인의 심리 상태는 그들에게 부가된 과업에 의해 영향을 받기 때문에 앞 단계의 자율적이고 경쟁적 과업이 기본 전제가 되어야 함은 당연하다. 자율적 과업을 통해 주인의식을 느끼는 사람에게서만 자발적인 행동을 기대할 수 있다. 또한 적절하고도 공정한 내부 경쟁이 존재해야 스스로 창의성을 발휘하고자 하는 의욕도 생기는 것이다.

그러나 자율적이고 경쟁적인 과업이 전제되더라도 별도의 관리 대책이 더 필요하다. 이것은 특히 우리의 문화적 특수성 때문이기도 하다. 서양사회의 경우 남에게 자신을 노출하고 표현하려는 개인 심리가 강하며 이를 뒷받침하는 각종 참여와 계약 제도가 발달했다. 반면에 우리나라와 같은 동양사회에서는 자신을 노출하지 않으려는 심리가 상대적으로 강하다. 그래서 이러한 심리를 고려한 특수한 형태의 자발성 유발 프로그램이 필요한 것이다. 다시 말해, 동양적 문화에서는 우회적 표현을 이용한 의사소통이 많으며 자신의 의사를 분명히 표현하기보다는 남이 먼저 자신의 마음을 헤아려주기를 바라는 경향이 있다. 따라서 다양한 참여 제도와 발표 기회를 통해 자연스럽게 자발성과 창의성을 드러내도록 하는 장치가 필요하다.

조직 구성원의 자발성과 혁신 성향은 공동체적 조직 질서에 대한 심리적 반응인 동시에 더욱 발전적인 공동체를 다져나가는 새로운 자극제이기도 하다. 사실 조직은 그 구성원의 창의성과 혁신으로 경쟁력을 제고시키고 성장해나간다고 할 수 있다. 미국과 일본에서 성공한 기업의 대규모 신규 사업 개발을 심층적으로 연구한 결과를 보면 흥미로운 사실을 발견할 수 있다. 성공한 신규 사업 대부분에는 그 사업에 자발적으로 몸을 던지고 창의적으로 몰두한 1명 이상의 참여자가 있었다. 반대로 실패한 사업은 그렇지 못했다고 한다.[29]

우리는 비록 재원이 딸리고 참여 인원이 부족하더라도 개개인이 진지한 태도로 자발성과 창의성을 발휘할 때 믿을 수 없을 정도의 일을 해낼 수 있다는 사실을 경험을 통해 알고 있다. 그러나 한 기업이 개인의 자발적이고 헌신적인 노력에 힘입어 대규모 조직으로 발전하면 상황이 달라진다. 늘어난 인원과 복잡해진 업무를 효율적으로 관리하기 위해 관료적 통제 수단이 자연스럽게 동원되기 마련이다. 그리고 이것은 종종 구성원들의 자발성과 혁신 성향을 억압하는 역할을 하게 된다. 특히, 한국인의 심리 구조에는 남다른 창의력이 잠재돼 있지만 동시에 소극성과 은폐의식 또한 존재한다. 따라서 이러한 소극성과 은폐의식은 곧바로 관료적 조직 성향과 상호작용하여 악순환을 만들기 쉽다. 이 때문에 대규모 조직일수록 구성원 개개인의 자발성과 혁신 성향을 세심하게 관리할 필요가 있다.

조직 성공을 위해 꼭 필요한 아이디어맨과 혁신가들은 그들의 타고난 성품을 바탕으로 조직 내에서 자연적으로 생겨나지 않는다. 오랜 조직 생활 속에서 시련을 극복하고 자신의 성공을 인정받으며, 때로는 실패를 통해 성숙하면서 자라나는 것이다. 따라서 조직 차원에서 이들을 후원하고 키워주는 제도와 프로그램이 있다면 스스로 혁신가로 성장할 사람의 수는 훨씬 늘어날 것이다.

4단계: 정확하고 공정한 보상

신바람 관리의 네 번째 단계는 정확하고도 공정한 보상이다. 이것은 조직 구성원 개개인이 그들의 일을 통해 보여준 창의성과 자발성 하나하나에 대해 정확하게 인정해주고 충분히 만족하도록 보상해주는 것을 말한다. 인간은 본래 경제학 이론이나 전통적 경영 이론 등이 가정하는 것처럼 합리적이지 못하다. 인간은 대개 자기중심적이다. 약간의 칭찬에도 우쭐해지고 자신을 대단한 인물로 착각하는 것이 보통이다. 또 조직으로부터 주어지는 상벌에 매우 민감하며 그런 외적 환경에 따라 자신의 행동을 줏대 없이 결정하기도 한다. 그리고 인간은 자신이 하는 일과 매일매일의 삶에 대해 의미를 찾고자 한다. 그래서 의미를 일깨워주는 리더나 조직을 위해 자신의 자유를 헐값에 내놓기도 하고 커다란 자기희생을 감수하기도 한다. 우리는 이와 같은 합리적이지 못한 인간 심리에 적절히 대처하는 것이 기업 성공 비결 중 하나라는 사실에 주의를 기울일 필요가 있다.

신바람 관리에서 보상의 궁극적 목표는 구성원 개개인이 자기 나름대로 실천한 모든 자발적 행동과 창의적 성과에 대해 인정과 칭찬을 주는 것이다. 다시 말해, 구성원이 바람직한 행동과 성과를 보였을 때 조직이 항상 긍정적 반응을 드러낼 것이라는 공통된 믿음이 존재해야 한다. 자신의 그런 행동에 대해 반드시 상을 받지는 못하더라도 조직이 내가 그렇게 하고 있음을 잘 알고 있다는 생각이 들게끔 해야 한다. 인간은 누구나 자신이 자발적으로 한 일과 행동에 대해 그것이 설사 하찮은 것일지라도 타인의 평가를 받고 싶어 한다. 자신이 나름대로 실천한 자발적 행동과 창의적 시도가 상은 커녕 주위로부터 조금의 관심도 불러오지 못한다면, 즉시 의욕을 잃어버리고 더는 자발적이고 창의적으로 변하려 하지 않는다. 더욱

그림 1-1 **신바람 경영의 4단계**

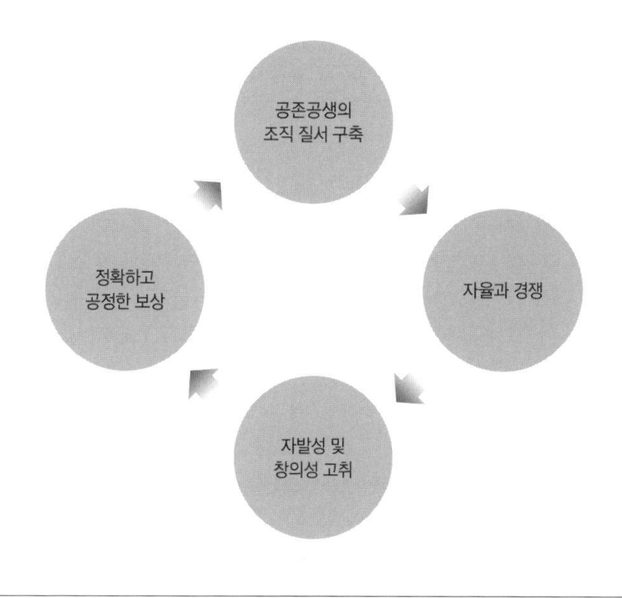

이 조직의 전반적인 평가 체계가 부정확하거나 공정하지 못하여 자신의 열정과 노력을 제대로 인정받지 못할 때, 그리고 평소 소극적이고 창의적이지 못한 동료가 오히려 좋은 평가를 받았을 때, 구성원들의 좌절감은 더욱 증폭된다. 이러한 좌절감은 결국 조직 전체에 대한 불만과 불신으로 발전한다. 급기야는 남아 있던 약간의 공동체의식마저도 사라져 버리게 된다.

그러나 자신이 의식적으로나 무의식적으로 실천한 행동과 성과에 대해 주위로부터 조금의 칭찬이라도 받으면 곧바로 그 칭찬에 스스로 고무되어 더욱 분발하는 것이 인간 심리이기도 하다. 대단한 금전적 보상이 아니더라도 상관없다. 상사와 동료의 "수고했다"는 따뜻한 격려와 성원의 말 한마디로도 그동안 쌓였던 피로와 스트레스가 눈 녹듯 사라질 수 있다. 구성원들은 자신의 자발적 행동과 창의적 시도 하나하나에 대해 인정과 칭찬을 받을 때 더욱 분발한다. 그리고 새로운 자발성과 더 큰 창의성을 보인다. 이러한 보상 과정은 조직과 회사에 대한 신뢰와 애정을 증폭시킴으로써 구성원들의 공동체의식을 강화시키고 조직의 공동체적 질서를 더욱 공고히 한다.

이렇게 더 커진 구성원들의 공생의식과 공동체적 조직 질서를 기반으로 자율과 경쟁을 더 적극 활용할 수 있다. 또한 개인들은 자발성과 창의성을 더 많이 발휘하게 된다. 이를 통해 신바람의 선순환은 점점 더 확대된다.

02

융합 경영

정보화 시대는 스피드가 경쟁력

1988년 서울 올림픽 개최는 세계에 한국을 알리고 국민에게 자부심을 안겨준 큰 이벤트였다. 극심한 가난에서 벗어나 올림픽 개최국으로까지 성장한 우리의 당당한 모습을 국제 행사를 통해 알릴 수 있었다. 이는 산업화의 눈부신 경제 성과를 자랑하는 자리였지만, 정보화라는 새로운 도전이 시작된 순간이기도 했다.

서울 올림픽 이후 한국 기업들은 내외적 악재와 싸워야 했다. 내부로는 노사 관계가 악화되었고 외부로는 국내 시장 개방에 따라 치열한 경쟁이 전개되었다. 게다가 중국이 1992년 공산당 제14차 전국대표대회에서 시장경제 체제의 확립을 공식적으로 선언함으로써 산업화의 물결을 타기 시작했다. 1990년대에 들어와 한국 기업들이 처한 상황은 한마디로 '넛크레커nutcracker(호도를 양쪽으로 눌러 까는 도구)' 신세였다. 선진국과 중국 등 개발도상국 사이에 끼여 생존을 위협받는 존재로 전락한 것이다.

이 시기 한국을 대표하는 기업들은 새로운 도전에 맞서 대대적인 혁신 운동을 전개했다. LG그룹(당시 럭키금성 그룹)은 1980년대 후반부터 V프로젝트라는 그룹 차원의 혁신에 돌입했다. 1995년에는 구본무 3대 회장의 취임을 계기로 그룹명을 지금의 LG그룹으로 바꿈으로써 새로운 비전과 전략을 제시했다. 또한 삼성그룹은 산업화를 성공적으로 이끈 창업주 이병철 회장에 이어 1987년 이건희 회장이 취임한 것을 계기로 대대적인 경영혁신에 착수했다. 이건희 회장은 국내외 경영 여건 변화가 초래할 결과를 예측하고는 절박한 위기의식 속에서 1993년 '신경영New Management' 혁신 운동을 선언했다. 그리고 새로운 비전과 리더십을 기반으로 강도 높은 기업 변신을 주도했다. 이건희 회장이 취임한 1987년, 삼성그룹의 전체 매출액은 10조 원에 불과했지만 2012년에는 38배가 늘어난 380조 원을 기록했고, 시가총액은 당시 1조 원에서 2013년 4월 기준 335조 원으로 무려 300배 이상 커졌다.[30]

한편 1967년 설립된 현대자동차는 1998년 경쟁 기업인 기아자동차를 인수한 데 이어 2000년에는 현대그룹으로부터 독립해 현대자동차그룹으로 새롭게 출발했다. 현대자동차는 자동차 기술이 전자, 반도체, 로봇, 화학 등 다양한 분야로 융·복합화하는 추세에 적극 대응했다. 2008년 이후 전 세계 권역별(중국, 인도, 러시아, 유럽, 북미, 남미 등)로 생산 공장과 판매 조직을 구축하고 상호 학습을 통해 글로벌 수준에서 혁신의 선순환을 일으켰다. 한 권역에서 생산 공장이 설립되면 그 노하우와 경험을 다음 권역에 적용하여 개선시킴으로써 지속적인 혁신이 이루어지도록 했다. 그 결과 전 세계 핵심 지역에 규모의 경제를 갖춘 IT 기반의 혁신적 글로벌 생산 체계를 구축하여 '1분에 1대의 속도'로 품질 경쟁력을 갖춘 제품들을 생산할 수 있게 되었다. 현대자동차는 2000년까지만 해도 세계 자동차 기업 중 10위 수준이었지만 2011년에는 5위권으로 도약했다.

1990년대부터 세계적으로 전개된 정보화 물결은 급격한 기술 변화와 치열한 경쟁이라는 부정적 요인과 함께 새로운 기회를 한국으로 몰고 왔다. 그 기회의 바람은 디지털 정보 기술의 발전과 기술의 융·복합화 추세를 타고 있었다. PC와 휴대폰이 급속히 보급되었고 2000년부터는 닷컴 열풍으로 인터넷 산업이 급속히 발전했다. 소위 디지털 경제 시대가 열린 것이다. 이러한 디지털 시대에는 빌 게이츠가 말했듯 속도가 모든 것을 지배한다고 할 정도로 스피드가 중요했다.[31] 이와 함께 기술 융·복합 트렌드가 급속히 확산되었다. 기술이 더욱 빠르게 발전하면서 표준화되고 모듈화된 기술이 대중적으로 확산되기 시작했으며 소비자의 니즈가 다양화되고 복잡해짐에 따라 시장과 고객의 요구를 중심으로 다양한 기술들이 빠른 속도로 상호 융합했다. 이러한 기술의 융·복합 현상은 ICT(정보통신) 기술의 발전으로 소비자와 공급자 간 네트워크가 긴밀해짐에 따라 더욱 가속화되었다. 이러한 융합 현상을 통해 또 다른 융합 신기술이 등장했으며 산업 간 경계가 무너지고 생산 방식과 사업 모델들이 변했다. 따라서 빠른 속도로 여러 기술을 결합하고 응용하는 역량이 부가가치 창출에 더욱 중요하게 되었다.

한국 기업들은 이러한 속도 경쟁에 대응하기 위해 주어진 과제를 가능한 빠른 속도로 해결해낼 수단을 찾았다. 그것은 과제 해결을 위해 새로운 것을 고안하기보다는 이미 주어졌거나 남이 가지고 있는 기술과 정보를 결합하고 활용함으로써 그때그때 닥친 문제를 신속히 해결해 나가는 융합적 접근이었다.

사실 속도 경영의 최고 승자라 할 만한 애플의 스티브 잡스도 융합을 통해 새로운 산업을 창조한 인물로 꼽히고 있다. 융합을 사전적으로 정의하자면 여러 요소가 녹아서 하나가 되는 것이다. 하지만 융합이 중요한 이유는 단순히 합치고 결합하는 데 있지 않다. 융합의 본질은 우리가 봉착한 중요한 문제를 해결하는 데 있다.[32] 한국 기업들은 정보화 시대에 닥친 난제들을 전문적 지식과 노하우, 그리고 새로운 아이디어들을 융합함으로써 풀어갔다. 즉 디지털 경제의 새로운 기회를 획득하기 위한 전문성을 지식과 기술의 융합을 통해 확보했다고 할 수 있다.

이렇듯 1990년대 한국 기업들은 융합 경영을 활용해 속도의 경쟁력을 확보했다. 이때 융합 경영이란 "서로 다른 분야에서 지식, 통찰, 경험, 방법 등의 요소들을 결합함으로써 기업이 해결하려는 문제의 실마리를 잡아서 풀어내는 프로세스"라고 정의할 수 있다.[33] 융합 경영은 양자택일식 경영이 아니다. 상호 보완적이거나 심지어는 상호 모순되는 요소들을 공존시키고 절충하여 새로운 것으로 탄생시키고 상승효과를 이끌어내려는 경영 패러다임이라고 할 수 있다. 이는 상충하는 요소를 동시에 추구함으로써 상승효과를 이끌어

낼 수 있다는 관점에서 패러독스 경영과도 일맥상통한다.[34]

삼성의 스피드 경영

한국식 속도 경영의 대표 주자는 글로벌 초우량 기업으로 성장한 삼성전자이다. 이 회사는 1938년 창업 이래로 약 80년간 비약적인 발전을 거듭해왔다. 특별히 1993년 이건희 회장이 선포한 '신경영' 이후 삼성의 경영혁신은 더욱 가속화되었다. 신경영이 발표된 1993년부터 2013년까지 20년간 삼성전자의 매출액 성장률은 1,000%이다. 고용률 또한 300% 늘었다. 그리고 스마트 TV, 지펠 냉장고, 스마트폰 갤럭시 시리즈 등 혁신적인 제품을 출시했다. 삼성전자는 경제 전문지 《포춘》이 선정한 2013년 '글로벌 500대 기업 순위'에서 14위를 차지했으며 글로벌 브랜드 컨설팅 업체 인터브랜드가 발표한 '글로벌 100대 브랜드' 조사에서 8위를 기록했다.[35] 미국 기업을 빼면 가장 높은 순위이다.

다음의 [그림 1-2]에서 보는 것처럼 삼성전자의 1996년 시가총액은 3조 원에 불과했다. 그러다 2012년 이후 시가총액과 매출액 모두 200조 원을 웃돌게 되었다. 그리고 1996년 7%대에 지나지 않던 영업이익률이 2013년 16%로 상승했다. 수출 비중 역시 2013년 매출 총액의 89%를 차지했다. 그야말로 세계 최대 IT·전자 기업으로 도약한 것이다. 한마디로 삼성전자는 지난 20년간 비약적 성장을 통해 국내 대표 선수에서 글로벌 초우량 기업으로 뛰어올랐다고 할

그림 1-2 삼성전자의 성장 추이

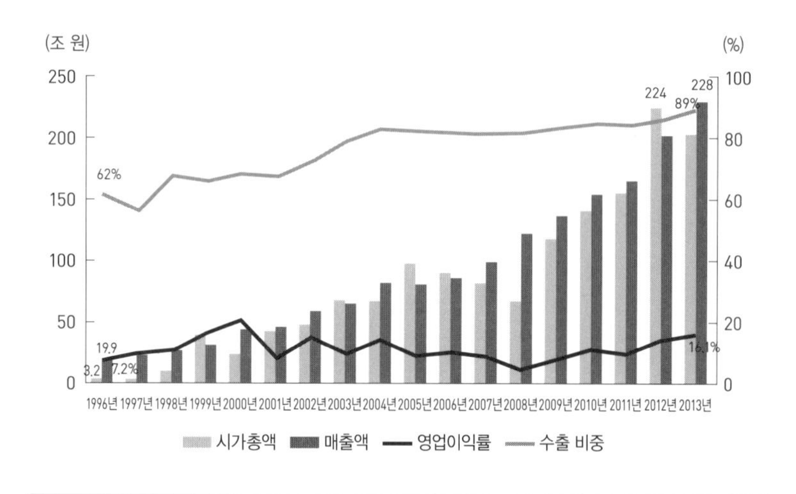

자료: 한국거래소, 삼성전자

수 있다. 이런 화려한 성공은 1990년대 이후 디지털 정보통신 기술의 발전과 기술의 융·복합화라는 환경 변화에 누구보다도 선제적으로 대응했기 때문에 이룰 수 있었다. 이를 뒷받침한 것이 바로 삼성식 스피드 경영이다.

삼성식 스피드 경영은 [그림 1-3]과 같이 설명할 수 있다. 즉 제조기업의 부가가치가 원활하게 창출되기 위해서는 기본적으로 기술과 시설에 대한 투자, 기술과 제품의 개발, 제품의 생산과 품질 유지, 실행을 위한 조직 관리와 의사결정에 필요한 정보 제공 등이 원활하게 맞물려서 이루어져야 한다. 삼성은 이러한 경영의 핵심과정을 급변하는 환경에 맞추어 어떤 경쟁자들보다도 신속하게 수행함으로써 스피드 경쟁력을 확보할 수 있었다.

그림 1-3 **삼성식 스피드 경영의 구성 요소**

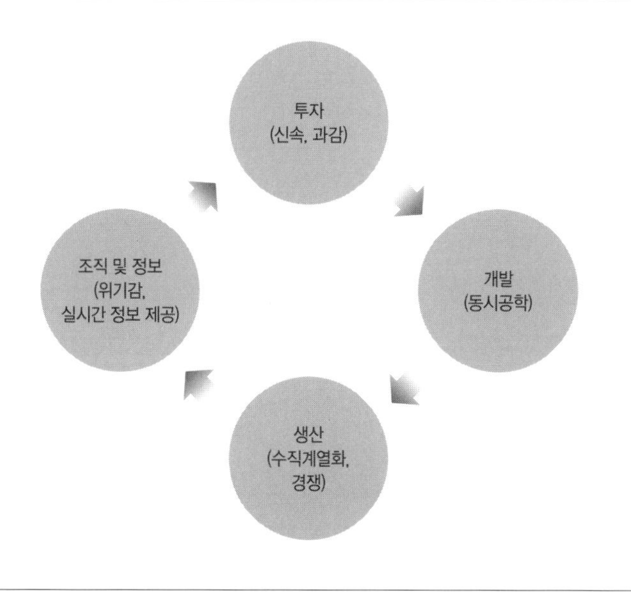

신속하고 과감한 투자 결정

잘 알려진 바와 같이, 신경영 이후 삼성전자는 반도체, LCD, 휴대폰, 디지털 TV 등 디지털 기술의 발전 속도와 방향에 맞추어 과감하고도 신속한 투자 결정을 했다. 이런 결정들이 경쟁자보다 빠른 신제품 개발과 생산 체제 구축으로 이어지면서 시장을 선도할 수 있었다. 이때 신속하고도 과감한 의사결정은 주로 오너인 이건희 회장의 개인적 직관과 통찰력을 기반으로 이루어졌다. 따라서 전사적 합의와 복잡한 의사결정 과정을 거쳐야 하는 일본과 유럽 등의 경쟁자가 따라오기 어려운 속도로 기회를 선점할 수 있었다. 예를 들면 고도의 타이밍 사업인 메모리 반도체 분야에서는 국내외에서 신속히 첨단 기술을 확보하고 경쟁자들보다 몇 개월 앞서서 대규모의 투자를 공격적으로 감행했다. 이러한 신속하고 과감한 투자는 LCD 사업에서도 그대로 재현되었다. 또 TV 시장에서도 디지털 방식으로 전환하는 변화 추세를 재빨리 감지해 대규모 투자를 쏟아부음으로써 세계 디지털 TV 시장에서 소니를 누르고 1등으로 등극할 수 있었다.

동시공학의 제품 개발

동시공학이란 기획 단계에서부터 개발자는 물론 마케팅, 생산, 부품 공급 업체 등 제품과 관련된 전 부서와 인력들이 모여서 협력함으로써 시행착오를 줄이고 불필요한 과정을 생략하는 개발 방식을 말한다. 이러한 방식은 과거 산업화 시절에도 효과를 발휘하곤 했다. 제품 생산과 공장 건설을 동시에 추진함으로써 납기를 획기적으로 단축한 것이다. 삼성전자는 반도체 D램 사업에서 경쟁자들을 추격하기 위해 신제품 개발과 양산 라인 건설을 거의 동시에 추진함으로써 큰 성과를 올렸다. 이러한 동시공학은 휴대폰 개발 과정에서도 적용되었다. 기획 단계에서부터 R&D 부문과 마케팅, 상품 기획, 디자인, 생산, 구매 부문이 동시에 참여하여 제품 개발부터 출시까지 걸리는 시간을 대폭 단축할 수 있었다.[36]

수직적 계열화와 경쟁

삼성식 생산 시스템의 주요 특징 중 하나는 협력과 경쟁을 공존시킴으로써 효율적이고 속도감 있는 생산 체제를 구축하는 것이다.

삼성은 전통적으로 제품 생산에 필요한 부품과 소재를 그룹 내 타 사업부나 관계 회사가 생산하는 수직 계열화 체제를 구축해왔다. 그래서 이를 통해 스피드를 높일 수 있었다. 즉 협업을 통해 주요 부품과 소재를 신속히 확보할 뿐 아니라 외부 협력 회사와 지속적인 협력 체제를 구축하여 납품과 품질 관리에서 비용과 시간을 크게 줄였다.[37] 이러한 긴밀한 협력 관계는 상품 기획에서 제품 출시까지의 과정을 경쟁자보다 신속하게 수행하는 데 기여했다. 결정적으로 선발 주자 애플을 추격할 때 요긴한 지렛대 역할을 했다.[38]

사실 이러한 협력 관계 구축에는 허점도 존재한다. 약한 계열사나 사업부가 경쟁력을 확보하지 못한 채 그룹에 의존함으로써 경쟁력이 동반 추락할 수도 있기 때문이다. 삼성전자는 이를 보완하기 위해 신경영 이후 계열사와 사업부 간 내부 경쟁 체제를 도입했다. 예를 들면 엄정한 보상과 승진 제도를 통해 개별 사업부와 계열사들의 독립적 사업 성과를 중요시하도록 하고 그들 간 내부 거래에 시장 메커니즘을 도입해 외부 기업들과도 경쟁하도록 했다. 주요 부품은 듀얼 소싱dual sourcing함으로써 경쟁을 불러일으키는 제도를 두었다. 그리고 자원 낭비가 일부 생기더라도 동일 사업에 병행 투자하여 상호 경쟁을 유도했다. 또한 사업 구조조정을 상시적으로 함으로써 사업 성과가 나쁜 조직은 언제든 없앤다는 메시지를 분명히 전달했다. 이로써 조직 내 위기감을 높였다.[39] 결과적으로 협력의 시너지를 추구하는 동시에 경쟁 체제를 도입함으로써 사업의 경쟁력을 강화할 수 있었다.

위기의식의 실행 조직과 실시간 정보 제공

삼성은 전통적으로 선발 업체를 따라잡기 위해 소위 '돌관공사'를 감행해 공기를 최대한 단축시켜왔다. 회사의 달력에는 '월화수목금금금'밖에 없다는 식의 주7일 근무제와 24시간 라인 가동 체제를 유지하는 것이 일상적이었다. 삼성의 뛰어난 스피드 역량의 이면에는 도전적인 목표를 설정하고 위기의식을 조장해 임직원들의 승부욕과 초인적인 노력을 유도하는 특유의 조직 관리 방식이 있다. 특히 오너 경영자인 회장이 비전 제시와 독려를 통해 위기를 강조하고 빠른 속도가 요구되는 목표를 지속해서 제시해왔다. 이에 따라 조직 내에는 위기감이 조성되어 목표 달성을 위한 구성원들의 업무 몰입도가 높아지고 팀워크가 상승했다. 이렇게 되면 조직의 전체적인 실행 속도가 빨라지는 경향이 생긴다.[40]

삼성전자가 실행 스피드를 높이는 데에는 삼성 특유의 조직 관리 방식과 함께 글로벌 차원에서의 통합 ERP와 SCM 시스템 구축을 통한 IT 기반 실시간 정보 확보도 커다란 역할을 했다. 즉 최고 수준의 글로벌 ERP와 SCM 시스템을 바탕으로 생산과 판매를 신속히 조절하고 재고와 품질 관리를 효율적으로 수행할 수 있었다. 특히 본사에서 운영하는 글로벌 운영센터에 핵심 경영진들이 모여 ERP와 SCM 시스템을 활용해 전 세계 공장과 판매망으로부터 실시간으로 확보한 데이터를 분석하며 신속한 의사결정을 할 수 있었다.[41]

삼성의 융합 경영

삼성은 투자, 개발, 생산, 조직 및 정보 체계의 경영 프로세스를 가동하는 과정에서 수많은 문제에 봉착했다. 그리고 이 문제들을 해결하기 위해 융합 경영을 시도했다. 앞에서 설명했듯이 문제 해결에 필요한 다양한 분야와 지식, 통찰, 경험, 방법 등의 요소들을 신속히 결합해 문제의 실마리를 잡아서 풀어내는 접근 방법을 사용했다. 필요하다면 상호 보완적이거나 심지어는 상호 모순되는 요소들을 공존시키고 절충함은 물론 새로운 차원의 발상을 함으로써 상승효과를 이끌어냈다. 그 결과 삼성식 융합 경영이라는 독자적인 패러다임을 창조할 수 있었다. 예를 들면 스피디한 생산 체계를 구축하기 위해 협력 시너지와 경쟁을 공존시키는 융합을 시도함으로써 대량생산 방식 속에서도 유연한 생산 시스템을 가동할 수 있었다. 또한 개발 과정에서도 융합 경영이 빛을 발했다. 기획 단계부터 개발자와 마케팅, 생산, 부품 공급 업체 등 여러 관련 부서들과 인력들이 함께 아이디어와 정보를 융합함으로써 속도를 높여나갔다.

이러한 융합 경영은 상호 모순되는 경영 요소들을 공존시키고 절충하여 새로운 시너지를 만드는 효과가 있다. 예를 들어 삼성은 산업화와 정보화 시대를 거치면서 일본식 경영의 장점과 미국식 경영의 장점을 동시에 취한 후 이를 자사 현실에 맞추어 변형시킴으로써 삼성만의 고유한 융합 경영을 만들어냈다는 평가를 받는다. 삼성은 창업 이후 반도체 사업을 시작할 때까지 여러 가지 현실적 여건을 고려해 일본식 경영을 수용해왔다. 산업화 시대에 채용했던 엄정한 조직 기강, 임직원들의 높은 충성도, 지속적인 현장 개선과 꼼꼼한 품질 관리 방식 등은 일본식 경영의 대표적인 장점을 도입한 것이다.[42] 그러나 반도체 산업 등 IT를 주력 사업으로 삼으면서 미국식 경영도 적극 도입했다. 비전 설정과 과감한 위험 감수, 현장 지향형의 신속한 결정과 실행, 파격적 인센티브를 통한 구성원들의 능력 발휘 유도, 핵심 인재의 외부 영입 등은 삼성이 수용한 미국식 경영의 장점들이다. 하지만 삼성은 기존의 일본식 경영을 미국식 경영으로 완전히 대체하기보다는 각각의 방식이 가진 장점이 그대로 발휘될 수 있도록 두 경영 방식의 요소를 분해하여 재결합했다. 그리고 거기에 머물지 않고 이들의 화학적 결합을 통해 삼성식 경영으로 재창조하는 단계로까지 나아갔다.[43]

이렇듯 삼성의 융합 경영은 기업들이 일반적으로 당면하는 갈등적 관계의 경영 요소들을 생산적으로 결합함으로써 속도 경쟁력을 획기적으로 높였다. 특히 경영 과정에서 패러독스 관계에 있는 문제들을 해결함으로써 경쟁력 획득에 의미 있는 도움을 받았다. 예를 들면 집중화와 다각화, 원가와 품질, 통제와 자율, 차별화와 원가 우위 등의 상호 모순적 개념들을 모두 수용하는 성과를 거두었다고 할 수 있다. 메모리 반도체 사업에서는 집적도 성능에 앞서면서도 원가와 품질 모두에서 경쟁력을 확보하여 패러독스적 문제를 융합 경영으로 해결해냈다.[44]

삼성 신경영의 중요성

삼성의 융합 경영은 1993년 이건희 회장에 의해 추진된 신경영 운동을 기반으로 실현될 수 있었다. 사실 신경영은 1990년대 초반 한국에 불어 닥친 국제 경쟁력 쇠퇴라는 위기 상황을 극복하는 데 상징적 역할을 했다. "자식과 마누라 빼고 다 바꾸자"는 호소는 삼성은 물론 한국 사회가 새로운 패러다임으로 전환하는 계기가 되었다. 한국 기업들은 갑자기 부닥친 현실 문제들을 해결하기 위해 국내외를 따지지 않고 필요한 지식과 노하우를 찾아나섰고, 그것들을 융합해냄으로써 한국식 속도 경영을 만들 수 있었다. 삼성의 신경영은 1980년대까지 진행해온 저임금 대량생산 기반의 양적 성장이 위기에 빠지고 관료적 병폐와 부서 이기주의 등 부정적 관행이 생기자 이것을 극복하기 위해 대대적인 내부 혁신 목적으로 시작되었다.[45] 잘 알려진 바와 같이 신경영은 1993년 6월 이건희 회장의 프랑크푸르트 선언으로 시작되었다. 그 내용으로는 개인과 부서 이기주의 극복, 타율과 획일주의로부터의 탈출, 유연한 조직으로의 변모 등이 강조되었다. 신경영은 질 위주 경영, 정보화, 국제화, 복합화로 구성되었으며 '초일류 삼성'이 되기 위한 경쟁력 확보가 주된 목표였다.[46]

신경영이 삼성의 융합 경영을 발전시킨 과정을 잘 이해하기 위해서는 '한 방향' 이념과 복합화의 개념을 살펴볼 필요가 있다.

먼저 '한 방향' 이념은 내부적으로 '싱글 삼성Single Samsung'이라는 캐치프레이즈와 연동되어 이해되기도 한다. 신경영의 추진을 위해 가장 먼저 강조된 것이 이 '한 방향' 이념이었다. 이것은 공통 목표와 그것을 향한 공감대 형성의 중요성을 강조한 것이다. 따라서 달리는 사람들의 방향과 의지를 결정한다는 의미에서 속도 경영의 필수 요소라고 할 수 있다. 아무리 바쁘게 뛰어봐야 같은 목표나 방향으로 가지 않으면 소용없기 때문이다. 이건희 회장은 신경영 혁신 운동의 본격적 전개를 위해 다음과 같이 강조했었다.

약속하고 한꺼번에 빨리 전파해서 한 방향으로 가면, 그것만 갖고도 현재의 5km 속도가 저절로 10km가 된다. 그러나 그중 몇 사람이 남의 뒷다리를 잡거나, 전체가 앞으로 똑바로 가는데 오른쪽으로든 왼쪽으로든 따로 간다면 물리학적으로 속도가 줄게 되어 있다.

이러한 '한 방향' 이념은 삼성의 철학과 가치관을 공유하자는 의미이다. 개인과 조직의 이기주의를 없애고 비전과 조직 문화를 공유함으로써 모든 조직 구성원이 일관성 있는 행동을 하자는 메시지를 담고 있다. 그 대신 구체적인 전략과 수단은 부서나 사업부마다 자율적으로 실천하자는 내용이다.

다음은 복합화이다. 이 개념은 문제가 무엇이며 그것을 해결하기 위해 어떤 방향으로 나갈지에 대한 공감대가 형성된 이후 효과적으로 쓰일 수 있다. 즉 문제 해결을 위해 "서로 연관성이 있는 인프라, 시설, 기능, 기술이나 소프트를 효과적으로 결합시켜 유기적인 상승효과를 내도록 해서 경쟁력과 효율을 극대화하는 것이 복합화다. 이것은 행정, 도시, 산업, 기업, 복지, 기타 모든 분야에 적용할 수 있는 개념이다."[47]

복합화란 2가지 이상을 하나로 합치는 것을 말하는데 좁게 설명하자면 융합을 위한 기초 작업에 해당한다. 광의로는 융합의 개념을 포함하는 포괄적 개념으로도 볼 수 있다. 신경영은 복합화 개념을 다양한 경제 분야에 적용하고 확산시킴으로써 산업과 국가의 경쟁력을 높일 수 있다는 점을 강조한다. 이건희 회장은 복합화의 중요성에 관해 다음과 같이 말했다.

21세기 첨단 산업이라는 것도 다양한 업종이 합쳐진 복합 개념이다. 예를 들어 의료기기는 과학, 정밀, 컴퓨터, 필름 같은 것을 합친 것이다. 우주공학, 의료, 에너지 산업, 첨단 산업, 자동차 산업, 전자 산업도 기계다, 레이저다, 디스크다 해서 자꾸 복합 개념으로 간다. 그렇기 때문에 복합화하지 않은 단품의 개념으로는 21세기에 생존할 수가 없다.[48]

결론적으로 삼성의 융합 경영은 신경영에서 제안된 '한 방향' 이념과 복합화 개념에 기반을 두고 실천되고 완성되었다고 할 수 있다. 융합 경영의 일반적 틀에서 보았을 때 '한 방향'의 개념은 '문제의식에 기초한 목표 설정'(1단계)을 강조한 것이라고 볼 수 있다. 그리고 복합화 개념은 '목표 달성을 위한 필요 요소들의 발견과 결합'(2단계)이라는 프로세스의 중요성을 강조한 것이다. 이에 관해서는 뒤에서 자세히 설명하겠다.

현대자동차의 기술 융합

현대자동차는 1967년 창립 이후 40여 년간 한국 자동차 산업을 이끌어왔다. 일제강점기, 한국전쟁 등을 거친 후에 맞은 1960년대는 제대로 된 산업 인프라를 갖추지 못한 시기였다. 현대자동차는 이렇듯 자동차 산업의 불모지에서 태어났다. 그리고 1976년 국내 최초로 독자 모델 '포니'를 개발하여 국내외에 판매함으로써 한국 자동차 역사의 첫 장을 열었다. 1980년대에는 자동차의 본고장인 미

그림 1-4 현대자동차의 성장 추이

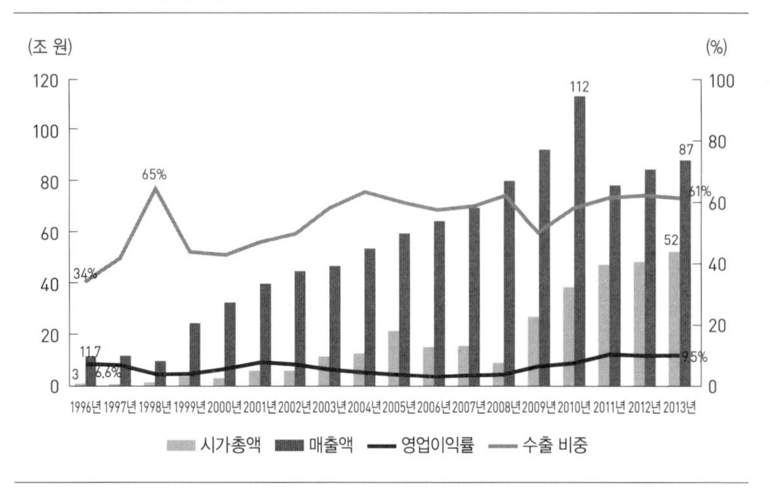

자료: 한국거래소, 현대자동차

국으로 수출을 시작했으며, 1990년대에 접어들어서는 자동차 핵심 부품인 엔진과 변속기를 독자 개발함으로써 기술 자립화를 선도해 나갔다. 이후 현대자동차는 1997년 터키 공장을 시작으로 주요 시장별 생산 공장, 연구소, 판매 법인을 설립하여 제품 개발, 생산, 판매 등 핵심 부문의 현지화를 이룩하고 지역에 맞는 제품을 제공하는 글로벌 경영을 추구했다. 그 결과 2013년에는 인터브랜드가 선정한 '글로벌 100대 브랜드'에서 50위권에 진입했다. 특히 100대 자동차 브랜드의 평균 매출성장률 12.4%를 크게 웃도는 20.5%의 성장세를 기록했다.[49]

[그림 1-4]에서 보는 것처럼 현대자동차의 1996년 시가총액은 3조 원에 불과했다. 그러나 2013년에는 52조 원을 기록했으며, 6% 대이던 영업이익률도 9% 이상으로 높아졌다. 또한 수출 비중도 획

기적으로 늘었다. 2013년 매출액의 61%를 수출을 통해 달성하며 해외 시장에서도 인정받는 글로벌 자동차 기업으로 성장했다.

현대자동차 역시 삼성전자와 마찬가지로 지난 20년의 정보화 시대 동안 새로운 기회를 획득하면서 국내외 시장에서의 위치를 공고히 했다. 하지만 현대자동차의 역사를 살펴보면 늘 평탄하지만은 않았다. 현대자동차는 1997년 IMF 외환위기, '왕자의 난'이라 불리는 경영 승계 문제, 노조 파업 등 수많은 위기를 겪어왔다. 그때마다 현대그룹 특유의 '돌파 경영Breakthrough Management'을 내세워 위기를 극복하며 오늘날 자동차 산업에서 융합 경영을 선도하고 있다.

기술 융·복합에 대한 대응

오늘날 대표적인 융합 산업으로 자동차를 빼놓을 수 없다. 자동차는 기계, 디자인, IT 기술, 첨단 소재, 소프트웨어 등 다양한 분야의 기술들이 융·복합되어 만들어진다. 특히 1990년대 후반에 들어와 정보 기술과 통신 네트워크가 더욱 발전하면서 소비자들의 라이프 스타일을 변화시켰다. 자동차 산업 역시 이러한 디지털 트렌드에 따라 그 핵심 경쟁력이 빠르게 변화했다. 예를 들면 IT 융합 기술의 발전으로 안전성, 편의성에 대한 소비자들의 기대가 높아지면서 스마트 자동차 등 차량 시스템의 지능화가 빠르게 진행되었다. 이와 함께 휘발유, 경유 등의 연료를 사용하는 내연기관 엔진 차에서 전기 배터리와 모터로 구동되는 전기화 추세로 변화했고 세계 각국의 차량 연비 규제 강화에 의한 경량화 문제가 대두되었다.[50] 이 중 가장 두드러진 특징은 IT 융·복합을 통한 자동차 산업의 전장화였다.

그림 1-5 **현대자동차 BPRM 추진 체계**[52]

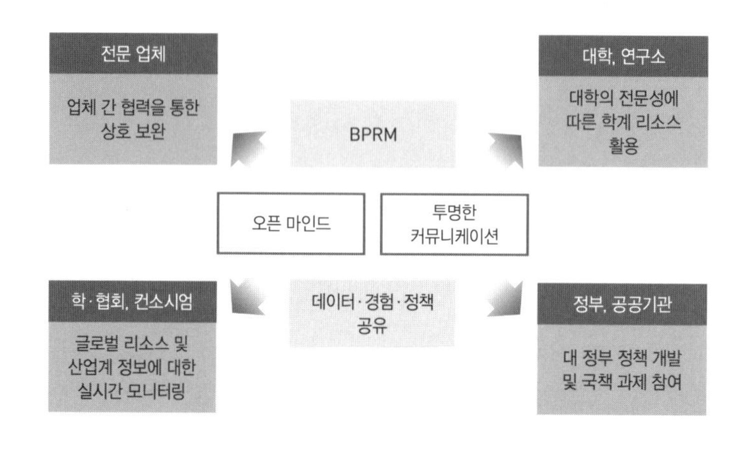

이러한 트렌드에 따라 자동차 산업은 단순한 기계 조립 산업을 넘어 디자인, IT 기술, 첨단 소재, 소프트웨어 등 다양한 산업이 융·복합된 첨단 산업으로 변모했다. 우리나라의 대표 자동차 기업인 현대자동차 역시 1998년 기아자동차를 인수한 후 2000년대에 들어와 빠른 속도로 변화하는 자동차 산업 트렌드에 대응했다. 한 예로 다양한 기술들의 융합을 도모하고 혁신적인 제품을 생산하기 위해 글로벌 기술 협력 프로그램인 'Business Partner Relationship Management[BPRM]'를 운영했다. BPRM은 협력의 목적과 특성화에 따라 기술 협력 파트너들을 전문 업체, 대학 및 연구소, 학회·협회 및 기술 컨소시엄, 그리고 정부 및 공공기관으로 분류하고 상호 신뢰를 바탕으로 경험과 자료를 공유함으로써 장·단기적인 협력 관계를 구축하는 것이다.[51]

자동차 산업은 오랜 시간에 걸쳐 축적된 실험 자료와 경험, 그리고 노하우 등이 제품 기술의 발전을 좌우한다. 이 때문에 자동차 산업의 기술 발전은 점진적이고 누적적으로 나타난다. 현대자동차는 이러한 특성을 고려해 부품 공급사뿐만 아니라 미래의 잠재 협력사들과도 기술 제휴, 공동 연구실 운영, 조인트 벤처 설립 등 다양한 형태의 장기적 공동 개발 활동을 벌여왔다. 한 예로 현대자동차는 아폴로 우주선에 연료 전지를 공급한 세계적 전문 기업인 IFC(현재 UTUCF)와 공동 개발을 추진했고, 그 결과 2000년 11월 싼타페 연료 전지차를 개발했다. 또 2004년에는 저온에서 시동 능력이 개선된 투싼을 개발했다.[53]

한편 하이브리드와 연료 전지 자동차 등 미래 환경 친화형 자동차의 등장으로 IT, 화학, 기계, 재료 등 융·복합 기술의 전문성 확보가 중요하게 되었다. 이러한 기술들은 내부 연구개발 조직 구축을 통해 달성할 수도 있지만 그 비용과 위험 부담이 크다. 현대자동차는 이 문제를 해결하기 위해 다양한 방식으로 산학 협력 활동을 추진했다. 초기 소규모 연구 과제를 중심으로 시작했다가 점차 중장기 전략 과제로 확대해나갔다. 이 과정에서 나온 성과는 특허 확보와 벤처 설립 등을 통해 활용했다. 예를 들어 2000년 서울대학교 내에 산학 협력 전문 회사 NGVNext Generation Vehicle Technology를 설립하고 연구개발과 생산 기술 관련 총괄 기획과 운영을 맡기기도 했다.

다음의 [그림 1-6]은 현대·기아자동차의 산학 협력 전문 회사인 NGV의 주요 연구 분야와 프로세스를 나타냈다. NGV는 기계, 재료, 생산 기술, 전기·전자, 인간공학, 디자인 등 자동차 산업에 필

그림 1-6 **현대·기아자동차 NGV 주요 연구 분야 및 프로세스**[54]

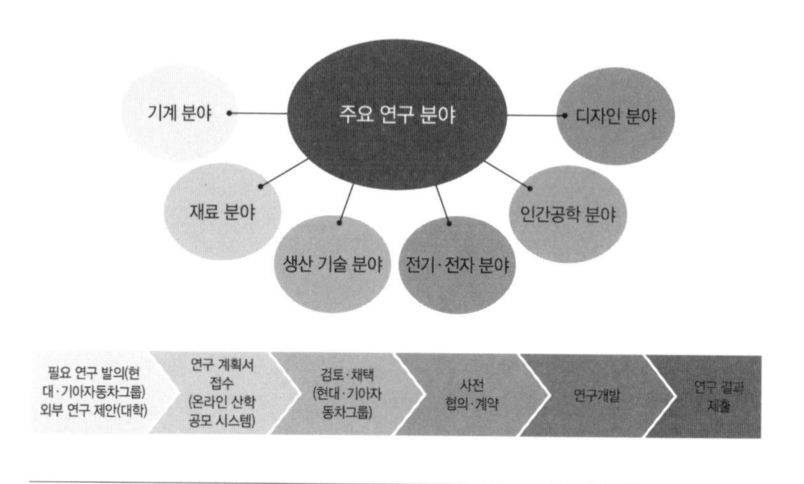

한 주요 분야 전반에 걸쳐 산학 협력 연구개발을 추진하고 있다. 이러한 NGV의 프로세는 먼저 현대·기아자동차가 필요한 연구에 대해 산학 공모 시스템인 OASIS를 통해 상시적으로 제안한다. 이후 기업 외부에서 제시되는 다양한 아이디어를 현대·기아자동차 그룹이 검토한 후 연구개발을 추진하는 방법으로 진행한다.

NGV의 산학 협력 활동을 통해 현대·기아자동차는 하이브리드 최적 구조 설계 및 연비 최적화 기법, 신개념 하이브리드 시스템, 하이브리드 차량의 변속기 효율 및 에너지 분배 특성 분석이라는 세 가지 주요 과제를 진행했다. 그 결과 무단 변속기CVT: Continuously Variable Transmission를 장착한 12kW급 병렬형 하이브리드 승용차의 시초 차량 개발을 시작으로 저배기SULEV 하이브리드 자동차, 42볼트 시스템 핵심 부품, 전기 자동차 회생 제동 제어 방법, 정보 시스템의 사용성 평가 시스템 등 세계적인 기술들을 개발하는 성과를 이루었다.

IT 융합

현대자동차는 IT 융합을 통한 제품 혁신으로 뛰어난 성과를 달성했다. 2003년에는 위성을 통한 위치 정보 시스템GPS과 이동통신을 결합한 글로벌 텔레매틱스 브랜드 '블루링크(현대자동차를 상징하는 'Blue'와 연결성을 의미하는 'Link'의 합성어)'를 론칭했다. 블루링크 시스템은 자동차와 IT를 융합해 운전자에게 더욱 안전하고 편리한 운전 환경을 제공하는 것을 기본 개념으로 삼는다. SOS 긴급 출동, 도난 추적 등의 안전 지원과, 차량 고장 시 상황 진단 후 정비소와의 연계, 스마트폰을 이용한 원격 시동, 원격 공조, 주차 위치 확인, 목적지 전송 등의 편의를 제공한다. 특히 2013년에는 제2세대 블루링크 시스템이 도입되어 기존의 서비스(스마트 컨트롤, 안전·보안, 차량 진단 관리, 정비 서비스) 외에 운전자의 동작 인식에 의한 오디오 프로그램 조작 시스템, 운전자의 혈압·심장 박동·체지방 지수·스트레스 정도 등 건강 상태를 파악할 수 있도록 하는 'U-헬스케어(건강측정 센서)' 등 더욱 정교한 서비스를 제공하고 있다. 이 서비스는 국내뿐만 아니라 중국과 북미에도 성공적으로 출시되었다. 그리고 대형 트럭에도 서비스를 적용함으로써 그 영역을 점차 확장하고 있다.[55]

결론적으로 현대자동차의 성장은 글로벌 금융위기로 파생된 세계 경제의 부진에도 불구하고 적극적인 인재 확보와 글로벌 생산 시스템 구축, 그리고 글로벌 R&D 연구소와 산학연 연계를 통한 융·복합기술의 확보 등에 힘을 쏟음으로써 일궈낸 성과라고 할 수 있다. 그리고 그 중심에는 융합 경영이 있었다. 이 융합 경영은 이해관계자들과 함께 기술의 발전에 대해 적극적이고 선도적인 대응을 함으로써 새로운 가치를 창출하고 이를 공유하는 과정을 말한다. 현대자동차는 삼성전자와 마찬가지로 기업이 처한 문제를 구체적으로 인지하여 목표를 정하고 이를 해결하기 위한 필요 요소들을 발견하여 서로 결합해나갔다. 그 결과 창출된 가치들은 회사는 물론 협력사, 고객 등 다양한 이해관계자들에게 공유됨으로써 현대자동차를 둘러싼 생태계 전체를 건강하게 발전시켰다.

현대자동차의 융합 경영

현대자동차가 실천한 융합 경영은 다음과 같은 4단계 프로세스로 정리할 수 있다.

1단계: 문제 인식과 목표 설정

자동차는 2만여 개의 부품을 조립해 생산된다. 한마디로 부품 경쟁력이 곧 완성차의 경쟁력으로 이어진다. 정몽구 회장은 2세 경영인으로서 1998년 현대자동차그룹을 분리 독립시키며 새롭게 출발했다. 외환위기 직후임에도 글로벌 진출과 품질 경영에 공격적 투자를 하며 새로운 전략 방향을 제시했다. 그는 협력사들의 기술 역량이 경쟁력 제고에 가장 중요한 요인이 됨을 인식했다. 그리고 글로벌 자동차 산업의 경쟁 구도를 볼 때 상위 5위에 들지 않고서는 생존이 어렵다고 판단하고 '글로벌 톱Top 5'의 비전을 제시했다.

2단계: 필요 요소의 발견과 결합

현대자동차는 경쟁력 있는 협력사들을 확보하고 이들의 기술 경쟁력을 높이는 데 역점을 두었다. 또 소재 국산화를 위해 공격적인 투자를 단행했다. 예를 들어 5,000개가 넘는 협력사들로부터 안정적으로 부품을 공급받을 수 있도록 공급망을 구축했다. 또한 현대제철에 1조 1,200억 원을 투자해 차세대 특수강과 고품질 철 분말을 생산했다. 그 결과 현대자동차는 2012년에 부품 국산화율을 90% 이상 달성할 수 있다. 이는 독일, 일본, 미국 등지에서 부품을 수입해오던 1960~1970년대와 비교할 때 엄청난 진전을 이룬 것이다.[56]

3단계: 소통과 협력

현대자동차는 목표 달성을 위한 필요 요소인 이해관계자들과의 소통을 원활하게 하는 데 주력했다. 특히 융·복합의 핵심 역할을 담당하는 협력사와의 실시간 소통 채널 구축을 통해 신속하게 정보를 공유했다. 이는 제품 혁신의 성과로 이어졌다. 2012년에는 1차 협력사뿐만 아니라 2·3차 협력사까지 아우르는 소통 채널 '동반 성장 포털'[57]을 열어 각종 협력 프로그램 정보를 제공하기 시작했다. 한 예로 홈페이지가 구축되어 있지 않은 협력사들이 동반 성장 포털을 통해 채용 공고를 낼 수 있다. 이는 현대자동차의 협력사라는 인지도를 통해 우수 인재를 확보할 기회를 제공함으로써 서로의 역량을 강화하는 효과를 발휘했다고 평가된다.

또한 협력사 간 기술 협력의 소통을 활성화하기 위해서 협력사 R&D 기술 지원단 주관하에 17개 협의체(도어실링, BIW, 바디체어,

AGM 배터리, 시트벨트, 범퍼, 와이퍼, 샤시 콘트롤, 서스펜스 프레스, 서스펜스 부시, 알루미늄 휠, 타이어, 샤시 연료, AT 솔 벨트, 흡기 매니폴드, 피스톤, AT 속도 센서)를 운영했다.

이러한 협의체들은 같은 부품을 생산하는 협력사 간 품질 문제를 개선하고 신기술과 신공법에 관한 정보 공유를 촉진했다. 그리고 이런 활동들을 융·복합을 위한 이종 부품의 협력사 간 협의체로도 확대하여 부품 특성에 대한 이해 증진과 개발 과정의 공조를 꾀했다.[58]

다양한 소통 채널들은 기술 융·복합화 효율성을 높이고 제품 개발과 생산 속도를 높임으로써 현대자동차가 글로벌 시장에서 경쟁력을 높여나가는 데 결정적 역할을 했다. 이러한 현대자동차와 협력사 간 관계는 대부분 장기간에 걸쳐 이루어졌다. 10년 이상 거래한 협력사가 전체의 96%를 차지하며 평균 협력 기간도 27년이나 된다.[59]

4단계: 가치 창출과 성과 공유

산업 간 융·복합 또는 기업 간 협력은 현대자동차가 스마트 자동차를 개발하고 자동차 산업의 전장화를 이루는 데 큰 몫을 담당했다. 현대자동차는 소통과 협력을 통해 나타난 성과를 협력사는 물론 고객과 지역 사회 등 다양한 이해관계자들과 공유했다. 다음의 [그림 1-7]에 나타난 것과 같은 성과 공유 프로세스를 갖추었고 새롭게 창출된 가치들을 동반자들과 공유함으로써 글로벌 자동차 시장을 선도할 수 있는 경쟁력을 길렀다. 그 결과 현대자동차는 양적

그림 1-7 현대자동차 CSR 중장기 전략 체계도[60]

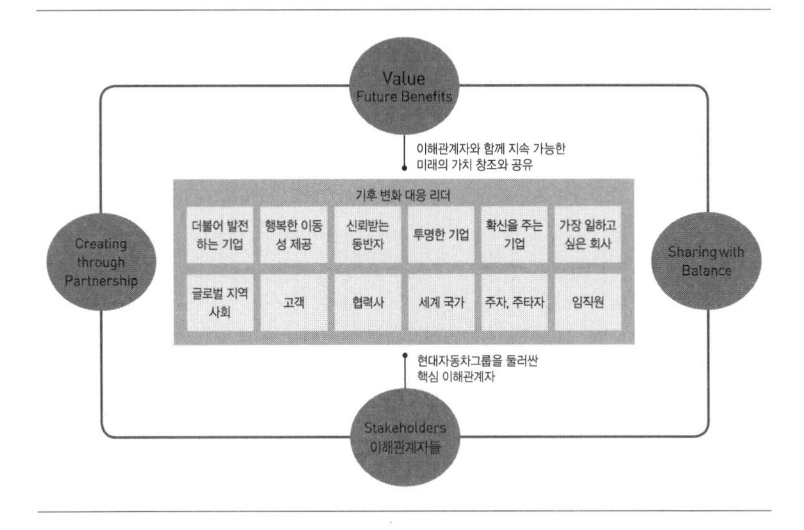

인 성장과 함께 질적 성장을 이루어냈다. 2014년 미국 신차 품질 조사에서 1위를 달성하는 쾌거를 올린 것이다. 협력사들의 매출도 꾸준하게 증가했다. 2001년부터 2013년까지 연평균 10.3%씩 성장세를 보였다. 매출 규모 1,000억 원 이상의 협력사가 2001년 대비 2.5배가 증가한 155개사를 기록했다. 글로벌 시장을 겨냥해 현대자동차와 해외로 동반 진출한 협력사는 1997년 34개에서 2013년 599개로 17배 이상 늘었다.[61] 현대자동차는 이 모든 성과를 바탕으로 2012년 전 세계 8개국에 17개의 완성차 공장을 갖추어 선진국과 신흥국을 아우르는 글로벌 생산 기지를 갖추는 데 성공했다. 이와 더불어 현지 맞춤형 생산 체제를 구축함으로써 세계적 수준의 기술력을 도입하면서도 현지에 적합한 모델을 생산하는 역량을 갖추었다.

학습주의와 원효의 화쟁사상

기업이 어떤 문제에 부딪혔을 때 그것을 해결하는 데 필요한 정보나 전문성이 부족하다면 어떨까? 변화에 제대로 대처하지 못할 것이다. 특히 빠른 기술 변화로 불확실성이 높은 상황이라면 사전에 면밀한 계획을 세우기가 어렵다. 계획을 세우기 위해서는 시장의 동향, 고객의 취향, 타사의 움직임 등에 관한 정보와 전문성이 있어야 하는데 불확실성이 크다면 이것을 갖추기 쉽지 않기 때문이다. 이러한 상황에서는 빠른 학습을 통해 부족한 정보와 전문성을 확보하는 것이 무엇보다도 절실하다. 이때 융합은 학습을 위한 중요한 도구가 된다. 정보화 시대와 같이 전문적 지식이 많이 필요하고 상대적으로 불확실성이 높은 환경에서는 부딪쳐가면서 다양한 경험과 지식을 융합하는 것이 훨씬 효과적일 수 있다. 따라서 정보화 시대에는 '생각하기 전에 먼저 행동하자'는 학습이론의 논리와 주장이 효과적으로 적용되었다.[62]

이러한 융합에 의한 학습주의는 한민족 역사 속에서 유난히 많이 등장한다. 우리는 대륙과 바다 모두에 접한 반도 국가이다. 이런 특수성 때문에 해양과 대륙의 문화를 융합해내는 속성이 발달했는지도 모른다. 한 예로 단군신화 웅녀 이야기도 궁극적으로는 수렵 문화와 농경 문화를 융합하는 과정을 그린 것으로 해석하는 경향이 강하다.

또한 이런 관점에서 원효의 화쟁和諍사상을 눈여겨볼 필요가 있다. 원효대사는 한국 불교철학에 큰 획을 그은 신라 고승이다. 그의 화쟁사상은 모든 대립, 모순, 쟁론을 조화시키고 극복하여 하나의 세계로 융합해내는 데 목적이 있다. 이는 현재 한국 불교 저변에 깔려 핵심 철학이 되었는데 수많은 종단과 이론들의 난립을 막고 화합하는 이념으로 크게 신봉되어왔다. 특히 구체적인 행동의 지침들을 제안함으로써 불교계의 대립을 하나로 동화시켜나갔다. 그 내용을 보면, 몸으로 화합함이니 함께 머물러라身和共住, 입으로 화합함이니 다투지 말라口和無諍, 뜻으로 화합함이니 함께 일하라意和同事, 계로써 화합함이니 함께 닦아라戒和同修, 바른 지견知見으로 화합함이니 함께 해탈하라見知同解, 이익으로써 화합함이니 균등하게 나누어라利和同均 등이 있다.[63]

원효는 "언제나 분석하고 비판하면서 긍정과 부정의 2가지 논리를 융합하여 더 높은 차원에서 새로운 가치를 찾았다. 그는 모순과 대립을 한 체계 속에 하나로 묶어 담은 이 기본 구조를 가리켜 '화쟁和諍'이라 했다. 통일·화합·총화·평화는 바로 이와 같은 정리와 종합에서 온다는 것이 그의 신념이기도 했다."[64] 이 화쟁 사상의 근본 원리는 인간 세상에는 화和와 쟁諍이라는 양면성이 존재하며, "화쟁은 화와 쟁을 정正과 반反에 두고 그 사이에서 타협함으로써 이루어지는 합合이 아니라, 정과 반이 대립할 때 오히려 정과 반이 가지고 있는 근원을 꿰뚫어보아 이 둘이 불이不二라는 것을 체득함으로써 쟁도 화로 동화시켜나간다"는 것이다.[65] 이와 같은 원효의 화쟁 사상은 이후의 한국 불교철학의 밑바탕이 되었을 뿐 아니라 중국과 일본 불교계에도 큰 영향을 미쳤다.

한국인의 생활문화

한민족의 유구한 삶에는 역설과 상생의 논리가 살아 숨 쉰다. 이것은 꼭 거창한 사상과 철학이 아니더라도 문학 작품, 전통문화, 그리고 생활 저변에 깔려 있다. 우리에게 잘 알려진 고전 설화인 처용 이야기, 김소월의 시 「진달래꽃」 등은 역설의 미를 극대화 시킨 작품들이라 할 수 있다.

역설의 철학을 잘 드러낸 문학 작품으로서 『삼국유사』의 「처용랑 망해사」에 실려 전해지는 「처용설화」를 들 수 있다. 이것은 신라 헌강왕 시절 용왕의 아들 중 하나인 처용에 관한 이야기인데 처용이 그의 아름다운 아내를 범하려 한 역신에 대해 화를 내는 대신 노래와 춤으로 대응함으로써 오히려 역신의 사죄를 받고 두려움을 심어주었다는 이야기다. 이때 처용은 분노의 상황에 아량과 지혜를 보임으로써 역신에게 사죄를 받고 복종적 관계를 얻어내는 데 성공한다.[66]

김소월의 「진달래꽃」은 한국인에게 가장 널리 사랑받는 시 중 하나이다. 이 작품은 1925년에 발간된 시집 『진달래꽃』에 수록되어 있는데 전통적인 정한情恨을 예술적으로 승화시킨 한국 서정시의 대표작으로 전해지고 있다.[67] 이별의 통한을 임을 위한 축복과 희생적인 사랑으로 승화시키며 아픔을 극복하려는 의지를 역설적으로 표현함으로써 우리 민족 특유의 정서를 잘 드러내었다.

한편 농경 시대 우리나라의 생활문화 중에서 상생의 정신이 담긴 것들을 찾을 수 있다. 상부상조의 가치를 실현한 두레와 품앗이가 대표적이다. 두레는 마을 공동의 노동 조직이다. 농번기나 마을 공

그림 1-8 「처용설화」와 김소월의 「진달래꽃」

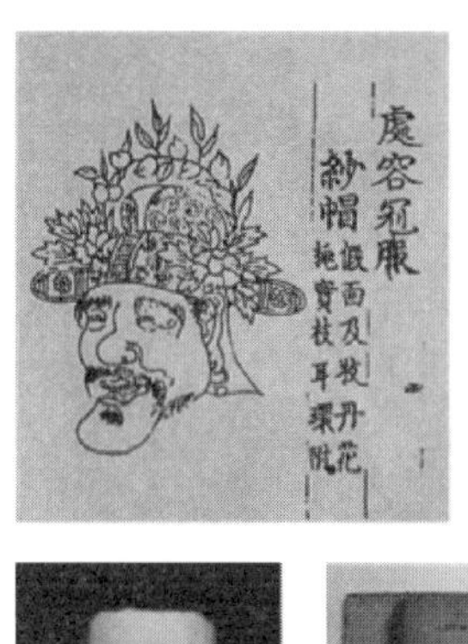

자료: 경주국립박물관(위), 한국현대문학관(아래)

동의 일이 생겼을 때 주민이 함께 작업하는 공동체로 존재했다. 이는 개인 간 노동을 교환하는 체계이다. 계절이나 시기에 상관없이 이웃이 바쁠 때면 도움을 주고 자신이 바쁠 때면 이웃에게 도움을 받으면서 바쁜 농사일을 함께 돌아가며 하는 미풍양속이라 할 수 있다.

두레와 품앗이는 조직과 개인이라는 점에서 차이는 있으나 이 둘 모두 상생의 정신에 입각한 공동체 생활문화라는 사실이 공통적이다. 여러 문학 작품과 생활문화를 들여다보면 한민족의 삶 속에 오래전부터 역설과 상생의 논리가 잠재했음을 알 수 있다. 이런 DNA는 자연스럽게 한국인의 인식에 자리매김했다. 그리고 융합 경영 프로세스에도 중요한 바탕이 되었으리라고 짐작할 수 있다.

우리 민족은 서양 사람들과는 다르다. 직접적이기보다는 은유적이다. 역설을 통해 서로의 차이를 인정하는 속에서 이 상이함을 공존시키고 결합하는 상생의 논리에 익숙하다. 그래서 서로 다른 것들 간의 결합에 대한 사고를 유연하게 할 수 있는지도 모른다. 그리고 이런 유연한 사고를 통해 새로운 것들을 창의적으로 만들어내기도 한다.

한편 기업 경영 관점으로 결합과 융합을 통해 새로운 분야와 작품이 창출되는 현상을 관찰할 수도 있다. 그러면 앞에서 살펴본 융합의 시너지 효과가 드러난다. 이 책에서 논의하고 있는 산업계의 융합 역시 역설과 상생의 논리를 바탕으로 한 경영 패러다임이기 때문이다.

삼성과 현대자동차 사례 등에서 볼 수 있듯이 오늘날 한국 기업들에서 활발히 일어나고 있는 융합 현상은 한국인이 역설과 상생의 논리에 익숙하기 때문일 수 있다. 한국 기업들이 서로 다른 기술과 지식을 융합해서 새로운 시장을 개척하고 제품을 혁신하는 사례가 많은 것도 여기에 기인한다고 생각한다. 대표적 융합 산업인 스마트폰과 자동차 분야에서 비약적 성공을 이루어낸 것은 선도 기업들이 융합 경영을 통해 계열사와 협력 업체는 물론 소비자, 외부 연구기관, 정부 및 지자체 등과 교류하고 협력함으로써 융합 시너지 효과를 발휘했기 때문이라고 해석할 수 있다.

울타리 안에서의 상생 협력

융합 경영이 촉발한 상생 협력은 그 주체인 기업들에는 큰 성과와 이익을 안겨주었다. 하지만 그 교류와 협력의 효과가 경제 전반에 얼마나 확산되었는지에 대한 평가는 부정적이다. 상생 협력이 계열사나 1차 협력사 등 자신의 울타리 안에서 이루어졌기 때문이다. 그래서 2·3차 협력사나 소비자들에게까지 확산되는 상생 협력의 비즈니스 모델이나 경영 활동은 찾아보기 어렵다. 오히려 놀라운 경제적 성과를 가져다준 압축 성장 이면에는 많은 갈등과 불공정 거래 시스템이 존재했다. 특히 대기업과 중소기업 간 양극화 문제는 경제 성장에 가장 큰 걸림돌이 되고 있다. 글로벌 금융위기 이후 대기업은 승승장구했지만 중소기업의 수익성과 생산성은 정체되거나 악화되는 실정이다.[68] 이처럼 뿌리 깊은 양극화는 사회적 신뢰 기반을 약화시킬 뿐만 아니라 사회 통합을 저해하는 근본 요인이 되고 있다.

이러다 보니 조직과 개인들이 상부상조하던 두레와 품앗이와 같은 상생의 정신이 녹아 있는 생활문화가 계승되지 못했다. 그보다는 각자도생各自圖生이나 각개약진各個躍進이 삶의 기본 패턴으로 자리를 잡은 듯하다. 개별적으로 알아서 살아남거나 목표를 향해 개별적으로 돌진해야 한다는 행동 패턴은 속도 경쟁의 시대에서 당연한 모습이 되었다. 개인이나 가족 그리고 우리 조직 차원에서 "남을 앞서야 한다"는 신조는 한국의 '빨리빨리'병의 근원이 되었다.[69] 따라서 융합 경영의 상생 협력은 근본적이라기보다는 속도 경쟁력 제고의 차원에서 필요에 따라 부분적으로 적용되었다고 평가할 수 있다.

융합 경영의 틀

융합은 사전적으로 정의하면 '분리된 두 개 이상의 요소들이 같은 방향으로 움직이거나, 하나의 요소로 수렴되는 현상'이다. 그러나 융합이라는 용어는 폭넓게 사용되기 때문에 범주화된 정의를 내리기 쉽지 않다. 이 책에서는 융합을 '다양한 이종 교배를 통한 창조적인 가치 창출 활동'으로 정의하려 한다. 그리고 융합 경영은 앞에서의 삼성과 현대자동차 사례에서 보았듯이 다음 [그림 1-9]와 같은 프로세스로 설명할 수 있다.

융합 경영의 첫 번째 과정은 문제 인식과 목표 설정이다. 즉 다양한 고객의 니즈를 파악하고 산업 환경의 변화를 예측해서 위기의식을 갖고 문제가 무엇인지를 정의하는 것으로부터 시작한다. 그리고 이를 해결하기 위한 목표를 구체적으로 설정한다. 두 번째 과정은 목표 달성에 필요한 요소들을 발견해내고 이를 결합하기 위해 공감대를 형성하는 것이다. 이러한 공감대에 기초해서 구체적인 활동 원칙이나 가이드라인을 제시한다. 세 번째 과정에서는 정보 공유와 신뢰 관계의 구축을 통해 필요 요소 간 소통과 교류를 촉진한다. 이 과정을 통해 협력과 소통의 네트워크를 확장하고 협력의 문화를 확산해나간다. 네 번째 과정은 환경 변화 대응과 문제 해결을 위한 공동의 노력을 통해 가치를 창출하고 여기에 기여한 요소들이 성과를 공유하는 단계이다. 적절한 가치의 배분과 공유를 통해 융합 경영의 프로세스가 다시 선순환으로 이어지도록 한다.

이와 같은 융합 경영은 정보화 시대에 접어들면서 특히 더 중요해

그림 1-9 **융합 경영 프로세스**

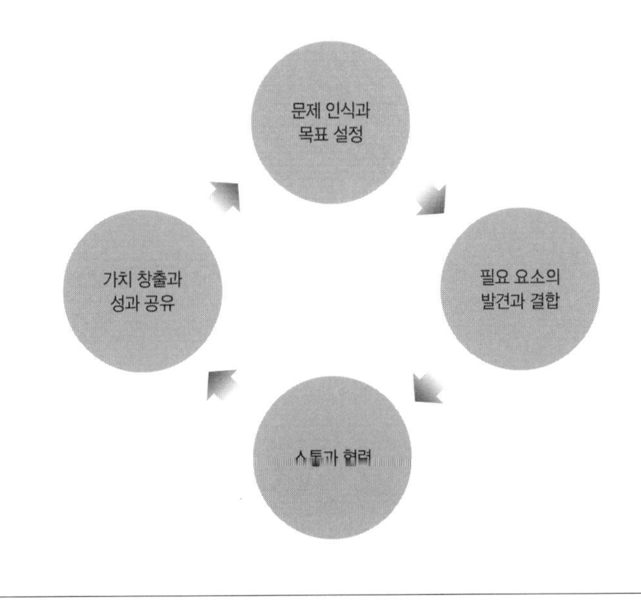

졌다. 상품과 서비스의 복잡도가 높아지고 시장에서 네트워크 효과가 커지면서 경쟁이 격렬해졌기 때문이다. 그리고 경쟁 구조도 바뀌었다. 특정 기업의 기술 혁신 중심이 아니라 다수 기업이 모여 혁신을 가속화하는 생태계 간 경쟁으로 변모한 것이다. 개별 기술만으로는 차별화가 어렵고 개별 기업의 역량만으로는 경쟁을 뚫고 나갈 때 한계에 부닥칠 수밖에 없기 때문이다. 이러한 상황에서 융합 경영은 제품과 경영의 혁신을 위한 새로운 대응 수단이 되었다. 또한 새로운 시장을 개척하는 등 기업 경쟁력 제고에 핵심적인 역할을 했다.

산업화 시대의 경영 패러다임은 제품을 빨리, 싸게, 그리고 많이 생산하고, 조직을 효율적으로 운영하는 데 초점을 맞추었다. 특히 이 시대에는 물질적·기술적 자원을 확보하고 강력한 내부 추진력으로 효율적인 생산 시스템을 조기에 구축하는 것이 기업의 성패를 좌우했다. 그러한 이유로 내부 통제에 의한 업무 효율화가 주된 경영 목표이며 기술 개발은 대부분 내부에서 추진되었다. 그러나 이러한 경영 패러다임은 1990년대에 들어서면서 한계에 부딪혔다.

반면 새로운 경영 패러다임으로 등장한 융합 경영은 당면한 문제에 대한 인식에서 출발해 이를 해결하는 데 필요한 요소들을 주변으로부터 발굴하고 이들과 함께 빠른 속도로 문제를 해결함으로써 혁신을 이루고 경쟁자와 차별화할 수 있게 했다. 이러한 융합 경영은 내부의 생산성과 효율을 핵심 가치로 강조하는 전통적인 경영 패러다임과 근본적으로 다르다. 융합 경영의 두드러진 점은 시장 지향적이라는 데 있다. 즉 시장의 요구와 환경 변화를 예측하고 이에 신속히 대응하기 위해서 협력 업체나 전문 기관 등 외부 조직들과 적극적인 소통과 협력을 한다.

[표 1-1]에서 보듯이, 융합 경영은 경영의 핵심 요인 측면에서 전통적 경영 패러다임과 본질적 차이를 드러낸다. 특히 [그림 1-9]에서 보았듯 융합 경영은 소통과 교류에 기반을 둔 가치 창출 프로세스에 초점을 맞춘다. 이에 반해 전통적 패러다임은 잘 알려진 PDCAPlan-Do-Check-Act or Plan-Do-Check-Adjust를 금과옥조로 삼는다. 이 프로세스는 품질 경영의 대가의 이름을 따서 '데밍Deming 사이클'이라고도 부르는데, 지속적인 품질 개선을 위해 기업 내부 활동을 통제하기 위해 개발되었다.[70] 기대한 결과를 위한 목표와 과정을 계획하고Plan, 그 계획대로 실천함으로써 결과물을 산출하고Do, 기대

표 1-1 **전통적 경영 패러다임과 융합 경영 패러다임**

	전통적 경영 패러다임	융합 경영 패러다임
경영 목표	내부 통제에 의한 업무 효율화	신속한 문제 해결을 통한 가치 창출
핵심 가치	생산성과 효율	차별화와 혁신
인재관	기업 내 최고의 인재를 두어야 한다	외부 전문가들과의 교류를 통해 정보의 획득 및 활용
협력 관계	생산 등 일부 특정 분야 문제 해결을 위한 외부 업체의 제한적 활용	협력을 통한 새로운 가치의 창출
경영 초점	Plan-Do-Check-Act(PDCA)	소통과 교류에 기반을 둔 가치 창출

치와 실제 결과를 비교해 차이를 발견하고Check, 그 차이의 원인을 찾아내어 수정 보완함으로써 개선Act을 이루어 나가는 과정으로 구성된다. 이러한 프로세스는 주어진 목표를 자기 주도적으로 통제하면서 지속적인 내부 혁신을 이루는 데는 큰 효과가 있다. 하지만 급변하는 시장 니즈에 대응해 빠른 학습 능력으로 새로운 시장을 개척하고 새로운 가치를 창출하는 데는 한계가 있다.

한편 독일 강소기업의 성공 비결 중에서도 융합 경영의 적용을 발견할 수 있다. 독일 강소기업들에서 협력 업체와의 관계를 잘 관리함으로써 경쟁력을 창출했다는 공통점이 발견되기 때문이다.[71] 이들은 협력 업체와의 관계를 기반으로 신속하게 기술을 발전시키고 후발 주자와의 기술 격차를 유지하는 노하우를 가지고 있다. 예를 들면 협력 업체와 제품 기획 단계부터 머리를 맞대고 성능과 문제 해결 방안을 함께 고민한다. 그리고 거둬들인 성과를 협력 업체에 적절하게 배분해줌으로써 협력 업체가 적정 수준 이상의 이익을 가져가 우수 인력을 뽑고 연구개발에 더 많은 투자를 할 수 있도록 한다. 이렇게 쌓은 돈독한 신뢰 관계를 바탕으로 동업자 정신을 살려 제품 경쟁력을 함께 제고시킨다. 이러한 경영 방식은 바로 융합 경영의 실천 프로세스와 일치한다.

융합 경영은 변화하는 시장 니즈에 빠르게 대응하는 것이 핵심 목적이다. 이를 위해 가장 먼저 해야 하는 것이 변화 대응을 위해 해결해야 할 문제에 대한 인식이다. 특히 신시장 개척과 기술적 격차 해소 등과 같은 문제를 정확하게 인식하고 그 문제를 해결하기 위한 목표를 명확하게 제시해야 한다. 둘째로는 그 목표를 중심으로 내외부의 적극적인 협력을 이끌어내야 한다. 융합은 나만 잘한다고 해서 수행되는 것이 아니기 때문이다. 따라서 내외부 조직들 모두가 공유할 수 있는 구체적인 활동 가이드라인이 필요하다. 셋째로는 이러한 활동 가이드라인에 따라 기술과 정보를 공유하기 위한 소통과 교류 프로그램이 존재해야 한다. 이를 위해 신뢰 관계의 정립이 필요하다. 상호 신뢰를 바탕으로 협력 업체와 관련 기관들 하나하나가 제 역할을 충실히 완수할 때 가치를 만들어낼 수 있다. 끝으로 이렇게 신뢰 관계가 형성되었다면 서로가 적극적으로 가치 창출 활동을 추진해야 한다. 서로가 자신만의 이익을 위해 기술과 정보의 공유를 꺼리고 상대의 기술과 정보만을 얻기 위해서 소극적으로 진행한다면, 이것은 공멸로 가는 지름길일 뿐이다. 융합 경영의 목적은 특정 기업만의 이윤 극대화에 있지 않기 때문에 발생한 성과에 대한 적절한 배분과 공유가 필수적이다.

이러한 융합 경영의 프로세스는 프로젝트, 사업부, 기업 전체, 그룹 등 모든 조직 단위와 수준에서 동시에 적용될 수 있다. 앞에서 살펴본 신바람 경영 프로세스와 마찬가지다. 마치 프랙탈fractal 구조처럼 조직의 부분과 전체에 적용되어 나타날 수 있다. 따라서 융합 경영과 관련된 일련의 과정들은 하나하나 단편적으로 이루어지는 것이 아니라 유기체처럼 서로 얽혀 선 순환적 관계를 이루고 있음에 주목해야 한다. 이 과정에서 창출되는 시너지를 기반으로 개인, 기업, 산업 생태계, 그리고 사회로까지 그 가치가 확대되는 효과 또한 기대할 수 있다. 한국의 경제와 사회에 널리 확대된 스피드 역량은 바로 이러한 융합 경영의 프로세스에 의해 만들어졌다고 할 수 있다.

03

속도 경영의 특징과 한계

한국식 속도 경영의 진화 과정

한국식 속도 경영은 위기를 겪으며 진화해왔다. 1990년대에 한국 기업들에 다가온 현실은 매우 암담했다. 특히 삼성, LG, 현대자동차 등 한국을 대표하는 대기업들은 산업화 물결 이후 모두 심각한 위기에 빠졌다. 대량생산 체제를 갖추면서 1980년대까지 초고속 성장을 하던 기업들이 1990년대에 들어와 국내 시장 개방과 글로벌 경쟁력의 감퇴라는 현실의 벽에 부닥친 것이다. 이들에게 닥친 어려움은 2가지로 요약된다.[72] 첫째, 국내 시장의 개방으로 말미암아 주력 사업에서 세계 초우량 기업과 직접 경쟁해야 했다. 아무런 준비 없이 국내 시장이 완전히 개방되는 상황에서는 국내 최고의 대기업이라도 살아남을 방도가 없었다. 둘째, 수출이 전체 매출의 절반 이상인 것에 비추어 당시 한국 기업의 국제적 위상은 초보 단계였고 경쟁력은 취약했다. 이런 위기 상황에 대해 언론은 다음과 같이 보도했다.[73]

> 미국과 유럽공동체 중 주요 수출 지역에 대한 우리나라의 수출이 감소세를 보이고 있다. 그 원인은 동남아시아에 진출해 있는 일본 기업들과의 경쟁에서 뒤지고 있는 데 따른 것으로 분석됐다. …… 우리 기업체의 경쟁 상대는 일본이라는 지적이다. …… 엔 블록화된 동남아시아를 광의의 일본으로 보고 이들을 우리의 경쟁 상대로 여기는 대응 전략이 필요하다.[74]

> …… 다국적 기업의 한국 시장 공략은 유통 시장 개방과 더불어 더욱 불을 뿜기 시작했다. 다국적 기업은 1960년대 초부터 합작으로 들어오기 시작했으며, 최근에는 국내 합작선과 결별하고 단독으로 내수 시장을 정복하려는 움직임을 보이고 있다. 이러한 현상은 의약품, 화장품, 생활용품에서부터 자동차에 이르기까지 업종 구분 없이 무차별적으로 나타나고 있다.[75]

이 기사들을 살펴보면 그 당시 한국 기업의 고민을 엿볼 수 있다. 즉, 어떻게 국제 시장에서 수출 경쟁력을 확보하고 내수 시장에서 글로벌 기업들과 경쟁할 것인가가 생존의 관건으로 떠오른 것이다. 한마디로 기업들 스스로 글로벌 초우량 기업로 성장해야 하는 절체절명의 과제가 부여되었다.

기업들은 각자 이런 위기 상황에 대응하기 시작했다. LG그룹

(당시 럭키금성그룹)은 'V프로젝트'라는 장기 경영 전략 수립에 착수했다. 그리고 삼성그룹은 '신경영'이라는 혁신 운동에 돌입했다. 즉 새로운 경영 이념을 선포하고 자율 경영 체제를 구축하는 등의 몸부림을 통해 21세기 초우량 기업으로 도약하기 위한 대대적인 경영 혁신 작업을 전개하게 되었다. 이런 위기 상황과 이에 따른 대응은 오늘날 한국 기업들의 속도 경영을 더욱 진화시키는 계기가 되었다. 이후 한국의 속도 경영은 글로벌 초우량 기업을 목표로 급속히 진행되었다. 그들은 이를 위한 지식과 경험, 노하우 등을 다급한 시간 안에 학습해내는 데 집중했다. 그리고 이러한 속도 경영을 기반으로 세계 수준의 생산성과 유연성을 확보하며 글로벌 시장에서 경쟁력을 확보하는 성과를 거둘 수 있었다.

한국의 속도 경영 전개는 크게 두 단계로 구분할 수 있다. 1단계는 1960년대부터 1980년대까지 30년 동안 진행된 산업화 과정이다. 1단계에서는 열악한 자원 기반에서도 재빨리 대량생산 체제를 구축하는 데 목표를 두었다. 한국 경제는 1단계의 속도 경영을 통해 내수 시장의 기반을 다지고 수출 시장을 확대할 수 있었다. 다음 [표 1-2]는 1단계 속도 경영의 대표 주자로 꼽히는 LG전자(당시 금성사)가 기록한 재무 성과다.

한국의 전자 산업은 1958년 10월, 금성사가 설립되면서 그 막을 열었다. 금성사는 국내 최초로 라디오, 전화기, 선풍기, 전화 교환기, 냉장고, 흑백 TV 등을 생산하여 경제 발전에 이바지했다. 그러나 설립 초기에는 극심한 시련을 겪어야 했다. 미군 PX에서 쏟아져 나오는 부정 외래품, 홍콩 등을 통해 들어오는 밀수품, 전력 사정의

표 1-2 금성사(현재 LG전자)의 주요 재무 지표76

년도	매출액(억 원)	수출액(백만 달러)	자본금(억 원)	종업원 수
1959	0.5	–	0.1	313
1969	117	2.1	8.9	5,040
1979	2,620	141	350	14,456
1990	29,840	2,089	3,307	32,536

악화, 외제 물건에 대한 무분별한 선호 등이 그 원인이었다. 이런 상황에서 금성사가 생산한 제품은 소비자들의 외면을 받았다. 금성사는 극도의 경영난을 겪었고 심지어 일부에서 회사의 존폐론까지 나왔다.

그러나 1961년 5·16을 기점으로 성장의 전환기를 맞이했다. 1961년 군사 정부는 밀수 금지와 밀수품 단속령을 내렸다. 또 1962년에는 정부의 지원 아래 경제 개발 계획의 대국민 홍보를 위한 농어촌에 라디오 보내기 운동이 활발하게 전개되었다. 또한, 정부의 경제 개발 계획에서 비롯된 수입 대체 전략에 따라 내수 시장이 보호되었다. 흑백 TV, 라디오, 냉장고, 에어컨 등 가전제품의 국내 생산을 위해 선진국으로부터 광범위한 기술 도입도 이루어졌다. 서독에서 받은 5차례에 걸친 대규모 차관을 통해 각종 생산 설비들이 도입되었고 일본 히타치Hitachi로부터 흑백 TV 생산 기술이 들어왔다.

1962년 동남아시아 지역과의 수출 상담이 시작되고, 최초의 대미 수출이 이루어진 것을 계기로 수출 시장 개척에도 관심이 생기기 시작했다. 그 이후에도 북미, 유럽 등의 해외 시장을 확대해나갔다. 정부는 1970년대에 들어서면서 경제 성장 정책의 방점을 수입 대체에서 수출에 의한 성장으로 전환했다. 금성사는 이러한 정부의 수출 유인 정책에 의지하여 수출 시장을 적극 개척했다. 금성사를 비롯한 한국 대기업들은 1980년대부터 해외 수출 확대를 위해 미국, 중남미, 중동, 동남아 등지에 해외 지사를 증설하거나 신설했다. 이와 함께 본격적인 연구개발 투자도 진행되었다. 금성사가 1980년대 연구개발 투자를 통해 사업화에 성공한 제품은 VTR, 비디오카메라, 소형 및 개인용 컴퓨터 등이다.

대기업들은 꾸준한 국제화와 각종 공장 건설의 투자를 바탕으로 규모의 경제를 누릴 수 있게 되었다. 금성사는 [표 1-2]처럼 1990년에는 거의 3조 원에 이르는 매출액을 기록하였으며, 3만 2,000여 명의 종업원을 거느리는 거대 기업으로 성장했다. 하지만 금성사와 같이 한국을 대표하던 대기업들은 1990년대 들어와 심각한 위기 상황에 빠졌다.

속도 경영의 성과

앞서 가는 한국 기업들은 산업화 이후 경쟁력의 한계를 극복하고자 경영혁신에 돌입했다. 이러한 혁신 운동은 드라마틱한 성과를 만들어냈다. 우리는 지난 20년 동안 그 과정을 지켜보았다. 그 성과의 비결은 융합 경영이라는 새로운 패러다임에서 찾을 수 있다. 융합 경영에 관해서는 앞에서 자세히 설명했다.

삼성전자는 2011년 1분기에 세계 휴대폰 시장에서 11.3%를 점유하며 노키아와 애플에 이어 3위를 기록했다. 그러다 2012년 1분기에는 점유율 42.2%로 드디어 애플을 누르고 1위의 왕관을 차지했다.[77] 이렇듯 세계 최고의 창조형 기업인 애플을 압도한 삼성전자의 경영 성과는 눈부실 정도였다.

이는 과거 산업화 과정에서 축적한 제조 생산 기술을 기초로 글로벌 수준에서 혁신을 이룩한 결과라고 할 수 있다. 일본 기업들의 생산 기법을 능가하는 독자적인 셀 작업 방식, 적정 투자 비용의 자동화 기술 LCIALow Cost Intelligent Automation, 리얼 타임 개인 성과관리, 전 세계 공장의 품질을 실시간으로 관리하는 감마 모니터링 시스템Gamma Monitoring System 등 자체 혁신 능력의 제고와 함께, 수백 개의 협력 제조 업체와 공급망supply chain을 구축함으로써 속도 경영의 대명사가 되었다.[78]

삼성전자는 2013년 한 해에만 약 4억 대의 스마트폰을 전 세계에 쏟아내었고 200여 종류의 다양한 휴대폰 기종들을 전 세계 5개 공장에서 생산했다. 삼성전자는 다품종 대량생산이라는 특유의 생산 시스템을 구축함으로써 전 세계 소비자들의 다양한 수요에 유연하게 대응하면서도 대량생산이 가능하도록 했다. 이 시스템은 미국식 대량생산 시스템과 일본식 다품종 유연 생산 시스템을 융합해낸 것으로 한국식 속도 경영의 진수라 할 수 있다. 결론적으로 미국식과 일본식 경영 방식의 장점을 융합하고 급속히 발전한 정보통신 기술을 활용해 새로운 시너지를 창출한 결과라고 평가할 수 있다.[79]

현대·기아 자동차는 2011년 657만 대(현대차 410만 대, 기아차 247만 대)를 생산함으로써 2000년에 세계 자동차 기업 중 5위로 뛰어올랐다. 1위 GM, 2위 폭스바겐, 3위 도요타, 4위 르노-닛산을 잇는 글로벌 메이커가 된 것이다. 세계 시장점유율은 4.4%에서 8.9%로 2배 이상 상승했다.[80] 이러한 성과는 2008년 글로벌 금융위기에도 불구하고 전 세계 시장을 상대로 공격적인 투자를 감행한 결과이다. 현대·기아 자동차는 다른 경쟁 기업들이 금융위기 이후 움츠러든 5년간 오히려 공격적 투자를 감행해 전 세계에 새로운 생산 시스템을 구현했다. 특히 IT 기반의 글로벌 생산 시스템은 전 세계 공장에 분포된 핵심 공정들을 본사에서 모니터링하고 통제할 수 있는 체계를 갖춤으로써 빠른 속도로 제조 공정상에 발생하는 문제들을 해결하고 효율적으로 품질을 관리할 수 있게 했다.

또한 현대·기아 자동차는 전 세계 권역별(중국, 인도, 러시아, 유럽, 북미, 남미 등) 생산 공장과 판매 조직을 만들고 상호 학습을 통해 글로벌 수준에서 혁신의 선순환을 이루어냈다. 즉 한 지역에서의 경험과 노하우를 곧바로 다른 지역에서 공유하는 방식을 통해 글로벌 수준에서 혁신의 속도를 높여갔다. 그 결과 전 세계 핵심 지역에 규모의 경제를 갖춘 IT 기반의 혁신적 글로벌 생산 체계를 구축하였고 '1분에 1대꼴'의 제조 속도로 품질 경쟁력을 갖춘 제품들을 공급할 수 있었다.

이러한 선도적 대기업들의 약진과 함께 기술 집약적 중소기업들의 활약도 주목할 필요가 있다. 1996년 기술 집약적 벤처기업들의 자본 유입을 돕기 위해 코스닥 시장이 개설되었고 1997년에는 '벤처기업 육성에 관한 특별법'이 제정되었다. 이런 정부 지원에 힘입어 벤처기업들이 급성장했다. 현재 정부가 인증한 벤처기업들의 수는 약 2만 개가 넘는다. 여기에 제조업을 중심으로 이노비즈 기업들이 합세함으로써 약 4만에 달하는 혁신형 중소기업군이 형성되었다. 이러한 혁신형 중소기업들은 2000년대 들어와 기술의 융·복합화를 통해 기술 변화에 빠르게 대응했다. 구체적 사례를 보자. 2000년 창업한 나노엔텍은 창업 이후 반도체, 광학, 바이오 센서, 통신, 제어 기술 등을 융합해 기술 혁신을 시도하고 이를 80여 개 특허로 재산권화 했다. 그 결과 미국의 라이프테크놀로지로부터 200억 원을 일시급으로 받으며 기술을 수출하는 성과를 거두었다.

삼성식 생산 시스템(Samsung Production System)

삼성전자는 2000년대에 들어와 빠른 소비자의 욕구 변화와 기술의 융·복합화 현상에 대응해 새로운 방식의 생산 시스템을 구축했다. 그것은 다품종 소량생산 방식의 유연성과 글로벌 시장의 대량 규모를 상대로 한 대량생산 방식을 결합한 특유의 생산 방식이라고 할 수 있다. 이러한 삼성식 생산 시스템SPS의 특징은 스피드, 유연성, 품질 확보 측면에서 다음과 같이 정리할 수 있다.[81]

첫째, 제품 공급의 스피드 향상을 위해 제조 현장의 생산 방식을 제품별로 플랫폼platform화 하고, 재공 감축, 라인 길이 단축, 완제품 및 서브Sub 공정 간 동기화 생산을 통해 제조 리드

타임lead time을 단축했다. 그리고 고객의 다양한 주문에 대응하기 위해서 글로벌 공급 거점을 확보하고, GSCMGlobal Supply Chain Management 시스템을 활용한 '제조 운영 고도화' 활동을 추진했다. 이를 통해 제품의 특성에 따라 생산 공정을 간소화하고 글로벌 공급 거점 간 쌍방향 정보 공유를 함으로써 수요 변화에 대응해 빠르게 제품을 공급할 수 있는 생산 시스템을 운영하게 되었다.

둘째, 제품별로 셀cell 방식과 모듈module 생산 방식 등을 함께 활용함으로써 생산의 유연성을 확보했다. 이와 함께 생산 품목과 물량의 신속한 조정을 위해 자원 운영, 생산 계획, 제조 실행 프로세스를 동기화했다. 그리고 삼성과 협력 업체와의 온라인 연결 시스템인 'Glonet'을 통해 생산에 필요한 자재의 소요 계획 및 실행 정보를 협력사에 전달하고, 공급 가용량·재고·납입 정보 등을 협력사로부터 전달받는 양방향 정보 공유 체제를 운영했다.

셋째, 최고의 품질 수준을 확보하기 위해서 제품과 부품의 설계에서부터 품질 관리를 시작함으로써 완성품의 품질 수준을 확보하는 데 역점을 두었다. 원류 단계부터 품질을 확보하기 위하여 표면 실장 소자SMD, surface-mount devices 공정과 조립 공정에 대해 모니터링 시스템을 활용하여 품질 불량 추적, 요인 분석, 사후 대책 등을 실시간으로 점검하는 등 품질 향상 활동을 체계적으로 운영했다.

이러한 삼성식 생산 시스템SPS은 제품별로 셀cell 생산 방식과 모듈module 생산 방식을 혼용하여 생산한다. 셀 생산 방식은 숙련된 작업자가 팀을 구성해 특정 셀cell 안에서 부품의 장착에서부터 조립, 검사까지 모든 공정을 책임지고 완결하는 생산 시스템이다. 셀 생산 방식은 생산성 증가, 저렴한 설비투자, 작업 공간 효율화, 용이한 모델 변경 등 생산 효율성을 증가시킨다.

이러한 셀 생산 방식은 빠르고 다양하게 변화하는 소비자들의 욕구를 만족시키는 다품종 소량생산에 적합하다. 그러나 셀 생산 방식은 작업자의 개인 역량에 의존하는 경향이 강하기 때문에 작업자가 숙달되기까지 상당한 시간이 소요되며, 작업자의 작업 동기에 크게 의존해야 하는 단점이 있다. 이러한 이유로 셀 생산 방식만으로는 글로벌하게 셀 생산 방식을 진화·발전시키는 한편, 제품별 특성에 따라 모듈 생산 방식을 병행하여 활용하였다.

모듈 생산 방식이란 하나의 제품을 구성하고 있는 수많은 부품을 기능에 따라 몇 개의 모듈 집단으로 나누어 협력 업체에 이관하고, 협력 업체로부터 납품받아 조립하는 생산 방식을 의미한다. 이러한 방식은 모듈 아이템의 결합 방식에 따라 여러 종류의 최종 제품들을 생산할 수 있으므로 다양한 수요에 빠르게 대응할 수 있다. 이러한 모듈 생산 방식은 모듈 아이템으로부터 최종 제품을 생산하기 때문에 원자재에서부터 생산하는 기존 생산 방식들에 비해 훨씬 빠른 속도로 제품을 생산할 수 있고, 협력 업체의 1차 셀 생산 방식과 모듈 생산 방식의 결합은 시장 수요에 대한 신속한 대응은 물론 생산성과 품질 향상을 동시에 제고시켰다.

이와 같은 삼성식 생산 시스템이 효과적으로 작동하기 위해서는 협력 업체와의 정보 공유와 신뢰 구축이 필수적이었다. 예를 들면, 해외 공장의 주변에 협력 업체의 공장도 함께 진출함으로써 정보 공유와 신속한 의사소통이 가능하였고 이를 기반으로 수백 종류의 모델을 연간 수억 대 규모로 생산하는 공장 시스템을 효율적으로 유지할 수 있었다. 예를 들면 200여 협력 업체가 중국, 베트남, 인도, 브라질 등 현지 공장의 주변에 진출해 부품을 생산·공급하고 있다.

속도 경영의 실체

한국식 속도 경영은 산업화 30년(1960년대~1980년대)과 정보화 20년(1990년대, 2000년대)을 이어오면서 위기 극복과 고도성장을 이루는 핵심 수단이 되었다. 하지만 속도 경영은 쉬지 않고 일하는 돌관 작업이나 이른바 '돈내기'식 목표 관리로만 이루어지는 것이 아니다. 과학적이고 체계적인 경영의 산물이다. 스피드가 기업의 중요한 경쟁 우위 원천임을 부정할 수 없다. 따라서 앞으로도 핵심 경영 역량으로서의 위치를 계속 유지할 것이 분명하다. 스피드 경영은 인간 활동에 내재해 있는 시간이라는 자원을 전략적으로 관리함으로써 경쟁 우위를 강화하는 것이다.

시간 자원에 대한 전략적 관리는 단순히 작업 능률 향상이라는 미시적 차원에 그치지 않는다. 특정 제품을 제공하기 위하여 기업이 소비하는 총시간을 단축하는 데 진정한 의미가 있다. 즉 소비자가 새로운 제품이나 서비스의 필요성을 인식하는 순간부터 실제 소비를 통하여 그 욕구를 충족시킬 때까지 걸리는 시간을 줄이려는 목적을 갖고 있다. 따라서 신제품 개발, 제조, 판매, 고객서비스 등 기업의 가치 창출과 관련된 모든 행위를 대상으로 하며, 전사적 관점에서 혁신을 시도한다.[82]

기업의 활동 시간을 절감하는 데 목적을 둔 속도 경영은 다음과 같은 효과를 만들어낼 수 있다.

첫째, 소비자 욕구에 신속히 반응함으로써 신제품, 신시장, 신산업 등의 개척에 중요한 역할을 할 수 있다. 이러한 효과는 즉석 현상이 가능한 폴라로이드 사진기, 더 빠른 배달을 자랑하는 우편 서비스 상품, 신속한 식사 제공을 특징으로 하는 패스트푸드 산업의 발전을 통해 확인할 수 있다. 소비자가 원하는 제품을 3~4배 빨리 납품하면 경쟁자보다 평균적으로 성장률이 3배, 이익은 2배 높은 성과를 거둔다는 연구 결과도 나와 있다.[83]

둘째, 활동 시간을 절감할수록 생산성과 품질이 높아진다. 지금까지 세계 주요 자동차 공장의 사례를 보면 제품당 투여되는 기업의 활동 시간이 짧을수록 노동 생산성이 올라가는 것으로 나타났다.[84] 빠른 속도로 진행하기 위해 품질을 희생하여야 한다는 통념이 존재하지만 실제는 그 반대다. 속도 경영의 적용으로 오히려 제품과 서비스의 품질을 향상시키는 효과를 거둘 수 있다. 그 원인은 활동

시간의 감축으로 품질 문제가 더욱 민감하게 노출되고 이에 따라 불량이나 품질 문제에 대해 전 직원이 적극 대처하려는 자세를 보이기 때문이다.

속도 경영의 원조는 미국에서 개발된 과학적 관리scientific management 이론이다. 이 이론이 제공하는 시간과 동작 분석time and motion study 과 성과급제의 실행은 대량생산 체제에서 생산성을 획기적으로 높이는 계기가 되었다.

하지만 이러한 속도 경영을 꽃피운 이들은 뒤늦게 산업화 과정에 참여한 일본 기업들이다. 1980년대 일본의 자동차 회사들은 미국과 유럽의 기업들에 비해 평균 18개월가량 빨리 신제품을 출시했다. 예를 들자면, 혼다는 종래 6~7년의 자동차 수명 주기를 3~4년으로 앞당겼다. 즉, 신제품이 나온 지 3~4년이 지나면 그 제품의 생산을 중단하고 새로운 제품의 생산에 돌입했다.

자동차 산업에서 신제품이 하루 늦게 출시되면 약 100만 달러의 이익 감소가 발생한다고 한다. 따라서 18개월이라는 개발 속도 차이를 손익으로 환산한다면 약 5억 달러 이상의 가치가 있다고 할 수 있다.[85]

토요타자동차는 기존 기업 활동을 분석한 결과 제조 이후 유통 단계에서만 15~26일이 걸리며, 소요 경비 역시 전체 원가의 20%~30%를 차지한다는 사실을 알아냈다. 이 때문에 판매회사로 독립된 유통망을 본사와 통합하고 컴퓨터를 활용하여 정보 흐름을 그때그때 소량으로 처리하도록(small batch 형태) 함으로써 총 납기를 제조주기까지 포함하여 단 8일로 단축시켰다.

표 1-3 미국, 일본 기업의 신제품 개발 비교(1980년대)86

개발 방법	미국	일본
일의 크기	급격한 기술 변화 소수의 개발 건수 (large batch)	작은 기술 변화 다수의 개발 건수 (small batch)
일의 흐름	기능별, 순차적	프로젝트 팀별, 중복 행위
일정 계획	중앙집중식	팀별 자율 관리(분권화)
납기	100	50
생산성	100	200

일본 기업들의 속도 경영이 성공할 수 있었던 이유는 다음 [표 1-3]에서 보는 것처럼 미국의 전통적 방식과는 다른 혁신적 접근을 시도했기 때문이다.

첫째, 일의 크기에 있어 한 번에 급격한 기술 혁신large batch을 추진하기보다는, 작은 기술 변화라도 다수의 개발 건수를 동시에 추진small batch했다. 둘째, 일의 흐름에서도 미국 방식과 달리했다. 미국 기업들은 마케팅, 설계, 엔지니어링, 제조 등 기능별로 순차적인 진행을 해왔다. 그러나 일본 기업은 프로젝트 팀별로 자원을 공유하고 팀워크를 이루어가면서 진행했다. 그리고 외부 공급자를 부품 설계 때부터 참여시켜 긴밀한 정보 교환을 했다. 셋째, 일정 계획을 팀별 자율 관리하도록 했다. 미국의 중앙집중식을 거부한 것이다. 그 결과 납기 속도는 동종 업계 미국 기업보다 2배로 줄었고 생산성은 2배나 증가했다. 일본 기업들은 미국 기업과는 전혀 다른 패턴의 속도 경영을 실현했던 것이다.

일본 기업들이 사용한 속도 경영 기법은 기업의 모든 활동을 대상으로 하기에 매우 복잡하게 보인다. 하지만 그 기본 원리는 다음과 같이 5가지로 간단히 요약할 수 있다.

① 기업의 모든 활동은 정의되고 분석될 수 있으며, 단순화와 지속적 개선이 가능한 과정process들이라고 가정한다.

② 모든 활동에서 시간 낭비 요인들을 제거한다.

③ 일은 대량생산 방식이 아닌 소량생산small batch 방식으로 한다. 이는 제조 활동을 다품종 소량생산 방식으로 전환하는 것을 포함하여, 다른 기업 활동에서도 소량생산 방식을 적용한다.

④ 부가가치 창출과 관련된 시간을 최대화한다. 부가가치 창출과 직접 관련되지 않은 업무와 일은 시간 낭비적 요소를 가지고 있기 때문에 시간 감축의 주 대상이 된다.

⑤ 시간 단축 전략을 최고경영자가 직접 지원한다. 시간 절감의 노력은 전사적 차원에서 추진되어야 효과를 발휘할 수 있다.

한편 한국 기업들은 1980년대까지만 해도 미국식 대량생산 체제의 답습에서 벗어나지 못했다. [표 1-4]는 미국, 유럽, 한국의 대표적 공장을 표본 조사를 통해 비교한 것이다. 이 표에 의하면 산업화가 늦게 시작된 우리나라 공장 설비의 평균 나이는 젊은 편이었다. 하지만 종업원 규모는 가장 크며 제품 라인의 수는 가장 적었다. 이를 통해 우리 기업들이 이 당시 소품종 대량생산 체제를 지향하고 있었음을 알 수 있다. 그런데 제조주기가 미국 기업보다도 두 배 이

표 1-4 미국, 유럽 및 한국의 공장 특성 비교87

공장 특성	미국(1984-1986)	유럽(1986-1987)	한국(1986-1987)
종업원 수	457	1,020	1,498
설비의 평균 나이	11.6	8.3	7.6
제품 라인 수	13.2	15.1	10.3
제조 주기	29.1일	43.1일	62.6일
종업원 이동율	6.10%	7.90%	19.50%

상 늦은 것을 보면 이 당시까지만 해도 속도 경영이 본궤도에 오르지 못한 수준임을 짐작할 수 있다.

속도 경영의 한계: 붉은 여왕 경쟁의 세계

속도가 지배하는 스피드 세계는 루이스 캐럴의 『거울 나라의 앨리스』(『이상한 나라의 앨리스』 속편)라는 동화에 나오는 한 장면에 비유할 수 있다. 이 동화에서 앨리스는 붉은 여왕(레드 퀸)의 손을 잡고 숲 속을 달린다. 하지만 앨리스는 한 발짝도 나아가지 못하는 것처럼 느낀다. 붉은 여왕은 그 이유를 이렇게 이야기한다. "이곳에서 단지 제자리에 머물기 위해서는 쉬지 않고 달려야 한다. 만약 앞으로 더 나가고 싶다면 최소한 두 배는 빨리 뛰어야 한다."

미국의 생물학자인 반 밸런Van Valen은 이 이야기를 그의 전문 분야에 적용했다. 그는 생태계 안에서 쫓고 쫓기는 개체 간 경쟁 관계를 '레드 퀸 효과red queen effect'라고 불렀다.[88] '레드 퀸 효과'는 자연 생태계뿐 아니라 산업 생태계의 모습도 잘 드러내는 개념이다. 기업들은 산업 생태계 속에서 극한의 속도 경쟁을 펼치고 있다. 최근 미국 경영학계의 연구 중 흥미로운 게 있다. 경쟁이 치열해진다는 인식을 가진 기업이 그렇지 않은 기업보다 더 적극적인 경쟁 행동을 취하는 경향이 있으며 이런 기업일수록 이익률이 향상된다는 연구 결과이다.[89] 이는 레드 퀸 경쟁red queen competition이 현실적으로 유효함을 보여준다. 특히 주목할 것은 특정 기업의 속도가 빠를수록 경쟁사들의 실적에는 더 큰 악영향을 끼친다는 결과이다. 이로써 속도 경영의 효과가 잘 증명된다.

그동안 한국 기업들은 속도 경쟁의 세계에서 뛰어난 성과를 보였다고 평가할 수 있다. 한국 기업들은 경쟁자들이 멈칫할 때 연구개발에 계속 투자했다. 힘든 경쟁 상황에서도 멈추지 않고 수출을 늘려갔다. 그리고 점점 더 넓은 선택 범위의 상품을 시장에 내놓으려 했고, 브랜드 구축에 힘썼다. 그 결과 세계적으로 그 성과를 인정받고 있다.[90] 하지만 이러한 성취도 한순간에 뒤집힐 수 있다는 게 붉은 여왕 세계의 논리이다. 주변 세계도 그 속도만큼 따라오고 있기 때문이다.

스마트폰 산업이 그 대표적 사례이다. 이미 2014년부터 그동안 속도 경쟁을 주도해오던 삼성전자와 애플의 시장점유율이 하락하기 시작했다. 중국의 화웨이, 레노버, 샤오미가 같이 뛰고 있으며 인도 등 세계 각지의 토종 기업들도 죽을 힘을 다해 뛰고 있기 때문이다. 여기에 그동안 앞만 보고 달려온 피로감이 누적되어 한꺼번에 쓰러질 지경이다. 우리 사회는 신경쇠약에 걸리기 직전이다. 세계 최고 수준의 노동 시간과 자살률, 치솟는 이혼율, 줄어드는 중산층 비중 등을 볼 때, 사회 전반적으로 속도 경쟁에만 의존하기 어려운 형편이 되었다.

하지만 문제의 본질은 계속해서 더 빨리 달릴 수 없다는 사실에 있지 않다. 그보다는 빨리 달려야 할 때와 시간을 늦추며 결정적 기회를 기다려야 할 때를 구별하지 못하는 것에 있다. 한국의 대기업들은 이제 상대도 빨라졌다는 사실을 인식해야 한다. 더 중요하게는 느리게 생각할 때와 빠르게 반응할 때를 구분하고 통제해야 한다. 그러지 못한다면 더 큰 위험에 빠질 수 있는 단계에 진입했기 때문이다. 지금은 붉은 여왕의 세계에서 벗어날 궁리를 할 때이다.

속도 경영이 가져다준 혜택과 부작용

한국의 속도 경영은 산업화와 정보화 물결에 대응해 기대 이상의 성과를 거두었다. 경제 개발 계획을 막 가동한 1962년 우리나라의 1인당 국민소득은 110달러에 불과했다. 그런 나라가 한 세대 만에 200배의 폭발적 경제 성장을 한 것도 속도 경영의 덕분이라고 할 수 있다.

한국의 스피드 경제는 1960년대에서 1980년대로 이어진 30년간의 산업화로부터 출발했다. 한국의 산업화 성장은 잘 알려진 바와 같이 정부의 수출 드라이브와 중화학공업 육성 정책 등을 기반으로 삼았고 기업 수준에서는 신바람super-synergy 경영이 중요한 역할을 했다. 산업화 과정에서 보여준 한국 속도 경영의 전형은 1968년 착공해 2년 5개월이라는 최단기로 완공한 경부고속도로 428km 건설이었다. 세계 고속도로 건설 역사상 최단 기간이라는 타이틀을 갖게 한 이 경영 방식은 이후 조선소, 제철소, 대단위 화학 공장, 가전 공장 등 중화학공업 전 분야로 확산되었다.

이 속도 경영은 1990년대 정보화 시대에 들어와 절정을 이루었다. 삼성전자의 반도체 사업을 예로 들어보자. 이 사업은 시작 초기부터 부정적인 시각이 많았지만 과감하게 밀어붙였다. 결과적으로 불과 5년 만에 메모리 반도체에서 세계의 기술 발전 속도를 따라잡았다.[91] 삼성전자는 후발 주자임에도 설계와 시공 등의 작업을 동시에 추진하는 소위 '동기화 전략'을 펼쳤다. 제품 개발과 공장 시공을 동시에 진행함으로써 속도 경쟁력을 확보한 것이다. 이런 '동기화 전략'은 이미 조선 사업에도 적용된 바 있다. 현대는 1972년 2척의 유조선 계약을 한 후 조선소와 선박 건조를 동시에 추진하는 속도 경영을 선보인 바 있다. 삼성전자는 이와 유사한 패턴의 속도 경영을 바탕으로, 1992년 64MD램을 세계 최초로 개발한 데 이어서, 1994년 256MD램, 1996년 1GD램을 세계 최초로 개발했다.

이러한 한국 속도 경영은 진화를 거듭했다. 2000년대에 들어와서는 정보 인프라를 세계 최고의 속도로 구축하는 데 큰 몫을 담당했다. 2013년 현재 한국의 초고속 인터넷망(광 LAN)의 인구당 보급률은 45%에 이른다. 이는 세계에서 가장 높은 수치이다.[92] 미국 정보기술IT·소셜미디어 전문 매체 《매셔블》의 2013년 10월 22일 기사를 보면 초당 10Mbps 이상 인터넷망의 국가별 보급률은 한국이 45%로 1위이고 일본이 43%로 2위이다. 스위스(37%), 라트비아(33%), 네덜란드(31%)가 그 뒤를 이었다. 체코와 벨기에가 각각 27%와 25%로 6, 7위를 차지했고 미국은 24%로 8위에 그쳤다. 9위는 핀란드(23%), 10위는 영국(23%)이었다. 또한 한국은 인구당 롱텀에볼루션LTE 가입자 수에서 세계 1위이며 평균 인터넷 속도 또한 14.2Mbps로 1위에 올랐다.[93] 한국의 LTE 서비스는 유럽, 중동, 동남아보다 2년 늦었지만 LTE 전국망을 세계 최초로 구축해내었다. 현재 한국의 모든 이동통신사가 LTE 전국망을 보유하고 있다.

정보화 기기의 꽃이라 할 수 있는 스마트폰에 대해서도 알아보자. 한국의 스마트폰은 미국보다 늦게 출발했다. 본격적인 보급은 2009년부터 이루어졌다. 그러나 그로부터 불과 3년 반 만에 세계 최고의 보급률을 기록했다. 미국의 시장조사 기관인 스트래티지 애널리스틱스SA에 따르면, 2012년 한국의 스마트폰 보급률은 67.6%로 세계에서 가장 높은 것으로 나타났다. 이러한 한국의 스마트폰 보급률은 세계 평균인 14.8%보다 4.6배나 높다.[94]

이렇듯 원활한 정보 인프라가 구축됨에 따라 일상생활에서 스마트폰을 사용하는 빈도가 높아졌고, 이를 겨냥한 다양한 앱과 프로그램들이 신속히 개발되었다. 동시에 이러한 앱들의 원활한 실행을 위해 스마트폰의 고사양화가 빠르게 이루어졌다.

한국의 속도 경영은 전쟁의 폐허와 자원 빈곤의 악조건 위에서 시작되었다. 그러나 자본과 노동력을 효율적으로 투입해 경제적 가치와 사회적 편익을 창조했다. 이것은 세계적 성공 사례로 꼽힌다. 하지만 스피드 경제에 내재된 탐욕과 억제하기 어려운 결과 지상주의는 수많은 병폐와 부작용을 낳았다. 속도 경영의 대표적 부작용은 부실공사이다. 1994년 성수대교 붕괴와 1995년 삼풍백화점의 붕괴라는 대참사는 속도 경영의 한계를 여실히 드러내었다. 산업화를 기반으로 한 급격한 경제 성장과 함께 우리나라 건설 산업은 양적 고도성장을 했지만 각종 시설물의 안전 관리를 통한 효율적인 성능 유지 등과 같은 질적 측면을 무시했었다.

부실공사 못지않게 심각한 것은 산업재해다. 속도 경영을 통해 급속 성장을 달성한 것과 비례해 산업재해를 당한 사람의 수와 재해로 발생한 경제적 손실도 급격히 증가했다. 2012년 현재 매년 9만 2,000명 정도의 산업재해자를 발생시키고 있으며 산업재해가 야기한 경제적 총손실이 한 해 19조 2,000억 원에 달한다. 1990년 2조 6,000억 원 수준보다 무려 7배 이상이 늘어난 것이다.[95] 이러한 연간 산업재해 손실액은 자동차 138만 대 수출과 맞먹는 금액이다. 그리고 1만 명당 산업재해 사망자 수는 0.71명인데 일본의 3배 이상이며 영국과 비교하면 무려 10배가 넘는다.[96]

부실공사와 산업재해의 밑바탕에는 편법과 탈법, 그리고 집단 간 봐주기 등의 병폐가 존재한다. 정부 주도형 경제 성장 과정에서 각종 인허가와 규제를 이유로 특정 기업이나 집단에게 이권이나 기회를 제공하는 특혜가 난무한 것이 사실이다. 이러한 분위기에서 뇌물 수수, 비자금, 업무상 횡령 방조 등이 일상화되기도 했다. 또한 정치 환경의 변화에 따라 기업들이 권력에 의해 순식간에 폐망하는 사례도 적지 않았다.

또 다른 부작용으로 환경오염을 들지 않을 수 없다. 한국 주요 도시의 대기오염도는 심각한 수준이 되었다. 아황산가스는 1970년대에 급속히 악화되기 시작했으며 서울은 1977년부터, 부산·인천·대구는 각각 1979년·1984년·1985년 이래 1990년까지 환경 기준인 0.05ppm을 웃돌았다. 1993년부터는 환경 기준이 0.03ppm으로 강화되었는데 대구·울산 등의 대도시는 환경 기준을 초과하고 있으며, 서울을 비롯한 기타 대도시는 환경 기준을 가까스로 지키고 있다. 그러나 이러한 도시들도 겨울철에는 환경 기준을 넘기는 열악한 형편이다.[97]

수질오염도 그에 못지않다. 생물학적 산소 요구량BOD 측정값을 보면 4대강(한강·낙동강·금강·영산강) 수계의 수질은 2급(BOD 2ppm 이하) 상수원수 수준 또는 그보다 악화된 상태이다.[98] 주요 항구 연해 해수의 오염도 또한 수산 생물 서식에 적합한 1등급(BOD 1ppm 이하) 환경 기준을 거의 모두 만족시키지 못하고 있다.[99] 선박으로부터 기름 유출 사고 발생 수는 점차 줄어들고 있지만 유조선 사고가 대형화함으로써 피해액은 오히려 증가하고 있다.

이와 같은 속도 경영의 부작용은 사회 전반으로 확산되었다. 예를 들어 한국 사회에 만연한 조기 교육 열풍은 스피드 시대에서의 생존을 위해 불가피한 수단으로 인식되었다. 그러나 조급한 문자 교육과 과도한 인지 교육은 자폐증과 과잉 언어증 등을 부를 수 있고 감정을 손상시키는 등 건강한 뇌 발달을 저해할 위험이 크다고 지적된다.[100]

또한 한국 사회의 고령화 속도는 세계에서도 유례를 찾아보기 힘들 정도로 빠르다. 통계청 자료를 보면 2000년 65세 이상 인구 비율이 7%를 넘어 이미 '고령화 사회'로 진입했으며 2018년 고령 사회(14%) 진입 후 2026년 초고령 사회(20%)에 진입할 것으로 전망되고 있다.

소득 격차에 따른 양극화도 매우 심각한 수준에 달했다. 예를 들면 근로 생활자의 소득 격차는 OECD 국가 중 세 번째로 클 정도다. 그만큼 양극화의 골이 깊어졌다. 반면 사회보장 지출은 OECD 국가 중 최하위를 차지하고 있다.

이렇듯 적지 않은 부작용을 감수하며 한국 경제는 산업화와 정보화를 속도 경영의 패러다임으로 대응했다. 이를 기반으로 글로벌 스피드 경쟁에서 살아남아 경이적인 경제 성장을 이루어낸 것이다. 즉 집단을 이룬 개인들이 공동체적 질서를 이루고 그로부터 강력한 집단 에너지를 창출함으로써 생산성을 획기적으로 높여 나가는 경영 방식(신바람 경영)과 문제 해결에 필요한 다양한 요소들을 상호 배타성이나 대립적 관계 속에서 공존시키고 조화를 이룸으로써 빠른 속도로 필요한 기술과 지식을 학습해나가는 경영 방식(융합 경영)을 통해 스피드 시대에서 경쟁력을 창출하고 유지해온 것이다.

2 PART

한국식 기업 경영의 평가와 미래

"가장 세계적인 것이 한국적인 것은 아니다"

創發經營

01

비판과 도전

한국은 지난 50년간 눈부신 경제적 성공을 거두었다. 1인당 국민소득이 100달러대에서 2만 달러 수준으로 올라서면서 소득 200배 증대라는 신화를 창조했다. 사실 이러한 신화는 국내보다는 외국에서 더 큰 관심거리다. 개발도상국들 입장에서는 50년 사이에 놀랍게 달라진 한국의 모습을 보며 '출발이 비슷한 우리도 할 수 있다'는 희망과 의욕을 다질 수 있다. 실제 한국에서 살아본 개도국 사람들은 "와서 경험해보니 한국의 경제 사회가 환상적이다. 미국이나 유럽은 우리와 달라서 원초적으로 거리감이 있지만, 한국의 경험은 별로 다르지 않은 것 같고 한국이 한 것과 같이 우리도 할 수 있을 것"이라고 말하곤 한다.

애초 비관적인 시선으로 바라보았던 서구 국가들에게도 한국의 성공신화는 관심의 대상이 아닐 수 없다. 아무것도 없는 곳에서 도

대체 어떻게 이런 엄청난 계획을 세우고 그것을 실행했는지 궁금할 따름이다. 더욱이 한국을 지원한 외국의 투자기관이나 전문가들의 의견과는 완전히 다른 방향, 그렇게 하면 안 된다는 길로 나아가 성공했으니 의문이 더 커진다. 당시 세계은행World Bank이나 AID 등 차관 공여 기관들은 하나같이 수입 대체 산업을 권했다. 이는 제3 세계 다른 나라들에 대한 처방과 같았다. 경공업에 투자해서 빨리 의식주 문제를 해결하는 것이 유일한 해답으로 제시되었다. '개인 소득 100달러 나라에서 무엇을 하겠느냐'가 그들의 속내였다. 그러나 한국은 이러한 비관적 견해를 무시하고 중화학공업을 선택했다. 어떻게 자본도 기술도 없는 가난한 나라가 중화학공업화를 시도했는지는 사실 우리 자신에게조차 제대로 설명하기 힘들다. 원래 중화학공업이란 엄청난 자본을 동원해야 하는 장치 산업이다. 자본이야 해외에서 어떻게든 끌어온다 해도 고숙련 기능공을 갑자기 동원하는 일은 불가능에 가깝다.

그렇다면 한국의 기능공은 갑자기 어디서 왔을까? 당시 박정희 정부는 전국 각 도에 기계, 전자를 전공하는 공고를 하나씩 만들었다. 중학교에서 우수한 성적을 내는 학생들을 모아 기숙사를 제공하고 장학금을 주어 인력 양성을 국가 차원에서 시작했다.[1] 그 결과 불과 몇 년 사이에 70만 명이 넘는 기능 인력을 양성할 수 있었다. 이 기능인들은 1967년 스페인 국제기능올림픽에 참가한 것을 시작으로 2년마다 열리는 대회에서 통산 18번 종합 우승을 하는 경이로운 기록을 세웠다. 1980년대까지만 해도 이들이 귀국하면 카퍼레이드를 벌이는 등 국가적 축제 분위기였다.

중화학공업을 유지하기 위해서는 대규모 조직을 관리하는 기법이 필요했다. 당시 한국에서 가장 근대화·조직화된 곳은 군대였다. 따라서 군대의 조직 관리 노하우를 기업에 적용해 산업화의 대량생산 체제를 지탱할 수 있었다.[2] 군 출신인 박정희 정부의 군대식 모델이 정주영과 이병철 등 기업인들의 유교적 이념과 결합해 대기업 경영 패러다임이 만들어졌다. 여기에 국민의 '헝그리 정신', 즉 가난에서 벗어나려는 열망이 결합해 기업뿐만 아니라 국가 차원에서 신바람 즉 'Super-synergy'가 형성되었던 것이다.

그러나 산업화의 일사불란한 경영 패러다임은 1990년대 들어와 그 효과성이 급격히 떨어졌다. 국제 경제 환경이 변화하는 가운데 국내 시장이 개방되었기 때문이다. 특히 1997년 IMF 경제위기를 계기로 산업화의 성공신화들이 하루아침에 무너져버렸다. 대규모 구조조정으로 종신고용의 신화가 깨졌다. 가부장적 리더십과 가족주의 관행들은 오히려 비효율의 원인으로 지목받았다. 그야말로 새로운 경영 패러다임으로 혁신해야 할 위기에 처했다. 군대식 효율성과 전통적인 문화 코드를 결합해서 만들어낸 경영 패러다임의 구조적 결함pitfall들이 글로벌 경쟁에서 걸림돌이 되고 있다는 비판이 경제계에 팽배했다. 실제로 그러한 구조적 결함을 극복하지 못한 재벌기업들이 대량으로 도산했다. 하지만 구조조정과 경영혁신으로 살아남은 기업들은 새로운 성공신화를 또다시 써내려갔다. 다 망해간다던 한국의 대기업들은 생명을 이어가는 수준을 넘어 정보화 기술혁명의 시대에 또 다른 성공 스토리를 만들어냈다. 반도체, 가전, 휴대폰 등에서 세계 시장을 석권한 삼성전자, 세계 5위의 자동차 기업으로 떠오른 현대자동차 등을 필두로 정보화 시대의 성공신화가 탄생한 것이다.

그렇지만 이들이 이룩한 경영혁신이 미래에도 지속 가능한 것인지에 대해서는 회의적이다. 기존의 경영 방식으로는 세계적인 창조기업들을 따라잡기 어렵다. 중국 기업들의 새로운 혁신 능력에 현재의 자리도 조만간 내주어야 할 판이다. 따라서 우리는 지금까지 경쟁력을 마련해준 경영 패러다임의 실체를 객관적으로 분석·조망해보고 미래형 패러다임 구축을 위한 혁신에 다시 나서야 할 것이다.

한국식 기업 경영에 관한 비관적 견해

한국식 기업 경영의 전근대성에 대한 비판은 오래전부터 존재했다. 이런 견해의 뿌리에는 아시아적 가치관에 대한 비판적 시각이 있다. 서구에서 200년 넘게 걸린 산업화를 아시아 국가들은 수십 년 만에 달성하였는데 그 원동력을 아시아의 철학과 이념에서 찾은 것이 바로 아시아적 가치관이다.[3]

1980년대부터 아시아의 네 마리 용으로 불리는 한국, 홍콩, 타이완, 싱가포르가 눈부신 성장을 했다. 그런데 이들 국가의 경제 성장 이면에는 유교라는 독특한 정신 문화와 규범이 있었다. 유교적 전통에 따라, 리더는 가부장적이고 권위주의적이지만 너그러운 사랑으로 종업원들을 가족같이 대하고, 종업원들은 리더를 가장家長 대하듯 함으로써 상호 협동과 부조의 정신으로 산업화에 성공했다는 것이다. 이를 일컬어 '유교 자본주의'라고도 부른다.

그러나 1997년 동아시아 금융위기를 기점으로 아시아 경제가 위기에 빠졌다. 서구의 학자들과 언론들은 뿌리 깊은 비판적 시각을 다시 끄집어냈다. 그들은 "아시아의 기적은 사라졌다"고 말했다. 또 아시아 금융위기는 아시아적 가치로부터 발생했으며 이것은 정실 자본주의crony capitalism의 한계라고 지적했다. 이는 1970년대와 1980년대 경제 성장의 원동력이었던 아시아적 가치가 정경 유착, 비리와 뇌물, 불합리한 정실인사 등의 병폐를 구조적으로 키우고 관료주의를 심화시키는 요인으로 작용한다는 의미이다. 특히 한국 정부와 재벌의 공생 관계가 비판의 도마에 올랐다. 재벌은 정치 자금을 공급하고 정부는 기업에 특혜를 줌으로써 경제 사회의 구조적 병폐를 키워왔다는 것이다.

그러나 그 부패가 모든 기업에 해당하는 것은 아니었다. 위기에 빠진 아시아 경제도 1년이 채 되지 않아 되살아났다. 그럼에도 서구 경제학자들은 여전히 아시아적 가치를 비관적으로 판단하는 경향이 있다. 따라서 아시아적 가치, 특히 유교적 철학의 바탕 위에서 출발한 한국 기업들의 경영 방식에 대해서도 비관적인 견해가 항상 존재한다. 하지만 한국의 경제 성장과 동아시아의 발전에 유교 자본주의가 결정적으로 기여해온 것은 부정할 수 없는 사실이다. 더욱이 한국을 포함한 아시아 국가들에게 아시아적 가치관은 삶 그 자체이다. 옳고 그름의 판단 대상이 될 수는 없다. 주어진 삶의 양식 위에서 가난을 극복하고 물질적 풍요를 누리고자 하는 열망을 달성하려 발버둥쳤을 뿐이다. 그 삶의 양식과 가치관을 포기하고 서구의 패러다임을 그대로 빌어오는 것은 이론처럼 쉽지 않다. 설령 그대로 도입한다고 해도 껍데기만 바꾸는 꼴이 될 것이다. 마땅한 성공 사례도 찾기 힘들다.

비록 아시아적 가치나 한국식 기업 경영이 정실 자본주의와 같은 구조적 결함을 안고 있다 해도 여전히 성공할 기회와 실패할 위험은 공존하기 마련이다. 어느 자본주의나 기업 경영도 일방적인 장점만 있을 수 없기 때문이다. 사실 가장 큰 성공을 거두어 세계 표준으로 불리는 서구 자본주의도 첨예한 이해관계의 대립, 지나친 개인주의에 따른 공동체 해체 등으로 새로운 모색을 해야 하는 처지에 있다.

하지만 한국 기업들의 경영 방식이 전근대적이라는 비판에는 상당한 근거가 있다. 특히 1990년대 들어와 시장 개방과 국제 시장에서의 경쟁력 약화로 1980년대까지 효과적이었던 전통적 경영 방식에 대한 대대적인 비판이 있었다. 그리고 IMF 외환위기를 맞아 그 비판의 수위는 절정에 달했다. 그런데 그 비판의 내용은 대부분 서구 경영 이론을 바탕으로 하고 있다. 예를 들면 한국 기업들의 조직 관리 방식이 전형적인 관료주의 병폐에 묶여 있다는 지적을 받았다. 분업화가 지나쳐서 여러 부문과 부서로 쪼개져 상호 의사소통이 안 된다. 절차와 규정이 복잡하고 상명하복의 명령 체계로 조직 문화가 경직되었다. 학연·혈연·지연의 분파주의, 책임 회피, 의사소통의 지연, 무사안일의 냉소주의 등이 심각하다. 그 결과 구성원들의 적극성과 창의성이 떨어지고 외부 환경 변화에 대한 민감성과 적응력이 취약하다는 등의 비판이 쏟아졌다.[4] 대부분 구조적으로 문제가 심각하다는 지적이었다.

이러한 비판의 이론적 근거는 전통적인 조직 이론이다. 경영 환경이 비교적 안정적이어서 매출이나 시장 동향이 어느 정도 예측 가능한 환경에서는 단순 반복적인 일이 많다. 그래서 이 일들을 잘 분업화하고 공식화해서 관리함으로써 효율성을 높일 수 있다. 그리고 권한위임을 제한적으로 함으로써 중앙집중식 통제를 통해 불필요한 변동 요인을 줄이고 일사불란한 조직 행동으로 생산성을 극대화할 수 있다. 그러나 매출이 불안정하고 미래 추세를 예측할 수 없는 불확실한 경영 환경의 기업들에는 전자의 기계적 관리보다는 유기적 관리 방식이 효과적이다. 대폭적 권한위임을 통해 분권화하고, 통제하기보다는 현장이 자율적으로 돌아가도록 독려함으로써 시장 변화에 대해 즉각적 대응이 가능하도록 해야 한다. 그리고 일을 공식화하고 분업화하기보다는 유연한 대처가 가능하도록 비공식적 소통 채널을 많이 활용하는 등 변화에 대한 유기체적 대응을 펼칠 필요가 있다.

이렇듯 기계적 방식과 유기적 조직 관리 방식으로 나누어볼 때 한국 기업의 경영 방식은 기계적 방식에 가깝다. 효율성과 원가 절감에는 뛰어나지만, 점점 더 불확실해지는 경영 환경에 적응하기 어렵다는 의미다. 여기에 유교적 전통에 따른 연공서열 제도의 경직성이 더해져 조직의 창의성은 기대하기 어렵다는 주장이 나왔다. 이러한 비판을 한마디로 표현하면 다음과 같다.

"우리 기업들은 국제 경제 환경이 급속도로 변하고 있음에도 불구하고 수익성을 도외시한 성장 확대 주의, 혁신보다는 모방을 바탕으로 밀어붙이는 모방 돌관주의, 소유와 경영을 분리하지 못하고 가족이 경영권을 승계하는 가족주의 등 전근대적 경영 패러다임에서 벗어나지 못했다. 그뿐 아니라 성장 확대에 따른 사업들을 모두 내부화함으로써 거대한 규모의 대기업을 만들어왔다."[5]

실제로 1990년대 들어와 국내외 시장 경쟁이 격화되고 IMF 외환위기의 충격파가 오자 한국을 대표하는 30대 재벌 기업 중 절반에 해당하는 14개 대기업이 환경 변화를 이겨내지 못하고 도산하고 말았다. 한국을 대표하는 대기업이며 한때 재계 서열 2위였던 대우그룹이 창업 32년 만에 해체되었다. 그 주된 원인으로는 부실기업 인수를 통한 과도한 팽창, 자체 개혁보다는 정부 지원을 통한 위기 극복 시도, 회장의 비민주적 황제 경영 등이 지적되었다.[6] 그리고 쌍용, 동아, 해태, 한일합섬, 삼미 등이 무리한 다각화에 따른 자금난 끝에 도산했다.

기아그룹은 창업자 장남의 경영 부실로 1981년 경영권이 전문경영인에게 넘어갔지만 이후 전문경영인의 또 다른 경영 부실로 1998년 현대자동차에 인수되었다.

이들이 실패한 공통점은 앞에서 지적한 한국 기업의 전형적인 전근대성에 따른 환경 부적응 때문이라는 지적이 옳다. 환경이 복잡하고 동태적으로 급속히 바뀜에도 특유의 전근대성에 갇혀 변화를 제대로 인지하지 못하거나 적절한 의사결정을 신속히 내리거나 실천하지 못한 결과라 할 수 있다. 결과적으로 다각화 전략에 따른 무리한 확장으로 자금난에 빠졌고 그룹 총수인 오너의 판단 착오가 전체 그룹을 위기에 빠뜨렸다. 한마디로 오너의 독단적 의사결정을 견제할 수 없다는 약점과 수직적 계열화에 의한 혁신과 유연성의 결핍이라는 한국 대기업들의 구조적 결함 때문에 거대 기업들의 집단 도산이라는 참담한 결과를 만들어냈다고 할 수 있다.[7] 과거 산업화 과정에서 오너의 과감한 결정으로 새로운 사업으로 진입할 수 있었고 수직적 계열화로 거래 비용을 줄여 효율성을 극대화할 수 있었던 강점이 성공 함정의 비수가 되어 한순간에 거대 조직을 쓰러뜨린 것이다.

그렇다면 많은 서구 학자들이 주장하듯이 아시아적 가치가 드디어 그 한계를 드러낸 것일까? 살아남은 많은 기업은 서구의 성공 노하우를 그대로 답습함으로써 위기 국면에서 벗어나 새로운 기회를 만날 수 있었을까?

그 답은 지난 15년 동안 진행된 한국 기업들의 눈부신 반전 드라마에서 찾을 수 있다. 결론적으로 그들은 미국과 유럽의 경영 방식과 성공 노하우를 과거보다 더 열심히 그리고 재빨리 익혔지만, 자신의 구조적 결함을 근본적으로 바꾸는 정도로 경영의 본질을 변화시키지 않았다. 오히려 자신의 본질에 더 충실함으로써 구조적 결함을 감수하면서까지 유일하게 가지고 있는 강점을 더 강하게 하는 전략을 선택했다.

어쩔 수 없는 약자의 선택이었다. 물론 그럼으로써 구조적 결함에 따른 위험 비용은 더 커졌다. 하지만 그 결과 한국식 속도 경영은 더욱 강화되었다. 그리고 부족한 점shortfall인 유연성, 민첩성, 대응력, 전문성 등을 새로운 경영 패러다임으로 혁신함으로써 재빨리 보완해나갔다. 그 새로운 패러다임이 앞에서 설명한 융합 경영이다.

한국 기업의 도전

외환위기가 찾아온 1997년과 1998년은 아시아 국가에게 매우 힘든 시기였다. 그러나 그 이후 전 세계적으로 디지털 기술의 발전이 가속화되고 모바일 정보통신 혁명이 일어난 격변의 시기이자 기회의 시대가 도래했다. 전 세계적으로 IT 기술을 주도해온 미국에서는 기업의 성장 판도가 크게 바뀌었다. 1997년 말 시가총액 1, 2, 3위 기업은 GE, 코카콜라, 마이크로소프트였다. 그러나 16년이라는 시간이 지나면서 엄청난 변화가 일어났다. 애플의 1997년 시가총액은 29억 달러로 미국 내 456위에 불과했다. 그러나 2014년에는 6,400억 달러를 기록하며 220배 성장했다. 1998년에 막 사업을 시작한 구글은 2014년 시가총액 3,990억 달러 회사로 성장하며 3위를 기록했다. 그 대신 전통의 강자 코카콜라, 인텔, IBM 등이 10위권 밖으로 밀려났다.[8]

한국의 기업들은 막 외환위기에서 살아남아 몸을 추스르기도 전에 디지털 기술 발전에 의한 격변의 시기를 맞이했다. 결과적으로 이들은 새로운 성공 스토리를 만들어내며 디지털 정보 시대에도 성공신화를 이어갈 수 있었다. 삼성, LG, 현대, SK 등 한국을 대표하는 대기업들은 빠른 회복 탄력성을 보이며 새로운 시장 기회를 잡아 산업화 시대를 능가하는 급속 성장을 이룩했다.

반도체 산업을 예로 들어보자. 2008년 금융위기로 경쟁사들이 모두 연구개발 투자를 줄이는 상황에서 삼성전자만 유일하게 연구개발을 공격적으로 늘려갔다. 그 결과 기존의 메모리 칩 외에 모바일용 프로세서, 그래픽용 D램 등 고부가가치 제품의 비중이 증가했다. 2008년 6.8%에 머물던 세계 시장점유율은 2011년 9.7%로 상승했다.

그리고 삼성전자는 전 세계 시장 수요에 효과적으로 대응하기 위해 공급망 관리SCM 시스템에 대대적인 투자를 했다. 그 결과 생산과 유통 과정을 하나의 통합망으로 관리하면서 시장 수요에 따라 재고를 적절히 조절할 수 있게 되었다. 1997년 외환위기 때 도입한 이 시스템은 2008년 글로벌 경제위기에 효과를 발휘하여 실시간으로 재고를 파악해 전 세계 시장의 수요 변화에 효율적으로 대응할 수 있게 했다.

현대자동차도 글로벌 시장에서 새로운 기회를 잡았다. 2008년 금융위기로 내수 시장이 정체되었지만 미국 자동차 업계의 투자 위축과 토요타 리콜 사태에 힘입어 미국 시장에서 역전 드라마를 써갈 수 있었다.

현대자동차는 미국 내 연평균 시장점유율이 2008년 3.0%에서 2009년 4.2%로 뛰어올랐다. 이와 함께 중국 경제의 성장으로 2009년에는 전년 대비 매출이 94% 증가했다. 57만 대를 판매하며 중국 내 판매 순위 4위로 올라섰다. 현대자동차는 핵심 부품 회사들과 현지 해외 생산국에 동반 진출함으로써 품질 수준을 높이는 전략을 구사했다. 수직 계열화를 더욱 강화한 것이다. 하지만 당시 토요타 자동차는 글로벌 아웃소싱 전략을 구사하면서 품질보다는 원가 절감에 더 주력했다.

실패와 성공의 원인이 똑같다

매우 흥미로운 사실 한 가지를 소개하겠다. 1997년 외환위기 당시 기업들이 실패한 원인과 이후 정보화 시대에 기업들이 성공한 원인이 똑같다는 점이다. 즉 오너 경영, 가업 승계, 다각화라는 한국 기업들의 핵심 경영 요인이 성공과 실패에 똑같이 작용했다는 것이다.

즉 오너 중심의 경영 체계, 2, 3세로의 가업 승계, 그리고 다각화를 통한 사업 확장이 성공 요인인 동시에 실패 요인이 되었다.[9] 이 요인들은 1997년 외환위기 직후 한국 대기업들의 집단 도산을 일으킨 실패 원인이었다. 총수의 독단에 의존하는 오너 경영, 무리한 자금 투자를 전제로 하는 다각화, 위험을 분산하지 않고 자기 책임 아래서 모든 것을 통제하려는 수직 계열화 등이 실패의 주범으로 꼽혔다.

하지만 아이러니하게도 지난 15년간의 삼성과 현대 등 대기업 성공에는 앞에서도 살펴본 오너 경영, 가족주의, 수직적 계열화, 다각화가 중요하게 작용했다.

오너 경영

강력한 중앙 통제 기구를 바탕으로 한 오너 경영은 위험을 감수하고 전략적인 투자를 단시간에 단행할 수 있는 핵심 요인으로 작용했다. 총수의 독단적 결정과 황제식 조직 운영이라는 오너 경영의 구조적 결함이 과감하고 신속한 투자 결정을 내릴 수 있는 강점으로 바뀐 것이다. 특히 한국의 오너 경영은 고도의 위계화hierarchy, 그리고 위계적으로 연결된 기업들의 수직적 관계가 특징이다. 이에 따라 강력한 중앙 통제 기구를 기반으로 통제의 효율성을 극대화할 수 있다. 따라서 새로운 시장에 진출하더라도 효율적으로 내부 자원을 동원하여 전략적인 투자를 감행할 수 있었다. 이러한 전략적 투자는 때로는 무리한 확장으로 독毒이 된다. 그러나 삼성의 반도체와 휴대폰 사업, 현대의 자동차 사업에서는 이런 구조 때문에 성공을 거둘 수 있었다.

다각화

다각화에서도 흥미로운 사실을 발견할 수 있었다. 1997년 외환위기 당시 도산한 재벌 대기업의 다각화 비율은 생존한 대기업보다 오히려 더 낮았다. 실패 기업들은 한결같이 다각화에 따른 무리한 사업 확장이라는 비난을 받았는데 정작 전체적인 다각화 비율에서는 상대적으로 낮은 수치를 보이고 있다. 따라서 패망한 대기업들은 다각화를 '많이 해서'가 아니라 다각화를 '제대로 실천하지 못해' 실패한 것이라고 봐야 할 것이다.

서울대 이재열 교수의 연구 결과를 보면 1997년 외환위기에서 망한 그룹과 위기를 성공적으로 극복한 그룹 간의 가장 중요한 차이가 다각화 비율이었다고 한다.[10] 성공한 기업들은 다각화를 선제적으로, 그리고 더 적극적으로 실시함으로써 위기를 극복할 수 있었다. 특히 고도성장기마다 한국의 재벌 그룹들은 전문화 대신 다각화 전략을 택했다. 이는 단기적 이윤보다는 성장 가능성이 더 중요했다는 것을 의미한다. 1990년대에는 수익성을 도외시한 성장 확대주의의 원인이 되기도 했지만 활용하기에 따라서 성장 산업에 먼저 진입하여 유리한 위치를 선점할 수 있는 전략 수단이 될 수도 있다.

가업 승계

1997년 외환위기 전후 재벌 기업들은 2세 또는 3세에게 상속되었다. 그리고 이 과정에서 재벌이 분할되는 경향을 보였다. 분할 상속의 대표적 예는 삼성, LG, 현대 등인데 이들은 모두 1997년 외환위기를 성공적으로 극복한 기업들이다. 이들은 도산한 재벌의 자리를 채워나갔다. 즉 분할된 친족 재벌들이 30대 재벌 내에 자리를 잡았다. 성공적으로 가업 승계를 이어간 대기업들은 새로운 성장 기회를 잡았지만, 능력이 검증되지 않은 2세에게 무리하게 경영권을 넘기며 가업 승계에 실패한 기업들은 위기를 넘기지 못하고 대부분 도산했다.

결과적으로 오너 경영, 다각화, 수직 계열화, 가업 승계 등은 성공과 실패를 가르는 절대 기준이 되지 못했다. 그보다는 성공과 실패 모두를 만들어낼 수 있는 양날의 칼이었다. 이러한 의미에서 한국 기업들의 '전근대성'은 하루빨리 극복해야 할 구조적 결함 그 자체가 아니라 우리 기업들이 뿌리를 내린 존재 양식이자 한국식 기업 경영의 본질적 요소이기도 하다. 우리는 이 사실에 초점을 맞출 필요가 있다. 비록 서구적 관점이나 이론의 틀 속에서 보았을 때는 많은 구조적 문제가 존재하지만, 그것을 포기한다면 경쟁력의 기반 자체가 사라지는 그러한 본질적 측면을 가지고 있었던 것이다.

그렇다고 그 본질적 측면이 영원하지는 않을 것이다. 특히 유의할 점은 그 본질을 강화할수록 구조적 결함 역시 더 커지며 21세기 경영 환경의 또 다른 위협과 기회에 대응하는 데 심각한 걸림돌로 작용할 수 있다는 점이다. 앞으로도 1997년 IMF 외환위기나 2008년 글로벌 금융위기 때와 같은 새로운 위기들이 닥칠 것이다. 이러한 위기들을 헤쳐나간다면 그동안의 경험에서 보듯이 새로운 기회들이 또다시 주어질 것이다. 하지만 그 과정에서 목숨을 걸고 뼈를 깎는 혁신이 반드시 필요하다. 미래 위기를 돌파하고 기회를 획득하는 데에는 지금까지와는 다른 창발 경영의 패러다임이 필수적이다. 이것은 지금까지 강화해온 속도 경영과는 본질적으로 다르다. 따라서 1990년대 삼성의 신경영 운동과 같은 대대적인 혁신 운동이 또다시 전개되어야 할 상황이라고 보아야 한다. 1997년 외환위기와 2008년 글로벌 금융위기를 극복한 기억이 생생하건만 한국 기업들은 또 다른 혁신의 길로 나설 수밖에 없는 운명이다.

성공 기업이 남다른 점

지금 반드시 짚고 넘어가야 할 사실이 있다. 외환위기 이후 비약적으로 성공한 기업들과 실패한 기업들의 진정한 차이가 무엇인가 하는 점이다. 똑같은 '전근대성'이 왜 어느 기업에는 도산의 원인이 되고 다른 기업에는 성공의 요인으로 작용한 것일까? 무엇이 근본적인 차이를 만든 것일까?

1980년대 산업화의 성공으로 한국 기업들의 규모가 커졌다. 이것은 필연적으로 조직의 경직성을 유발했고 환경 정보 수집 능력을 약화시켰다. 조직의 계층화와 권력의 중앙집권화는 상황 판단을 소홀하게 만들고 의사결정을 지연시킴으로써 시장 기회를 상실하게 하는 등 전략상 중대한 과오를 불러왔다. 그뿐만 아니라 군대 문화가 가져온 상명하복의 의사결정 체계는 구성원의 창의성과 활력을 떨어뜨리는 원인이 되었다.[11] 이것은 한국 기업의 '전근대성'이 작동한 결과다.

하지만 성공 기업들은 똑같은 '전근대성'을 유지하면서 이러한 취약점을 극복할 수 있었다. 오히려 전 세계 어느 기업들보다 빠르고 유연한 경영을 했다. 그 뒤에는 새로운 경영 이념의 제시가 있었다. 한마디로 새로운 철학적 바탕과 경영 이념의 실현 의지가 성공과 실패를 가른 것이다. 변화하는 경영 환경에 대해 새로운 경영 이념을 제시할 수 있는 철학적 바탕이 있는 기업들은 위기를 극복하였고 더 큰 성장의 기회를 잡을 수 있었다. 반면에 낡은 이념과 경영 방식에 고착되었던 기업은 낙오하고 말았다.

이들 성공 기업들은 새로운 경영 이념을 제안하면서 위기 극복을 위해 제일 먼저 지주회사 체제로 변모하고 계열사를 분리하는 등 조직을 대대적으로 개편했다. 매각과 인수를 통해 위기를 신속히 극복했다.[12] 그리고 강력한 경영혁신에 돌입했다. 한마디로 경영 이념에 기반을 둔 혁신 드라이브가 환경 변화에 적합한 새로운 경영 패러다임을 만들어낸 것이다.

슘페터Shumpeter(1934)는 정태적 균형 상태의 경제가 동태적 경제로 나아가기 위해서는 혁신이 필요하며, 이러한 혁신의 주체가 되는 최고경영자의 경영 이념이 중요하다고 강조했다. 과거 1세대 오너 경영인들은 사업보국, 도전과 개척, 공동체의식, 근검절약 등의 경영 이념을 제시하였고 혁신의 기반을 만들었다. 그리고 1990년대 또다시 경영 위기를 맞은 2세대 성공 경영인들 역시 시대적 환경에 맞는 새로운 경영 이념을 제시함으로써 혁신의 불꽃을 당겼다. 이들이 제안한 경영 이념은 전혀 새로운 것이라기보다는 1세대들이 실천했던 유교적 가치와 철학을 글로벌 무한 경쟁에 적합하도록 수정한 것이었다. 선대의 훌륭한 경영 이념이 정보화 시대의 흐름에 맞게 재탄생했다고 볼 수 있다. 따라서 경영 이념의 바탕이 탄탄한 기업일수록 위기 극복 역량이 더 높았고 새로이 다가오는 기회를 잡을 가능성이 컸다고 평가할 수 있다.

예를 들면 삼성의 이건희 회장은 양적 성장의 한계에 따른 위기를 내부 혁신을 통한 질적 성장으로 극복하기 위해 '신경영'이라는 혁신 운동을 전개했다.[13] 그는 1993년 프랑크푸르트 선언을 통해 비전을 제시하고 유연한 조직으로의 변모를 위한 경영혁신을 전사적으로 전개했다. 신경영은 인재제일주의와 일등주의와 같은 기존 경영 이념의 바탕 위에서 질 위주 경영, 정보화, 국제화, 복합화와 같은 새로운 경영 이념들을 담았으며 초일류 삼성이 되기 위한 경쟁력 확보를 주목적으로 삼았다.[14] 그 결과 경영혁신 운동 20년 만에 매출 규모를 100배로 키우는 뛰어난 성과를 거두었다.

현대자동차 정몽구 회장은 정주영 회장의 현대 신화를 이어받은 2세 오너 경영인으로 1998년 현대자동차그룹을 분리 독립시키고 새롭게 출발했다. 그는 외환위기 직후임에도 글로벌 진출과 품질 경영에 공격적 투자를 하는 새로운 전략 방향을 제시했다. 그 바탕에는 선대 경영인의 '하면 된다' 정신과 현장 중시의 철학이 있었다. 그는 이러한 경영 이념을 토대로 자동차의 품질을 끌어올리도록 독려했으며 현대·기아자동차의 생산량을 세계 5위 수준으로 올리는 성과를 거두었다.

LG그룹의 3세 경영인 구본무 회장은 1995년 구자경 전 회장의 은퇴로 그룹 회장에 취임했다. 그는 럭키금성이 LG라는 새로운 이름을 갖도록 하는 작업에 참여했으며, 그룹 회장으로 취임하면서 '정도 경영'을 새로운 경영 이념으로 선포했다. 정도 경영을 통해 일등을 추구하고 공격적이고 성과 지향적인 경영을 하도록 강조했다.

SK그룹은 최종현 선대 회장의 작고로 젊은 2세 경영인인 최태원 회장이 그룹 경영권을 승계했다. 그는 인간 위주의 경영과 시스템 경영 등 기존의 경영 이념과 틀을 바탕에 둔 새로운 경영 이념을 제안했다. 한 예로 SK그룹의 경영 이념을 '이윤 극대화'에서 '이해관계자의 가치 추구'로 새롭게 정립할 것을 제안했다. 궁극적으로 고객, 구성원, 주주, 사회 등 모든 이해관계자의 행복 추구가 새로운 경영 이념이라는 것이다. 이전의 경영 이념이 '이윤 극대화'였다는 점에서 그룹 내부에서는 혁명적인 변화로 평가되었다.

융합 경영의 등장

그렇다면 성공 기업들은 새로운 경영 이념 위에서 어떠한 경영 패러다임을 제안했을까? 이들은 산업화 시대를 거치면서 신바람 경영을 통해 맨손으로 황무지를 일구었다. 유교적 가치관과 군대식 문화를 기반으로 '하면 된다'의 정신spirit을 기업 활동의 핵심으로 두었다. 그리고 공동체적 조직 질서를 형성하고 신상필벌의 보상 체계를 통해 소위 신바람이라는 집단 에너지를 창출하는 데 성공했다. 그러나 1990년대 이후 기업 환경은 급속도로 복잡해지고 동태적으로 변화했다. 내수 시장 개방과 치열해진 글로벌 경쟁, 중국의 산업화 진입과 정보 기술의 발전 등 숨 가쁜 변화가 진행되었다. 시장 환경이 어떤 상황으로 변화하고 어떤 결과가 나올지 예측하기가 점점 더 어려운 불확실성에 빠져들었던 것이다.

이러한 환경 조건에서는 시장 변화를 적시에 감지하는 능력, 인지한 변화에 따라 적절히 의사결정을 하는 대안 설정 능력, 그리고 결정 사항을 즉시 실천하는 능력 등이 필수적이다.[15] 그러나 당시 한국 기업들은 특유의 '전근대성' 때문에 환경의 불확실성에 대한 대응 역량이 구조적으로 약했다. 이러한 취약성은 1997년과 1998년 IMF 외환위기를 맞아 적나라하게 드러났다.

이론적으로 보았을 때 기업이 적절한 환경 대응 능력을 갖추기 위해서는 유연성flexibility, 임파워먼트empowerment, 민첩성agility, 대응성responsiveness, 지식knowledge 등의 요소를 갖추어야 한다.[16] 하지만 한국 기업들은 특유의 경직된 조직 문화 때문에 유연성이 부족하다. 또 기존의 가치나 질서에 집착함으로써 환경 변화를 제대로 감지하지 못하거나 감지하여도 대응할 수 있는 능력을 보유하지 못한 실정이었다. 구성원 스스로 주인의식을 가지고 주어진 과업을 적극적으로 책임 있게 수행하려는 심리적 믿음인 임파워먼트도 떨어졌다. 권한과 책임이 지나치게 중앙집권화되었기 때문이다. 이와 함께 변화 속도에 따라 시장과 기술, 경쟁자에 대한 정보를 신속하게 획득하고, 의사결정과 그 집행을 최대한 빠르게 할 수 있는 민첩성도 점점 더 떨어졌다. 조직이 폐쇄적이고 내부 지향적이라 대응성 역시 낮았다. 정보화 시대로 진입함에 따라 기업 경쟁에서 지식이 핵심 기반으로 떠올랐지만, 체계적인 학습을 통한 지식 축적도 부족한 상황이었다.

유연성, 임파워먼트, 민첩성, 대응성, 지식이라는 5가지 요인은 세계적 조직이론가이자 나의 스승이신 고 김인수 교수가 2001년에 한국 기업들이 21세기에 갖추어야 할 필수요인으로 제안한 것들이다. 그는 이러한 속성들의 앞글자를 따서 'FEAR-K'로 축약하고 21세기 세계가 두려워할fear 한국 기업들이 갖추어야 할 요소라고 주장했다.[17] 거꾸로 해석하면 외환위기 전후의 경영 위기를 맞아 두려움에 떨고 있는 기업들에게 치명적으로 부족한 요소들이라고 할 수 있다. 다행히 이후 10여 년간 새로운 도전에 성공한 기업들이 탄생했고, 삼성전자와 현대자동차 등은 실제로 세계가 두려워할 만한 기업이 되었다. 과연 이들은 어떤 대응을 했을까? 이에 답하기 위해서는 앞에서 살펴보았듯이 2, 3세대로 가업 승계에 성공한 기업 중 새로운 기업 이념을 제안하고 경영혁신에 돌입한 기업들이 실천한 경영 방식들을 살펴볼 필요가 있다.

그것은 앞에서 설명한 융합 경영이었다. 산업화 시대에 실천한 신바람 경영이 집단과 조직의 힘과 에너지를 모으는 데 목적이 있었다면, 융합 경영은 갑자기 닥쳐온 문제들을 신속히 해결하기 위해 이론, 관점, 지식, 경험, 노하우 등을 모으고 결합해 혁신적인 해법을 제시하는 데 목적이 있다. 여기서 가장 중요한 것은 문제 해결의 속도, 즉 스피드다. 그렇지 않으면 시장 경쟁에서 살아남을 수가 없었다. 이때 융합 경영이란 다양한 분야와 영역으로부터 지식, 통찰, 경험, 방법 등의 요소들을 결합에 기업이 해결하려는 문제의 실마리를 잡아서 풀어내는 역할을 한다. 한국 기업들은 1990년대 이후 정보화 시대를 맞이해 기업의 난제들을 융합 경영이라는 새로운 수단을 통해 풀어낼 수 있었던 것이다. 그렇다면 융합 경영의 패러다임이 어떻게 'FEAR-K'라는 시대적 과제를 해결해나갔는가를 살펴볼 필요가 있다.

첫째, 환경 변화를 재빨리 인지하여 제때에 감지하는 능력을 어떻게 확보했을까? 이 문제의 해결 방식은 다소 역설적이다. 오너 경영을 더 강화함으로써 해결하려 했다. 회사의 미래를 전적으로 책임지고 있는 오너가 그룹 차원에서 전략적 미래를 직접적이고 적극적으로 관장함으로써 중간 계층의 합의라는 시간 지연 없이 정면 승부를 통해 유연성flexibility을 확보했다. 오너의 경직성이 시대적 문제를 만들어냈지만, 이것을 오너의 유연성으로 해결하려는 모험을 감행한 것이다. 다만 그룹 차원의 전략적 결정의 뒤를 따르는 많은 의사결정과 실천의 문제는 전문경영인 제도를 강화함으로써 풀어나갔다. 즉 오너 경영과 전문가 경영을 융합함으로써 유연한 전략적 대응과 즉시 실천할 수 있는 능력을 갖출 수 있었다. 그 결과 정보의 신속한 획득, 의사결정, 집행 등을 최대한 빠르게 할 수 있는 민첩성agility을 확보할 수 있었다.

둘째, 변화 대응을 위한 적절하고도 신속한 의사결정 능력을 어떻게 확보했는가. 이 문제는 우선 오너 경영의 약점을 보완하는 전문경영인 제도와의 융합을 통해 임파워먼트empowerment를 강화하는 방법으로 해결했다. 임파워먼트란 본질적으로 권한과 책임을 현장에 위임하는 것을 전제로 한다. 중앙집중식 오너 경영의 약점을 전문경영인에 대한 대폭적 권한위임을 통해 보완했다. 이를 통해 현장의 민첩성은 물론 대응성responsiveness과 지식 축적 등이 활발히 일어나도록 했다.

셋째, 신속한 의사결정과 함께 이를 즉시 실천하는 실행 능력을 어떻게 확보했을까? 이 문제는 현장에 권한을 위임하는 전문가 제도와 함께 기존의 일본식 경영에 미국식 경영을 새롭게 도입해 융합하는 방법을 통해 해결했다. 예를 들면 점진적으로 변화했던 산업화 시대를 거치면서 장기 고용과 임직원들의 높은 충성도, 그리고 가부장적 온정주의 등을 강조하는 일본식 경영이 유행했지만, 환경이 변화하면서 IT와 전자 등 새로운 산업 특성에 적합한 미국식 경영을 적극 도입했다. 과감한 위험 감수, 현장 지향형의 신속한 결정과 실행, 파격적 인센티브, 핵심 인재의 외부 영입 등 미국식 경영의 특성들을 과감히 수용해 독자적인 경영 방식으로 융합해나갔다. 그리고 이를 통해 조직의 개방성과 외부 지향성을 확대했고 환경에 대한 대응성을 획기적으로 높였다.

넷째, 1990년대 이후 첨단 산업에서 기술적 지식knowledge이 가장 중요한 경쟁 기반으로 떠올랐는데 여기에는 어떻게 대처했을까? 결론적으로 다양한 분야와 영역에서의 지식을 융·복합화함으로써 학

그림 2-1 **고 김인수 교수가 2001년에 제안한 미래 조직이 갖추어야 할 능력과 특성18**

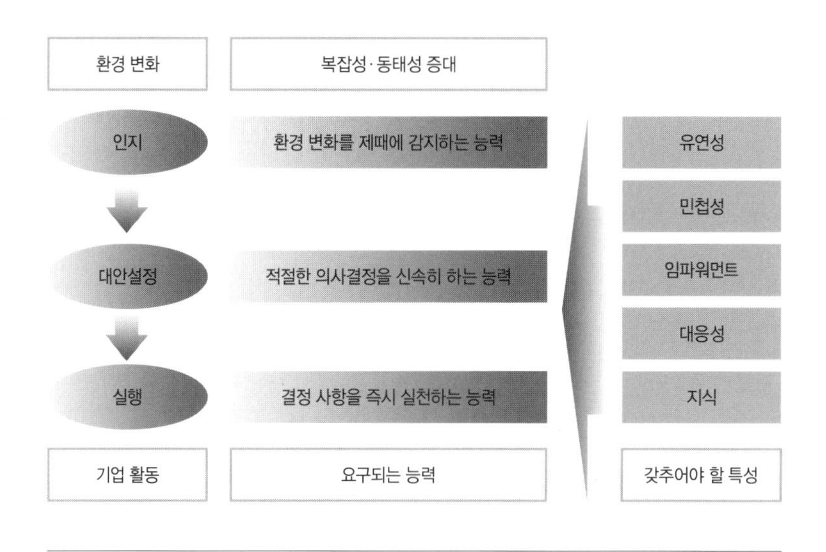

습 능력을 배가할 수 있었다. 물론 전문경영인 제도를 기반으로 학습과 지식 축적의 동인을 만들었지만, 제품의 복합화를 추구함으로써 기술 혁신 즉 창의적 학습에 성공할 수 있었다. 한국 기업들이 글로벌 시장에서 경쟁력을 갖게 된 제품 중에는 원천 기술을 기반으로 하는 것이 드물다. 대부분 다양한 업종의 기술과 지식을 복합화하거나 융합한 것들이다. 대표적 사례가 가전, 휴대폰, 자동차 분야의 제품들이다.

[그림 2-1]에서 보듯이 한국 기업들은 21세기에 필수적으로 요구되는 경영 특성인 유연성, 민첩성, 임파워먼트, 대응성, 지식 축적 등을 융합 경영이라는 새로운 경영 패러다임을 실천함으로써 상당 부분 확보했다. 그리고 이를 통해 정보화 시대 기술 변화에 대해 재

빠른 대응을 할 수 있었다. 이러한 한국식 속도 경영을 기반으로 정보통신 기술의 발전과 디지털화에 대응함으로써 어느 국가보다도 성공적인 성과를 거둘 수 있었다.

한편 산업화 시대에 작동했던 신바람 경영도 대체하기보다는 보완적으로 활용함으로써 집단이나 조직의 응집력과 추진력을 높이는 데 효과를 보았다. 즉 공동체적 조직 질서와 신상필벌의 보상 제도와 함께 조직 내 자율과 경쟁을 더욱 강화함으로써 민첩성과 대응성 제고에 이바지한 것이다. 반면 융합 경영의 임파워먼트는 구성원들의 자발성과 적극성을 높이는 역할을 했다. 따라서 융합 경영은 기존의 신바람 경영과 상호 보완 또는 상승 작용을 만들어냄으로써 한국식 속도 경영의 효과를 배가시켰다. 변화에 대한 한국 특유의 유연성은 바로 이 속도 경영으로 뒷받침되었다. 그리고 또 하나의 특성인 역동성은 주로 신바람 경영으로부터 나왔다.

한국 제조업을 대표하는 업체의 공장에 가면 21세기인 지금도 "하면 된다!", "목표를 달성하자!" 등의 구호를 쉽게 찾아볼 수 있다. 산업화 시대에 시작되었던 신바람 경영 프로세스가 아직도 곳곳에서 작동하고 있는 것이다. 하지만 상명하복식의 군대식 문화가 깊숙이 박혀 있어 창의적이고 혁신적인 공장을 만드는 데 걸림돌이 됨이 종종 지적되고 있다.[19]

02

한국 기업들의 성공 패턴

기업은 성공과 실패를 가르는 위험한 길 위에 서 있기에 항상 위기를 겪기 마련이다. 한국 경제의 지난 50년을 돌이켜 보면 산업화와 정보화 시대의 화려한 성과만이 있었던 게 아니다. 그 안에는 석유파동이나 외환위기 등 크고 작은 위험과 실패들이 존재했다. 우리는 그 속에서 한국 기업들은 어떤 성공 패턴을 보였는지를 고찰할 필요가 있다. 그리고 더 근본적으로는 성공이란 무엇이고 그것이 어떻게 얻어지는 것인지에 관한 성찰이 필요하다.

성공이란

성공은 사전적으로 '목적한 바를 이루는 것'을 의미한다. 하지만 성공이 무엇이고 그것을 어떻게 달성할 수 있는지에 대한 질문에는 아직 명쾌한 해답이 없는 것 같다. 수많은 경영 이론이 있지만 단편적 처방만이 소개될 뿐이다. 기업들이 창업한 이후 어떻게 성공과 실패를 반복하며 진화하는지에 아직도 충분한 이해가 부족한 실정이다.

하지만 분명한 사실도 있다. 역경과 고난이 없는 성공은 존재하지 않는다는 것이다. 그리고 남들로부터 성공했다는 인정을 받는 그 순간 곧바로 실패의 그림자가 드리워진다. 다음 순간에 또 다른 성공을 거두지 못하면 바로 낙오할지도 모른다. 차라리 성공과 실패는 한 몸으로 존재한다고 생각하는 것이 사리에 맞을 것이다. 피터 드러커는 영화의 마지막 해피엔딩처럼 "그리고 영원히 행복했다"라는 말은 경제계에 존재하지 않는다고 언급했다. 끊임없이 도전하여 실패의 그림자에서 벗어나려고 발버둥치는 과정이 진정한 성공의 모습이 아닐까? 성공을 향해 몸부림치며 노력하는 과정에서 시행착오를 통해 사람과 기업 심지어는 경제 시스템 자체도 성숙해나가는 것 같다. 한국 기업들은 지난 50년 세월을 성공적으로 성장해왔다. 그러나 지금은 3세대 경영을 준비할 때를 맞이했다. 다음 성숙 단계로 나갈 준비를 해야 한다는 말이다. 성공의 길을 명확하게 규정하기는 어렵다 하더라도 무작위적이지만은 않다. 그러므로 그 속에 존재하는 패턴과 흐름을 이해함으로써 효과적인 미래 대응을 준비할 수도 있다.

본질적으로 성공의 개념은 시간과 공간에 따라 차이가 크다. 예를 들면 북한에서의 성공과 남한에서의 성공은 그 개념이 다르다. 새터민들이 한국에 와서 가장 크게 느끼는 것이 바로 성공에 대한 인식이라고 한다. 그들은 성공을 열망하는 정도와 그것을 만들어가는 방식이 엄청나게 다름을 절감한다는 이야기를 많이 한다. 그리고 과거의 성공과 현재의 성공은 그 개념이 다르다. 미래에도 더욱 다를 것이다. 물론 서구에서의 성공 경험이 개도국에 그대로 적용될 수는 없다. 과거의 성공을 오늘 반복한다고 그대로 이루어질 리도 만무하다.

성공이란 역사적 경험만을 남길 뿐이다. 오늘 이 자리에 닥칠 새로운 미래의 요구에 새롭게 대응해야 성공할 자격을 얻을 수 있다. 물론 성공의 역사를 조사하면 큰 흐름을 발견하고 일정한 패턴도 찾을 수 있다. 그렇다 하더라도 성공을 예측하기란 매우 어렵다. 왜냐하면 성공이 언제 어떻게 일어날지를 예측하기 위해서는 운과 기회라는 통제 불가능한 요인들을 파악해야 하기 때문이다.

이러한 성공의 내면적 모습을 잘 정리한 사람으로 『아웃라이어Outlier』의 저자 말콤 글래드웰을 들 수 있다. 그는 성공의 패턴이 일정하게 존재한다고 주장한다. 예를 들면 철강왕 카네기, 소프트웨어 산업의 빌 게이츠, 음악의 비틀스, 과학의 아인슈타인에게서 모두 같은 패턴을 찾을 수 있다고 한다. 재능, 노력, 기회, 행운이라는 4가지 요인들의 강력한 조합에 의해 성공이 결정된다는 것이다. 이렇듯 성공이 일정한 패턴을 나타낸다고 해도 우리가 그 패턴을 정확하게는 만들어낼 수는 없다. 이 4가지 요소 간 관계가 너무나도 복잡하게 얽혀 있기 때문이다.

영웅들의 성공은 특정한 장소와 환경의 산물이다. 그들이 똑똑하고 능력 있다고 해서 성공하는 것은 아니다. 성공한 사람이나 기업에게 기회가 주어졌고 그 기회를 움켜잡을 힘과 마음가짐이 준비되어 있었다.[20] 역사적으로 볼 때 가장 큰 성공의 기회는 산업화 시대에 주어졌다. 《포브스》가 조사한 인류 역사상 부자 75인 중 1, 2위를 차지한 인물은 석유왕 록펠러와 철강왕 카네기이다. 그리고 인류 최대 부자 중 20%가 19세기 미국에서 태어났다. 즉 미국에서 산업화라는 엄청난 기회가 생겼을 때 세계적인 거부가 탄생한 것이다.[21]

한국에서도 단군 이래 최대의 경제적 성공 기회는 산업화 시기에 주어졌다. 이병철, 정주영, 최종현, 박두병, 조중훈 등 1910년부터 1920년 사이에 태어난 기업인들이 이 기회를 살려서 성공을 거머쥐었다. 그 이전과 이후에 태어난 기업인들에게는 이런 대성공의 기회가 거의 주어지지 않았다. 설령 기회가 주어졌다 하더라도 이들보다는 훨씬 작은 규모였다. 산업화 이후 또 다른 기회의 환경이 펼쳐졌는데 바로 정보화 때이다. 그런데 이 기회의 창은 아주 짧은 기간 열렸다. 1966년~1968년생인 NHN, 다음, 넥슨, NC소프트, 카카오톡 등의 창업자들이 그 성공 기회를 누렸다. 그리고 2010년대를 지나면서 창조경제가 등장했고, 또 다른 기회와 위협의 환경이 펼쳐지는 중이다. 그런데 이 새로운 환경에서 성공을 거두는 방법은 과거와는 근본적으로 다를 것이다. 앞으로는 새로운 경영 패러다임을 선도하는 개인과 기업들이 성공에 도달할 수 있을 것이다.

21세기 강소기업의 성공

지금까지 한국의 경제 성장에 가장 큰 역할을 한 경제 주체가 대

기업이라는 데는 거의 이견이 존재하지 않는다. 특히 재벌 대기업들은 경제 성장의 가장 큰 공헌자인 동시에 수혜자이다. 이들은 한국 경제를 대표하는 성공 패턴들을 만들어냈다. 산업화 시대에는 신바람 경영을 통해 개인과 조직의 열정과 에너지를 이끌어냄으로써 성공을 거두었다. 또한 정보화 시대에는 융합 경영으로 속도의 경쟁력을 확보함으로써 또 다른 성공을 이루어냈다. 이러한 성공 패턴들은 중소기업들로도 퍼져 나갔다. 1970년대 중반 이후 중화학공업 육성에 매진하는 대기업들에 부품과 원자재를 공급하는 중소기업들이 급격히 늘었다. 이와 함께 1996년에는 코스닥 시장이 개설되고 1997년 '벤처기업육성에 관한 특별법'이 제정된 것을 계기로 벤처기업 등 기술 집약적 기업들의 창업이 급증했다. 이들 중 일부는 국내외 시장에서 성공을 거둠으로써 강소기업으로 성장했다. 강소기업은 자신이 속한 시장에서 국내 시장점유율 1위를 하거나 해외 시장에서 5위 안에 드는 경쟁력을 계속 유지하는 성공 기업을 말한다.[22]

나는 2010년 한국의 강소기업들이 어떤 성공 패턴을 보이는지를 연구하여 『대한민국 강소기업, 스몰자이언츠』라는 책으로 엮었다. 이 책을 통해 스승이신 고 김인수 교수가 2001년 한국 기업의 바람직한 미래 모습을 제안한 후 약 10년이 지난 시점에서 미래 한국 경제를 책임질 강소기업들이 어떤 모습으로 성장했는지를 파악할 수 있었다.

한국 강소기업들의 평균 업력은 15년 정도다. 코스닥 시장 개설을 전후해서 설립된 경우가 가장 많다. 그동안 수많은 기업이 창업하고 성공을 향해 달렸지만 강소기업으로 성장한 기업은 소수에 불과

하다. 현재 강소기업은 약 1,000여 곳 정도로 추정된다. 나는 100곳 가까운 강소기업에 대한 직접적인 사례 연구를 통해 이들이 어떻게 지속 가능한 경쟁력을 획득했는지, 그리고 이들로부터 발견할 수 있는 성공 패턴은 무엇인지를 조사했다. 그 결과 강소기업들은 다음과 같은 공통점이 있다는 결론에 이르렀다.

차별화 원천을 조기에 확보했다

강소기업은 업력이 짧고 경영 자원도 빈약하다. 그렇지만 다른 기업과 차별화할 수 있는 능력과 잠재력을 먼저 확보했다는 점에서 공통적이다. 시장 경쟁에서 살아남는 것이 기업의 최우선적 경영 과제라면 이런 공통점은 당연한 결과일지 모른다. 이것은 단순히 사업자등록을 내고 주식회사를 설립했다고 해서 저절로 성공 기회가 주어지지 않는다는 사실을 일깨워준다. 기업의 성공이란 마치 육상 선수가 자신이 뛸 트랙을 배정받아 경기에 나가는 것과 마찬가지다. 차별화 능력을 확보해야 성공의 기회(트랙)를 부여받을 수 있다.

『아웃라이어』의 작가 말콤 글래드웰은 이를 '1만 시간의 법칙'으로 설명했다. 즉 1만 시간 정도를 투자해야 재능, 노력, 기회, 행운이 뒤따르면서 성공의 자격이 주어진다고 했다. 한 분야에서 1만 시간의 노력을 쏟는다면 남과 차별화할 수 있는 역량이 생긴다고 해석할 수 있다. 한국의 강소기업들을 살펴보면 엄청난 노력을 통해 다음과 같은 종류의 차별화 원천을 확보했음을 알 수 있다.[23]

강소기업의 차별화 원천 중 가장 많은 경우가 기술적 역량의 획득이다. 이러한 기술적 역량에는 2가지 종류가 있다. 첫째는 특정 분야의 기술을 꾸준히 축적해내는 기술 학습 능력이고, 둘째는 다양한 단위 기술들을 결합하고 융합해 시장 요구에 우선적으로 대응하는 제품 개발 역량이다. 이러한 기술적 차별화 원천은 디지털 기술의 발전과 함께 많은 성공 기회를 가져다주었다. 또 다른 차별화 원천은 비기술적 요소로 남다른 비전과 마케팅 노하우이다. 이런 역량을 가진 강소기업들은 남들이 흉내 낼 수 없는 철학과 비전을 제시함으로써 새로운 비즈니스 모델을 제안하거나 새로운 마케팅 기법과 노하우로 시장을 장악함으로써 차별화에 성공할 수 있었다. 결론적으로 강소기업들은 4가지 종류의 차별화 원천(기술 학습 능력, 기술 설계 및 개발 역량, 비전, 마케팅 역량)을 기반으로 해서 자신만의 성공의 길을 개척했다.

틈새시장에 남보다 먼저 진입했다(하면 된다의 Spirit)

제아무리 차별화 원천을 확보했다 하더라도 시장에서 경제적 가치를 창출하지 못하면 아무런 소용이 없다. 하지만 유통망이나 브랜드가 없는 중소기업이 시장에 뛰어드는 일은 결코 쉽지 않다. 그래서 중소기업이 취할 수 있는 효과적인 방법은 시장 질서가 형성되기 전에 다른 기업보다 먼저 진입하는 것이다. 남보다 먼저 시장에 진입할 때는 정보 부족과 시장에서의 위험을 감수할 수밖에 없다. 미개척 분야를 발굴하고 공격적으로 들어가는 데에는 대단한 용기와 도전정신이 필요하기 마련이다. 미개척 분야는 수요의 불확실성을 감수하면서 고객의 새로운 니즈를 창출해야 하는 힘겨운 과제를 부여한다. 하지만 불확실성이 큰 만큼 성취의 열매도 달콤하다. 일단 틈새시장 개척에 성공하면 큰 효과를 거둘 수 있다. 따라서 과감한 결단과 용기가 필요하다. 강소기업들은 이를 '하면 된다'의 정신과 신바람 경영으로 극복했다. 강소기업들은 대부분 주위의 만류와 우려 속에 미개척 틈새시장에 뛰어들었다. 그들은 무에서 유를 창조하듯이 정신력과 집단 응집력을 발휘하며 시장의 요구에 대응해 나갔다. 이는 마치 산업화 시절 1세대 대기업들이 맨주먹으로 건설, 조선, 자동차 등 미개척 분야에 뛰어들 때의 모습과 흡사했다.

뛰어난 학습 능력으로 문제를 신속히 해결(문제 해결의 Speed)

시장에 먼저 진입한다 해도 고객 수요를 이끌어내지 못하면 허사가 된다. 그만큼 고객 수요 확보가 결정적이다. 강소기업들이 고객 수요를 이끌어내기 위해 주로 사용한 방법은 신속한 문제 해결이었다. 주로 국내외 대기업에 부품을 납품하는 강소기업들은 수요처의 기술적 요구에 신속히 대응함으로써 고객 만족을 실현했다. 특히 사업 초기에 경쟁사보다 두세 배 빠른 기술적 대응력으로 거래를 성사시킴으로써 매출을 확보했다. 새로운 기술 수요에 부응해 아직 세계 시장에 나와 있지 않은 기술을 선제적으로 개발해줌으로써 기회를 잡기도 했다. 그들은 수요처의 까다로운 기술적 니즈에 신속 정확하게 부응할 수 있는 문제 해결 능력을 토대로 국내외 시장을 확보해갔다. 이러한 문제 해결력은 시간이 지나면서 조직적인 학습 능력으로 정착되었다. 거듭되는 수요자 요구에 대응하면서 기술적 경험과 노하우를 축적했던 것이다. 그 결과 해당 분야에서 전문적 기술 역량을 인정받고 전문 기업으로서의 이미지를 쌓았다. 바로 이와 같은 문제 해결 과정은 한국식 속도 경영의 핵심이기도 하다.

그러나 이러한 속도 경영은 단일 고리single-loop 학습에 그친다는 치명적 약점을 안고 있다. 즉 알고 잘하고 있는 기존 분야에서는 수요자 요구에 맞춰 재빨리 수정 보완함으로써 효과를 극대화할 수 있지만, 전혀 새로운 지식을 받아들이고 축적하는 이중 고리double-loop 학습에는 매우 취약하다. 기존의 사업에 대한 가치 규범이나 전략을 따르는 것은 신속하게 잘하지만 새로운 관점과 전략 체제를 재구축하기 위한 지식을 창출하기는 어렵다. 속도 경영이란 '잘하고 있는 기존 분야를 더 잘하게 하는' 단일 고리 학습을 기반으로 삼기 때문이다.

오너의 솔선수범

강소기업은 일반적으로 '하면 된다'의 신념을 앞세워 내부적으로 강한 단결력을 발휘하는 것을 강점으로 삼는다. 그리고 그 단결의 한가운데에는 창업자인 오너의 솔선수범과 리더십이 자리 잡고 있다. 강소기업들의 추진력과 빠른 학습 능력은 창업자를 중심으로 발현되어왔다. 이 또한 산업화 시대 대기업들이 창업자를 핵으로 성공을 거둔 모습과 비슷하다. 창업자들은 대부분은 창업 이전 직장에서 기술 개발이나 영업, 생산 등 경영 과정들을 경험했다. 이 지식과 경험을 바탕으로 기업 활동에 필요한 거의 모든 것을 꾸려나간다. 예를 들어 창업자가 기술 전문가가 아니라면 외부 기술 인력을 영입하여 기술을 익히면서 직접 연구개발에 참여하기도 한다. 반대로 창업자가 세계적인 기술력을 보유한 과학자라면 자신이 잘 모르는 재무, 회계, 공장 관리 등 필요한 경영 지식을 학습하여 보완함으로써 경영 활동을 주도할 수 있다. 이러한 창업자의 주도적인 경영 참여와 솔선수범은 내부 단결력과 학습 능력을 촉발시켜 틈새시장에서 신속하고 적극적인 문제 해결력과 적응력을 발휘하게 한다. 그러나 대기업과 마찬가지로 성공을 거듭할수록 오너 경영의 딜레마도 커지게 마련이다. 성공한 강소기업일수록 더 큰 자본과 새로운 전문 인력들이 필요하다. 창업자인 오너 혼자서 날로 변화하는 시장 환경에 대응하기는 역부족이다. 이러한 오너 경영의 딜레마는 다른 기업들과 마찬가지로 강소기업이 극복해야 중요한 과제이다.

정부 지원책의 효과적 활용

정부 지원은 직접적인 성공 요인은 아니다. 시장 경제에서 정부 지원만으로 경쟁력을 확보할 수 없기 때문이다. 하지만 한국의 혁신형 중소기업들은 정부의 다양한 지원책을 효과적으로 활용함으로써 더 빠른 성장을 할 수 있었다. 기업 초기에 닥치는 위험과 불안정성을 줄이고 성장 기회를 확대하는 방편으로 정부 지원을 활용할 수 있기 때문이다. 예를 들면 기술 창업 기업은 정부로부터 벤처기업 인증을 받음으로써 세금 감면 등의 직접적 혜택을 누릴 수 있다. 그리고 아직 그 존재 가치를 인정받지 못한 창업 기업들이 소위 '사회적 정당성social legitimacy'을 부여받음으로써 금융기관이나 이해관계자들에게 긍정적인 이미지를 심어줄 수 있다. 또한 연구개발을 진행할 때 정부 지원책을 적극 활용함으로써 투자 리스크를 최소화할 수 있다. 예를 들면 창업 초기에는 1억 원 미만의 소규모 우수 연구개발 프로젝트에 지원하는 각종 신기술 지원 제도를 활용할 수 있다. 규모가 크고 장기적인 투자가 필요한 기술 개발은 정부의 국책 연구개발 과제에 참여함으로써 투자 위험을 줄인다. 어느 정도 성장해 일정한 경영 성과를 거둔 이후에는 코스닥 등록을 통해 대규모 자본을 조달하면서 기업 이미지를 높인다. 그 밖에도 정부가 조성한 벤처단지나 첨단 산업 클러스터 등에 좋은 조건으로 입주함으로써 경영의 안정성을 높일 수 있다.

강소기업들에서 발견한 성공 패턴

21세기에 등장한 강소기업의 성공 과정을 다음의 [그림 2-2]와 같이 정리할 수 있다. 이 그림에서 가장 중요한 특징은 강소기업들이 창업의 핵심 동인drive을 분명하게 설정하고 차별화 원천을 조기에 확보한다는 점이다. 기술적 요인T-drive이든, 마케팅 요인M-drive이든, 비전과 철학V-drive이든 한 가지를 명백히 보유한다. 그리고 그것이 잘 발휘되도록 또 다른 원천과 결합한다. 예를 들어 기술적 요인을 핵심 동인으로 삼고 마케팅을 잘 활용하여 시장 친화적 기술 드라이브를 걸 수 있다. 아니면 비전을 추가하여 비전 지향적 기술 드라이브를 추동한다. 그리고 이러한 창업 동인에 뿌리를 내린 차별화 원천을 확보한다. 차별화 원천의 예를 들면 앞에서 설명한 것처럼 제품 설계 및 개발 능력, 조직 학습에 기반을 둔 기술 획득 능력, 비전, 마케팅 역량 등 4가지가 있다.[24]

그림 2-2 강소기업의 성공 패턴

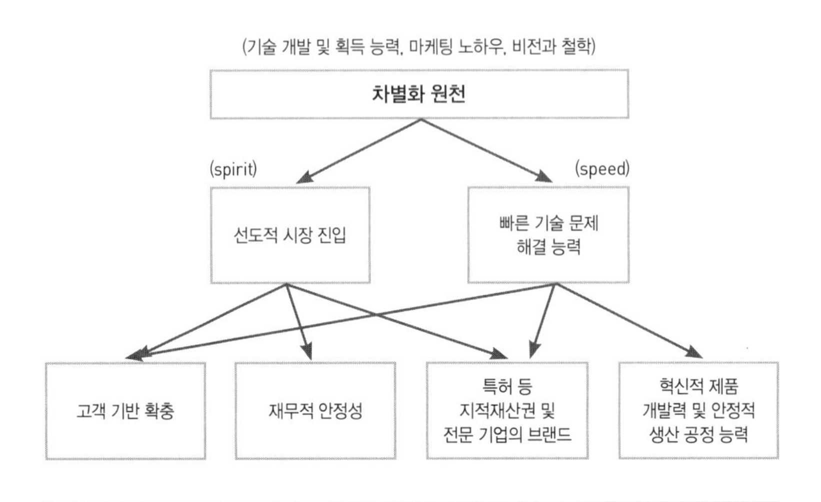

강소기업들은 이러한 차별화 원천을 시장에서 구현하기 위해서 2가지 'S', 즉 Spirit과 Speed를 발현한다. 산업화 시절 대기업들이 그러했듯이 강소기업들은 '하면 된다'의 정신spirit을 가지고 시장에 진입한다. 그리고 고객이 원하는 품질과 가격을 현실화하기 위해 '빠른speed' 문제 해결 능력을 발휘한다. 다시 말해 속도 경영을 기반으로 다른 경쟁 기업들을 제치고 경쟁 우위를 확보해간다. 이렇게 확보한 틈새시장에서 단단한 고객 기반을 구축하고, 안정된 판로와 높은 시장점유율을 획득함으로써 재무 안정성을 이뤄나간다. 또한 자기 분야에서 꾸준한 기술 능력을 축적하고 특허 등의 지적 재산권을 확보함으로써 전문 기업으로서의 기반도 다진다. 아울러 뛰어난 기술적 문제 해결 능력을 토대로 혁신적인 제품 개발이나 글로벌 수준의 품질을 제공할 수 있는 생산 체계를 구축한다.

이러한 공통점을 보이는 강소기업들은 그들이 걷고 있는 성공의 길에 따라 4가지 유형으로 분류된다. 첫째는 새로운 기술 분야를 선도적으로 개척해 신제품을 선도함으로써 경쟁 우위를 확보하는 개척자 유형이다. 이들은 스티브 잡스의 애플과 비슷한 전략을 구사하려 한다. 둘째는 새로운 것보다는 완벽한 것을 추구하면서 특정 분야의 기술을 끊임없이 학습하여 축적하는 장인형이다. 이들은 일본과 독일의 장인 기업들과 비슷한 행태를 보인다. 셋째는 자신의 비전을 실현하는 것이 최우선인 건설가형이다. 이들은 비전과 철학을 실현하겠다는 사명감으로 기업을 운영한다. 넷째는 마케팅 노하우와 시장에 관한 해박한 지식을 바탕으로 경쟁력을 획득해나가는 마케팅형이다. 나이키 같은 기업처럼, 제품의 직접 생산보다는 제품 이미지와 시장점유율 확보를 더 중요시하는 유형이다.

이런 강소기업들의 발전 과정에서 흥미로운 사실을 발견할 수 있다. 그것은 그들이 차별화 원천을 시장에서 구현하기 위해 활용한 경영 방식이다. 그들은 과감한 시장 진입을 시도하는 과정에서 산업화 시대에 태동한 한국식 신바람 경영을 채용했다. 이와 동시에 스피디한 문제 해결을 위해 융합 경영을 사용했다. 이로써 한국식 속도 경영을 실천해나갔다. 이러한 사실은 강소기업들이 1970년대와 1980년대의 산업화 시대를 거치며 구현된 신바람 경영과 1990년대 정보화 시대에 혁신적으로 채용되기 시작한 융합 경영을 21세기 디지털 정보 기술의 변화와 새로운 시장 환경에 맞추어 상호 보완적으로 활용함으로써 지속 가능한 경쟁력을 확보할 수 있었음을 의미한다.

한국식 기업 경영의 1세대 방식과 2세대 방식은 상호 배타적이거나 배치되지 않는다. 그리고 이를 효과적으로 활용함으로써 강력한 경쟁력을 기르는 데 활용할 수 있다. 이것은 강소기업 사례에서도 잘 드러난다. 이렇듯 한국식 경영 방식은 각기 시대의 필요성에 의해 진화의 산물로 개발되었지만 1세대 방식의 추진력이나 2세대 방식의 학습 능력은 21세기에서도 여전히 유효한 역량임이 틀림없다.

강소기업의 성공에서 발견되는 또 다른 흥밋거리는 오너 경영의 중요성이다. 오너인 창업자의 직접 관여와 솔선수범이 기업 경쟁력에 직접적인 영향을 미치는 강소기업들에서도 오너 경영의 딜레마가 그대로 적용된다. 오너의 직관, 과감한 의사결정 등은 성공의 핵심 요인이 되는 동시에 심각한 실패 요인도 되는 양날의 칼이다. 이는 대기업과 크게 다르지 않다.

그 밖에도 1970년대와 1980년대 한국 대기업의 성장 과정에서 중요한 역할을 한 정부의 지원 정책이 강소기업에서도 상당 부분 긍정적 요인으로 작용했다.

요컨대 강소기업의 성공에서 발견한 공통점들은 서구 기업들이나 산업화 이래 한국 대기업에서 나타난 성공 패턴과 흡사하다. [그림 2-2]에서 보는 것처럼 강소기업들은 신바람과 융합의 강점을 동시에 활용한 경영 방식을 채택함으로써 2000년대 디지털 기술의 급속한 발전과 글로벌 시장 환경 변화에 대응하는 경쟁력을 쌓아갔다.

03

생태계 경쟁과 과제

점점 더 예측하기 어려워지는 성공 요인

성공에는 일정한 패턴이 존재한다. 그렇지만 성공 요인을 쉽게 예측할 수는 없다. 과거에는 선진국의 성공이라는 본보기가 있어 이를 분명한 목표로 삼을 수 있었다. 그래서 자본을 동원하고 과감한 시설 투자를 감행하는 추진력이 성패를 갈랐다. 그리고 정보화 물결로 기술의 변화가 심할지라도 기술이 변해가는 방향을 어느 정도 가늠할 수 있었기에 주변의 다양한 기술과 지식을 결합하고 융합해내는 학습 능력이 핵심 성공 요인이 되었다.

하지만 지금은 세상에 존재하지 않는 새로운 제품이나 서비스를 제안해야 하는 극단적인 불확실성이 지배한다. 구체적인 목표가 제시되지 않는데다 무엇을 학습하고 축적할지 그 방향도 명확하지 않은 시대다. 따라서 누가 무엇을 가지고 성공할 수 있을지 예측하기 어려워졌다.

기업이 성공하려면 자본주의 경제 체제의 치열한 시장 경쟁과 환경 변화를 이겨내야 한다. 또한 점점 더 불확실해지는 미래 요구에 적절히 대응해야 한다. 이런 능력과 실천이 성공의 기본 요건임은 분명하다. 하지만 이것으로 충분하지 않다. 시장과 경제는 마치 자연 현상처럼 나날이 복잡계로 진화하고 있다. 우발적 요인이 성공에 더 큰 영향을 미치는 단계로 나아가는 중이다. 따라서 특정한 성공 패턴을 찾아냈다 해도 성공이 언제 어디에서 이루어질지 정확히 파악하는 게 사실상 불가능해졌다.

경영학자들은 오랫동안 기업 성공의 원리와 법칙을 찾으려 애써왔다. 하지만 그 성과가 그리 큰 것 같지는 않다. 아마 성공이 이루어지는 경제계가 평형 상태가 아니고 불안정한 비평형 상태에 더 가깝기 때문일 것이다. 지진이나 산불과 같은 자연 현상이나 전쟁과 재해 같은 사회 현상 등은 과학적으로 예측하기 어렵다.[25] 성공이라는 경영 현상도 이와 비슷하다. 그만큼 예측하기 어려워지고 있다. 성공도 지진이나 산불, 재해 등처럼 어떤 임계 상태에서 발생한다는 말이다. 임계 상태에서는 미세한 움직임이나 원인에 의해서도 엄청난 격변이 일어나며 세상이 뒤바뀐다. 하지만 그 격변이 언제 어느 정도의 크기로 일어날지는 좀처럼 예측하기 어렵다.[26]

구글과 페이스북의 성공 사례를 보면 산업계에서 엄청난 격변이 순식간에 일어남을 발견하게 된다. 우리는 규모가 큰 성공일수록 그에 어울리는 거대 원인이 존재한다고 여긴다. 그리고 기업의 큰 노력이 뒷받침되었으리라 짐작한다. 하지만 실제는 다르다. 사소한 차이나 작은 원인이 그것을 만들어내는 경우가 많다. 기업의 능력이나 노력이 차지하는 몫보다도 운이나 기회와 같은 우발적 자극이 더 중요해지고 있기 때문이다. 따라서 누가 미래에 성공할 것인가를 예측하기가 몹시 어렵다.

그래도 분명한 사실은 존재한다. 미래는 우리가 상상조차 못했던 새로운 도전 과제를 끊임없이 우리에게 던질 것이다. 그리고 생각지 못했던 새로운 인물이나 기업이 등장해 이 과제를 풀어내며 승자의 지위에 올라 성공을 구가할 것이다.

성공을 가늠하기 어려운 극단적 불확실성의 시대에는 그에 걸맞은 새로운 패러다임과 경영 방식이 요구된다. 지금껏 한국 기업들이 추진했던 경영 방식 외에 새로운 혁신 패러다임이 필요한 이유가 바로 여기에 있다. 한국 기업들은 그동안 내부 혁신 활동을 통해 차별화 원천을 확보하고 성장 기반을 마련했다. 이 내부 혁신 활동을 성공적으로 뒷받침한 것은 한국식 기업 경영의 대표 패러다임인 신바람 경영과 융합 경영이다. '하면 된다'는 정신spirit을 앞세운 강력한 추진력과 빠른 학습이라는 '속도speed'에 기반을 둔 정보력으로 국내외 시장에서 경쟁력을 확보할 수 있었다. 그러나 앞으로도 이 2가지 'S'에 의한 내부 혁신만으로 지속 가능한 경쟁력을 만들어내지는 못할 것이다. 내부 혁신보다는 개방형 혁신을 통해 다양한 아이디어 원천을 확보하는 것이 더욱더 중요해지고 있기 때문이다.

21세기에는 추진력과 정보력에 덧붙여 창조력이 있어야만 비로소 지속 가능한 생존 기반과 성장 동력을 확보할 수 있다. 남의 것을 따라 하는 차원을 넘어 세상에 없는 제품과 서비스를 제안할 수 있어야 성공의 길로 들어서게 된다. 그래서 21세기를 지배하는 창조경제creative economy에서 가장 중요한 가치 창출 요인으로 노동과 자본, 그리고 기술을 뛰어넘는 상상력과 창조성이 급부상했다. 이때 창조성은 폐쇄적인 대규모 연구개발 조직보다는 개인 또는 작은 조직의 아이디어들로부터 창출될 가능성이 더 크다.

'하면 된다'의 저돌적 추진력보다는 '다르게 생각하는think different' 능력과 경계를 허물며 무한으로 확장되는 '편집증적인 상상력paranoid'이 한층 중요해졌다. 뛰어난 기술 학습 능력으로 우수한 성능과 품질의 제품들을 재빨리 쏟아낸다 해도 차원을 달리하는 디자인과 서비스 앞에서는 무용지물이 되기 때문이다.

이제 속도 경영만으로는 21세기를 버텨낼 수 없다. 새로운 경영 방식의 실험이 절실히 필요하다. 새로운 경영 방식은 내부로부터의 혁신보다는 외부로 눈을 돌려 기회를 찾고 끈기와 정성으로 기다리며 기회를 포착하여 획기적인 성장 모멘텀을 만들어내는 것을 목표로 해야 한다. 이 경영 방식이 추구하는 핵심적 행동 양식은 '끈기와 정성으로 간절히 기회를 찾는 것seek'이며 그 결과 창조력이라는 핵심 역량을 획득할 수 있을 것이다. 미래는 신바람 경영의 추진력과 융합 경영의 정보력에 이어 창발 경영의 창조력이 성공의 관건이 될 것이다.

기업은 사활을 걸고 경쟁 우위의 확보에 나서고 있다. 하지만 오랫동안 경쟁 우위를 유지하기가 갈수록 어려워진다. 기업 간 경쟁이 격화되고 있기 때문이다. 다트머스 대학의 리처드 다베니는 1994년에 출간한 책[27]에서 기업 간 경쟁이 격화되어 경쟁 우위의 지속이 어려워지는 상황을 '무한 경쟁hypercompetition'이라고 명명했다.[28] 미국 기업의 지속적인 경쟁 우위를 조사한 실증 연구 결과를 보면 이 단어를 체감할 수 있다. 10년 이상 경쟁 우위를 지속한 기업은 극소수이다. 그나마도 시간이 흐를수록 경쟁 우위를 유지하는 기간이 더 짧아지는 경향을 보인다.[29] 따라서 성공한 기업은 경쟁 우위를 장기간 안정적으로 유지하는 기업이 아니다. 대부분 일시적인 경쟁 우위temporary advantage를 쇠사슬처럼 연결함으로써 장기간 좋은 성과를 유지하고 있는 것처럼 보일 뿐이다.[30]

한국의 성공 기업들이 현재 가지고 있는 경쟁 우위 역시 지속적인 게 아니라 일시적인 것이라 할 수 있다. 따라서 이러한 '일시적 경쟁 우위'를 연속적으로 획득해나가는 준비가 필요하다. 특히 속도 경영에 기반을 둔 현재의 경쟁 우위가 한계점에 도달했다는 점을 고려할 때 새로운 경쟁 우위를 창출할 경영 방식을 시급히 만들어낼 필요가 있다.

새로운 경영 방식이 필요한 이유

경제적 부가가치를 만들어내는 가치 사슬value chain의 진화 과정을 살펴보면 속도 경영의 한계를 짐작할 수 있다. 지난 100년 동안 기업들은 파이프라인 모형의 가치 사슬을 통해 이익을 창출해왔다. 에디슨의 발명을 떠올려보면 이해하기 쉽다. 일단 창의적 아이디어가 발명으로 실현된다. 그리고 개발, 생산, 그리고 영업이라는 일직선적 과정을 차근차근 밟으며 고객 만족이라는 목표를 향해 나아간다. 결국 고객 네트워크나 브랜드와 같은 무형의 자산 가치가 만들어지는 형태로 발전한다. 한국 기업들은 이러한 파이프라인 모형의 가치 사슬 중에서 '개발-생산-영업'이라는 가치 사슬의 중심부를 개척함으로써 글로벌 시장에서의 경쟁력을 확보했다. 그런데 이 중심부에서 뽑아낼 수 있는 이윤의 잠재력이 점점 고갈되고 있다는 점에서 문제가 생겼다. 자동화와 정보통신 기술의 발달로 연구개발의 결과물을 후발 주자들이 쉽게 따라잡을 수 있게 되었다. 따라서 신제품을 내놓고도 충분한 이윤을 확보할 시간을 확보하기 어렵다. 천신만고 끝에 개발에 성공한 신제품도 소위 '마진이 거의 없는 공산품commodity'으로 순식간에 떨어질 위협에 처했다. 낮은 인건비로 무장한 후발 개도국들의 추격으로 제품 수명은 점점 더 짧아지고 있다. 요컨대 개발 → 생산 → 영업으로 이어지는 속도전에 브레이크가 걸리고 있는 상황에 처했다.

이제 한국 기업들은 오래전부터 선진국 기업들이 해온 것처럼 가치 사슬의 취약 지대에서 벗어나야 한다. 이를 위해서는 아이디어 원천에 좀 더 가깝게 접근하여 특허권 등 지적 자산을 보장받음으로써 새로운 가치를 창출해야 한다. 그리고 고객 관계로부터 새로운 사업 기회를 발견하고 브랜드 가치를 추구해야 할 필요가 있다. 이것은 가치 사슬 중에서 좀 더 부가가치가 높은 창의적 아이디어와 고객 관계 및 네트워크라는 양 끝단으로 기업 활동을 이동시켜야 함을 의미한다. 하지만 창의적 아이디어나 고객 네트워크의 구축은 속도 경영만으로는 얻을 수 없는 것들이다. 아이디어의 원천과 고객의 특성은 끊임없이 변화하기 때문이다.

무엇보다도 세계적으로 개방된 정보 시스템에 따라 아이디어가 민주화되고 있다. 이제 평범한 사람들도 세상을 뒤흔들 창의적 아이디어를 낼 수 있게 되었다. 과거에는 소수의 천재적인 발명가나 석·박사 인력으로 채워진 대규모 연구개발 조직에서 창의적 아이디어가 나오고 발명이 이루어졌다. 그러나 이제는 양상이 달라졌다. 대중의 학력 수준이 높아지고 인터넷 혁명으로 정보 기술이 확산되었다. 평범한 개인이나 소규모 조직도 얼마든지 창의적 아이디어의 원천이 될 수 있다. 이에 따라 새로운 혁신을 위해 다양한 외부 아이디어 원천을 적극 활용하는 소위 '개방적 혁신open innovation'이 대세를 이루게 되었다.

미국의 연구개발 통계를 보면 소규모 기업 조직이 차지하는 비중이 1981년 4.4퍼센트에서 2001년 25퍼센트로 급속히 증대된 것을 알 수 있다.[31] 이렇듯 아이디어와 혁신의 원천이 다양화하는 반면 내부 발명 → 개발 → 생산으로 이어지는 폐쇄적이고 일직선적인 가치 사슬 모델은 갈수록 위축되고 있다.[32] 연구개발 투자 비용이 높기로 유명한 제약이나 반도체 산업은 이런 현상을 잘 드러내는 사례다. 개발 비용은 수천억 내지는 조 단위로 엄청나게 치솟고 있지만 정작 개발 성과는 떨어지는 현상이 나타난다. 이것은 폐쇄적이고 일방적인 속도 경영이 한계에 다다랐음을 의미한다.

이와 함께 고객이 가치 사슬 과정에 직접 참여하여 스스로 가치 창출 활동을 시작했다는 사실에 주목해야 한다. 지금까지 고객은 가치 사슬의 완결지점으로서 수동적 소비자에 불과했다. 특히 산업화 시대 이후 고객은 기업이 자동차, TV, 냉장고 등의 상품을 대량으로 만들어내면 그것를 대량으로 소비해내는 기능만을 했다. 그러나 지금의 고객들은 생산 과정이나 심지어 연구개발 과정에까지 참여함으로써 자신이 원하는 제품과 서비스를 직접 만들기를 원한다. 우리는 그 전형적인 사례를 게임 산업에서 찾아볼 수 있다. 고객은 게임 소프트웨어를 사고 이용료를 내지만 게임 속에서 스스로 경험을 창조하면서 생산 활동에 직접 참여하는 셈이다. 인터넷 검색 서비스도 고객이 그 서비스를 만드는 동시에 소비도 하고 있다. 따라서 고객의 의견을 무시한 채 신제품 개발과 제품의 공급을 재빨리 해낸다고 해서 결코 성공을 보장받을 수 없다.

한국 기업들은 가치 사슬 상의 위치를 좀 더 부가가치가 높은 곳으로 이동해야 할 과제를 안게 되었다. 새로운 혁신이 필요한 시점에 왔다.

그런데 세계적 경영학자 게리 해멀은 이러한 혁신을 [그림 2-3]과 같은 4가지 단계로 설명했다.[33] 혁신에는 운영 혁신, 제품 혁신, 전략 혁신, 그리고 경영 철학 혁신이 있는데, 상위 계층의 혁신일수록 더 많은 부가가치를 창출하고 더욱 견고한 방어 능력을 갖춘다고 한다. 산업화 시대의 한국 기업들은 혁신의 최하위 단계인 운영 혁신을 중심으로 가치 창출을 했다. 이때 운영 혁신이란 구매, 제조, 마케팅, 애프터서비스 등 회사의 사업 프로세스를 개선하는 것을 말한다. 이러한 운영상의 혁신은 경쟁자들이 쉽게 모방하거나 추월하기 쉽다. 특히 세계의 생산 기지로 발전한 중국의 기업들은 운영 혁

그림 2-3 **혁신의 단계**

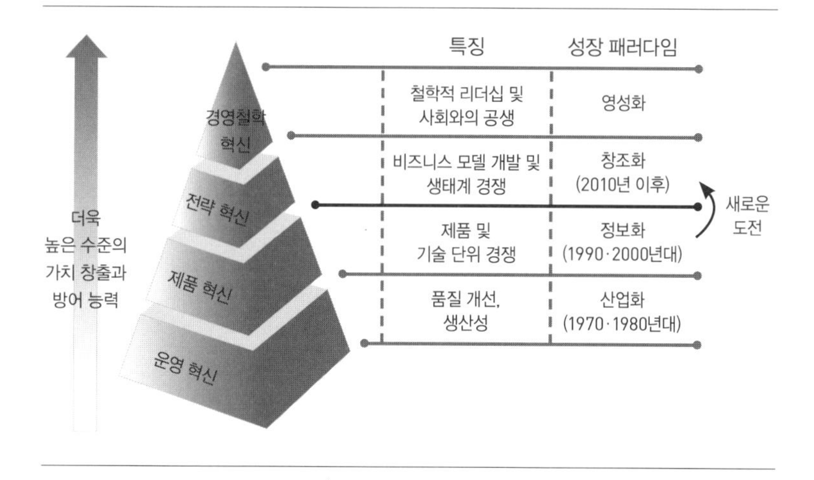

신의 성과들을 손쉽게 무너뜨렸다.

한편 1990년대 대기업들과 2000년대에 본격적으로 등장한 강소 기업들은 '개발–생산–영업'의 가치 사슬을 더욱 정교화함으로써 위기를 극복하고 새로운 기회를 잡았다. 이들은 가치 사슬 상에서 경쟁력을 마련하기 위해 운영 혁신의 상위 단계인 제품 혁신을 통해 경쟁력을 확보했다. 제품 혁신이란 하나의 탁월한 상품으로 단숨에 시장을 평정하는 것을 말한다. 글로벌 경쟁력을 갖춘 한국 기업들이 차별화 원천으로서 제품 혁신 능력을 지니고 있다는 사실이 이런 주장을 뒷받침한다. 그러나 문제는 이러한 제품 혁신만으로는 산업 내에서 리더십을 오래 지켜내기 어렵다는 점이다. 일시적인 경쟁 우위에 그칠 가능성이 크다. 상위 단계에 위치를 둔 전략 혁신으로 이동해야 하는 이유가 바로 여기에 있다.

전략 혁신이란 경쟁 기업들을 꼼짝 못하게 만들 대담하고 새로운 비즈니스 모델을 제시하는 것을 말한다. 이를 위해서는 속도 경영의 한계를 극복할 수 있는 새로운 경영 패러다임을 만들어내야 한다.

현재 한국에서 성공한 대기업이나 강소기업들은 기존의 차별화 원천이 가져다주는 경쟁 우위가 과연 얼마나 지속될지 고민을 거듭하고 있다. 제품 혁신에 기반을 둔 경쟁 우위만으로는 경쟁자의 추격을 따돌리기 어려워졌다는 사실을 피부로 느끼기 때문이다. 이제 부가가치 창출 능력이 크고 진입장벽이 높은 다음 단계의 혁신에 도전하지 않을 수 없다. 이제는 제품 단위가 아니라 전략 단위로 혁신을 해야 한다. 제품의 기술적 우수성만으로 승부하기보다는 제품과 서비스를 둘러싼 이해관계자들의 관계 전체를 포괄적으로 지배하는 데 주안점을 두어야 한다. 특히 경쟁의 룰을 주도함으로써 높은 수준의 가치 창출과 진입장벽을 만들어내야만 한다. 이를 위해서는 먼저 기존의 성공 방식에서 벗어나야 한다. 여러 차례 강조했듯이 우수한 비즈니스 모델은 내부의 아이디어나 추진력보다는 외부 아이디어 원천과 고객 관계로부터 창출될 가능성이 높기 때문이다.

생태계 전쟁과 전략 혁신

전략 혁신은 새롭고 대담한 비즈니스 모델을 기반으로 다양한 이해관계자들을 모으고 자기 주도적인 생태계를 형성함으로써 막대한 시장 가치와 경쟁 기업을 제압하는 힘을 만들어내는 것을 말한다. 디지털 음악 시장을 평정한 것은 전통적 레코딩 회사가 아니라 아이튠즈라는 새로운 비즈니스 모델을 들고 등장한 애플이었다. 애플은 소프트웨어(아이튠즈, 앱스토어)와 음악, 영화 등 콘텐츠를 자신의 하드웨어 기기(아이팟, 아이폰, 아이패드)에 묶어 고가에 파는 비즈니스 모델을 제안함으로써 일약 세계 최고의 기업 가치(2014년 기준 6,400억 달러)를 가진 회사로 도약했다. 또한 구글은 부단한 전략 혁신을 통해 검색 광고를 인터넷(구글닷컴)에 이어 모바일(안드로이드폰)과 TV로까지 확장하고 있다.

이러한 전략 혁신형 기업이 어느 날 갑자기 출현하는 건 결코 아니다. 이케아IKEA는 1950년대에 어렵게 가구 산업에 진출했지만 DIY라는 새로운 비즈니스 모델을 제시함으로써 세계적인 가구 회사로 도약했다. 이케아의 전략 혁신은 가구라는 제품 단위의 혁신이 아니었다. 사람들이 가구를 구매하고 다루는 '방식' 자체를 바꾸는 데 초점을 두었다. 조립 연장 하나만 있으면 가구를 직접 만들며 실력 발휘를 할 수 있는 DIY 상품을 통해 고객과 함께 새로운 가치를 창조한 것이다.

한국 기업 중에도 일찍이 전략 혁신을 통해 새로운 비즈니스 모델을 제안하여 경쟁력을 확보한 경우가 적지 않다. 이들은 1990년대 후반부터 2000년대 초반 인터넷 버블기에 등장했다. 우리나라 최초의 소셜네트워크 서비스인 싸이월드, 세계 최초의 무료 인터넷 전화 서비스인 새롬기술의 다이얼패드 등이 대표적이다. 그리고 인터파크는 국내 최초로 인터넷 쇼핑몰 비즈니스 모델을 제시함으로써 국내 1인자로 등극했다. 넥슨은 세계 최초로 유료 게임 서비스라는 비즈니스 모델을 제시하여 비약적 성장 기회를 잡았다. 지금은 초대형 기업의 면모를 갖춘 NHN도 지식인과 같은 차별적인 비즈니스 모델을 기반으로 인터넷 검색 시장을 지배했다.

앞으로 글로벌 시장에서 전략 혁신에 기반을 둔 비즈니스 모델 간 경쟁이 더욱 치열해질 것이다. 이는 글로벌 시장에서의 경쟁 우위는 제품 단위가 아니라 각 비즈니스 모델을 지지하는 생태계에 의해 결정됨을 뜻한다. 우리는 일상에서 이런 생태계 간 전쟁을 관찰할 수 있다. 예를 들면 모바일 플랫폼을 둘러싸고 구글 생태계와 애플 생태계 간의 불꽃 튀는 경쟁을 벌이고 있다. 스마트폰 시장에서는 삼성전자와 애플, 그리고 중국 업체들 사이의 시장점유율 경쟁이 처절하게 펼쳐진다. 모바일 메시징 서비스 시장에서도 미국의 왓츠앱, 중국 텐센트의 위챗, 한국의 라인과 카카오톡 등의 경쟁이 존재한다. 앞으로 글로벌 시장을 둘러싼 비즈니스 생태계 경쟁은 더욱 뜨거워질 것이다.

따라서 앞으로 비즈니스 경쟁력은 개별 기업의 활동이 아니라 기업을 둘러싸고 있는 다양한 공급자, 보완자, 구매자 등으로 구성된 네트워크 즉 생태계 수준에서 결정될 것이다.[34] 시장에서의 경쟁이 개별 기업 간의 경쟁에서 비즈니스 생태계 간의 경쟁으로 변모하기에 참여 기업들의 우수한 역량과 이해관계자들 간 결속이 한층 중요성을 띤다. 이러한 비즈니스 생태계 안에는 고객은 물론 벤처·중소기업과 대기업, 중견기업 등이 공존하며 이들을 지원하는 정부, 대학 및 연구기관들도 있다. 또한 자금을 공급하는 은행, 투자자, 벤처캐피탈 등도 함께한다. 이러한 비즈니스 생태계는 참여하고 있는 다양한 구성 요소들의 결합 방식, 기업의 특성, 그리고 산업의 성격에 따라 차별화된 속성을 지닌다. 이러한 속성들은 생산성(효율성), 전략적 고착성, 네트워크 확장성, 개방성, 통제력 등 5가지 핵심 차원에 따라 이해할 수 있다.

① 생산성: 생산 과정에 필요한 노동, 자본, 원재료 등 소요되는 자원의 투입량과 이에 대한 효율적 결합과 사용을 의미한다. 즉 투입 대비 산출량, 비용 절감, 제품 생산 속도 등을 얼마나 중시하느냐를 나타낸다. 전통적으로 생산성은 모든 비즈니스 생태계에서 중요시하는 차원이지만 특히 제조 산업에서 한층 더 중요하게 여기는 속성이다.

② 전략적 고착성: 브랜드, 문화적 공감대, 경영 이념 등 비즈니스 생태계에서 제공하는 메시지의 이해와 이를 기억하는 정도를 나타낸다. 브랜드 충성도, 문화적 동질감, 팬덤fandom[35] 등이 그 예이다. 전략적 고착성에서는 생태계 내에서 메시지를 전달하는 특수한 방식이 중요하며, 강한 전략적 고착성을 가진 생태계는 작은 정보와 변화에도 매우 큰 파급 효과를 일으킬 수 있다.

③ 네트워크 확장성: 비즈니스 생태계를 구성하는 다양한 이해관계자들 간의 네트워크 구축과 확산의 용이 정도를 의미한다. 이는 생태계를 구성하는 요인들 간 정보, 유통망, 기술 등 보유 자원들을 공유함으로써 비즈니스 생태계 자체를 확장시키고, 효율성 증대를 통해 전체 생태계의 파이를 확대하는 효과가 있다.

④ 개방성: 다양한 외부 자원들을 비즈니스 생태계 내로 진입시키고 사용하기 쉽게 하는 개방의 정도를 말한다. 신규 기업들과의 손

쉬운 협력 관계 구축이나 다양한 외부 아이디어의 수집과 활용 등이 여기에 해당한다. 이 개방성은 비즈니스 생태계 외부의 요인들이 생태계 내로 진입하기 편함을 나타내는 것으로, 최근 많은 기업이 오픈 플랫폼open platform 전략을 통해 외부의 역량 있는 파트너들을 유인하고, 다양한 창의적 아이디어들을 수집하는 활동을 벌이는 등 개방성을 증대시키고 있다.

⑤ 통제력: 비즈니스 생태계를 구성하는 여러 이해관계자에 대한 중심 기업, 즉 플랫폼 리더의 통제력을 의미한다. 생산성 증대와 효율성을 강조하는 비즈니스 생태계에서 특히 중요하게 여기는 속성으로서 협력사에 대한 강력한 통제력을 바탕으로 수직 계열화의 효과를 극대화할 수 있다.

일반적으로 비즈니스 생태계는 생존 방식에 따라 위의 5가지 핵심 차원들에 대한 속성이 다르기에 다음과 같은 유형들로 구분해볼 수 있다.

첫째는 Eeconomic·efficiency—생태계로서 경제·효율 비즈니스 생태계이다. E—생태계는 대량생산, 생산 속도, 생산 효율성을 중시하며 산업화 시대 이후 꾸준히 발전해왔다. 이 생태계는 내부 역량의 강화와 공급 사슬의 효율성을 강조한다. 그리고 협력 기업들과의 수직적 협력 관계를 기반으로 원가 절감과 제품 생산 효율성 제고에 주력한다. 대표적인 E—생태계로는 토요타Toyota를 들 수 있다. 토요타는 JITJust-In-Time 생산 시스템을 통해 생산의 효율성을 꾀하고, 철저한 직원 관리와 교육을 통한 내부적 혁신과 협력사와의 강력한 유

그림 2-4 E-생태계의 예

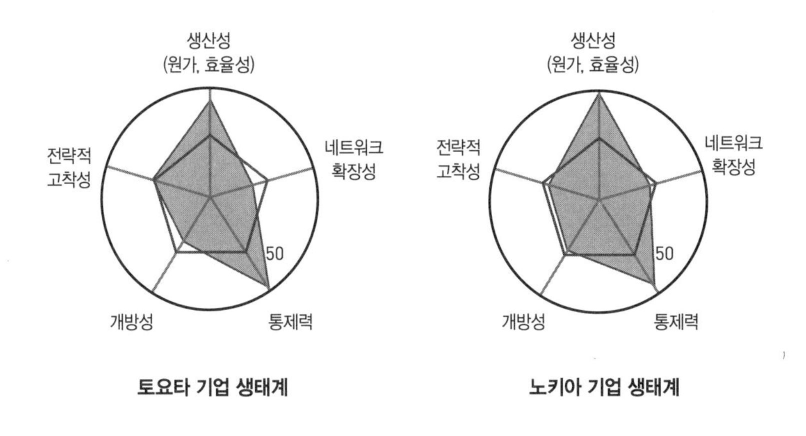

대 관계를 중시하며 전형적인 E-생태계를 구축하고 있다.

둘째는 Cculture·creative-생태계인데 이는 문화·창조 비즈니스 생태계이다. C-생태계는 브랜드에 대한 공감대, 문화적 동질감, 창의성 등을 중시한다. 이것은 최근 인터넷과 SNS 등의 발전에 따라 소프트웨어나 콘텐츠 관련 산업에서 많이 나타난다. 이들은 디자인과 창의성, 고객의 참여도 등에 주력한다. 이 생태계는 제품과 서비스의 독창성과 유통의 개방성을 강조하며 강력한 고객 충성도와 고객의 참여를 기반으로 경쟁력을 구축한다. 대표적인 C-생태계 기업으로 페이스북Facebook을 들 수 있다. 페이스북은 모바일 환경에서 플랫폼 리더 역할을 하며 SNS 이용자 특성에 맞는 광고 서비스를 제공하는 등 고객과의 소통에 적극적이다. 페이스북 생태계는 자유롭게 서비스에 참여할 수 있는 개방성을 확보하며 고객들의 자유로운 SNS 활동을 통해 네트워크를 끊임없이 확장하고 있다.

그림 2-5 C-생태계의 예

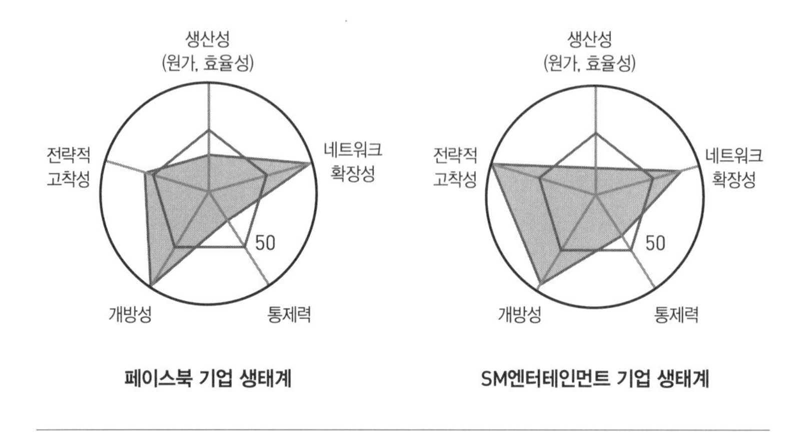

셋째는, 복합complex 비즈니스 생태계이다. 이 비즈니스 생태계는 경제·효율 비즈니스 생태계와 문화·창조 비즈니스 생태계의 특징들을 결합하고 있다. 최근 많은 기업들이 글로벌 시장의 빠른 수요 변화에 대처하고 새로운 기회를 탐색하기 위해 복합 생태계를 추구하고 있다. 복합 비즈니스 생태계는 소프트웨어 중심의 플랫폼과 하드웨어 제조 역량을 유기적으로 결합하려 한다. E-생태계에서 강조하는 공급 사슬의 효율성을 중시하면서도 C-생태계의 속성인 소비자와의 참여와 소통 등을 추구하며 플랫폼의 개방성과 네트워크 확장성을 강조한다. 복합 비즈니스 생태계의 대표적인 기업으로 애플Apple을 들 수 있다. 애플은 개인용 컴퓨터 등 하드웨어 중심의 기업에서 출발해 획기적 변모를 보였다. 애플은 2007년 아이폰 출시와 함께 앱스토어라는 응용 소프트웨어 플랫폼을 개방함으로써 복합 비즈니스 생태계로 진화했다. 애플은 비록 자체 공장이나 수직 계열

그림 2-6 **복합 비즈니스 생태계**

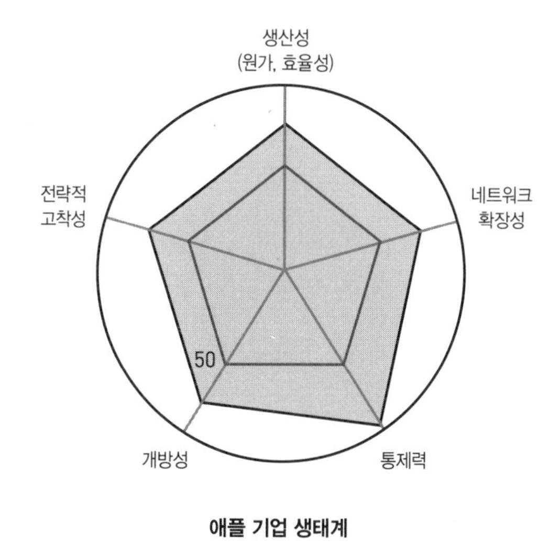

애플 기업 생태계

화된 협력 업체를 전혀 갖고 있지 않지만, 외부의 부품 및 조립 업체들과의 공급 계약으로 강력한 원가 통제력을 유지하고 있다. 그리고 애플 특유의 문화를 기반으로 강력한 전략적 고착성을 확보했으며 아이튠즈와 앱스토어 등을 기반으로 개방성과 네트워크 확장성을 유지하고 있다.

현재 한국 경제를 견인하는 대표 기업들은 휴대폰이나 자동차 산업에서 보듯이 글로벌 수준의 제품을 출시하고 있다. 그러면서 경제·효율 중시의 전형적인 E-생태계를 형성하고 있다. 이러한 한국 기업들의 비즈니스 생태계는 후발 주자들의 추격과 하드웨어 기반 경쟁력의 기술적 한계점에 노출되어 있다. 특히 애플, 구글, 페이스북 등과 같은 글로벌 기업들보다 전략적 고착성, 네트워크 확장성,

그림 2-7 **한국 기업들의 비즈니스 생태계 혁신 방향**

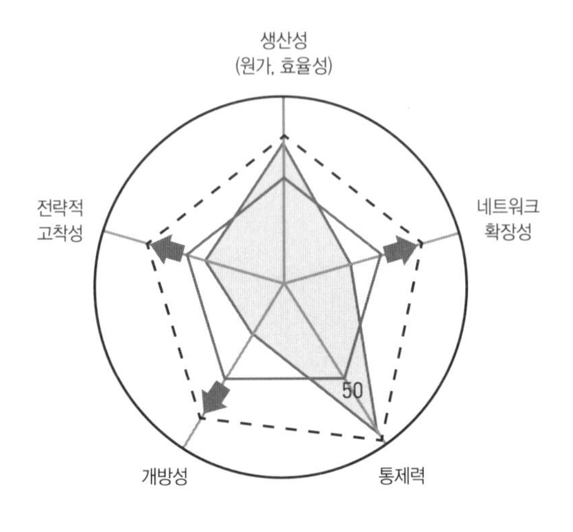

개방성 등이 부족한 실정이다. 따라서 경제성과 효율성을 중시하는 한국의 대표 기업들은 기존의 E-생태계 위에 문화적 공감대와 창의성을 기반으로 하는 C-생태계의 속성을 결합함으로써 복합 비즈니스 생태계로 발전할 필요가 있다. 이를 위해서는 글로벌 시장을 상대로 현재 부족하다고 평가되는 전략적 고착성, 네트워크 확장성, 개방성 등을 강화해야 한다.

전략적 고착성의 강화를 위해서는 기업의 고유한 문화적 역량을 배양하고, 글로벌 시장에서 문화적 공감대를 형성해야 한다. 네트워크 확장성을 강화하기 위해서는 현재 보유하고 있는 기술과 노하우를 이해관계자들(플랫폼 구성 요인)과 공유하고, 이를 통해 자연스럽게 플랫폼의 확장이 이루어지고 생태계 전체 파이가 저절로 커질 수 있게 해야 한다. 또한 개방성 강화를 위해서 소프트웨어 부문을 강화하고, 아이디어를 보유한 신생 벤처 및 중소기업, 그리고 고객들의 참여를 유도할 필요가 있다.

그런데 전략적 고착성, 네트워크 확장성, 개방성 등 C-생태계의 핵심 속성들은 기존의 융합 경영에 의한 속도 경영만으로는 축적할 수 없는 것들이다. 이 핵심 속성들은 다른 기업들과 유사한 제품이나 서비스를 고급화해서 빠르게 공급한다고 얻어지는 것이 아니기 때문이다. 이는 세상에 나오지 않은 새로운 제품이나 서비스를 제안하는 등 새로운 무언가를 만들어내는 창조적 능력이 있어야 가능하다. 따라서 속도전에 능한 기존의 경영 방식으로는 얻어질 수 없다. 그래서 한국 기업들의 고민이 깊어지고 있다.

재벌 기업이 위험한 이유

지금까지의 이야기에 비추어볼 때 한국을 대표하는 성공 기업들은 현재 구조적으로 위기에 봉착해 있다고 평가할 수 있다. 20년 전에 그랬듯이 새로운 경영 방식으로 총체적으로 혁신하지 않는다면 안타까운 결과가 초래될 수도 있다. 30대 그룹 중 절반이 망하고 강소기업들이 줄줄이 도산하는 아픔이 재현될 가능성을 배제할 수 없다. 창조경제의 도래와 함께 속도 경영의 강점이 이미 한계점에 도달했기 때문이다. 한국을 대표하는 성공 기업들의 위기는 곧바로 한국 경제의 위기로 이어지는 것은 당연한 귀결이다. 30대 그룹에 대한 경제 의존도는 점점 심화되었다. 그중에서도 삼성, 현대자동차, SK, LG 등 4대 그룹이 자산, 매출, 이익에서 차지하는 비중은 압도적이다. 2012년을 기준으로 할 때 4대 그룹이 30대 그룹 전체 순이익의 80%를 차지할 정도이다. 특히 삼성과 현대자동차 양대 그룹의 매출이 GDP에서 차지하는 비중이 절대적이다. 2012년에는 35%에 육박했다. 삼성이 23%, 현대차가 12%를 차지했다. 그런데 사실상 한국 경제를 이끌고 있는 두 기업의 부진이 현실화되면서 한국 경제의 장기 침체에 대한 위기감이 퍼지고 있다.

사람들은 삼성과 현대 등 대표 기업들이 위기에 처한 이유를 보통 매출이나 영업이익의 급격한 감소 등 어닝쇼크에서 찾곤 한다. 실제로 삼성전자는 2014년 2분기 실적에서 전년 동기 대비 매출과 영업이익이 10%와 25% 가까운 급락세를 보였다. 그러나 이러한 재무 성과는 표면적일 뿐이다. 그보다는 근본적인 곳에 그 원인이 숨어 있다. 중국 기업 등 경쟁 기업들의 시장 진입, 시장의 성숙도와 포화 속도 등이 그것이다. 이와 함께 현재의 성장 동력인 효율성 중시의 대량생산 체제가 한계에 봉착했지만 새로운 시장을 창출하는 창조적 능력이 부족한 점 등을 지적할 수 있다.[36]

그리고 여기에 한국식 경영에 대한 비판이 단골 메뉴처럼 등장했다. 과거에 그랬듯이 한국식 기업 경영의 소위 '전근대성'이 비판의 도마에 올랐다. 오너 경영의 문제점, 군대식 조직 문화와 글로벌 인재를 끌어들이지 못하는 폐쇄성, 그리고 3세대 가업 승계의 문제까지 지적의 대상이 된다.

그런데 한국식 기업 경영 '전근대성'의 핵심을 이루는 오너 경영, 다각화, 가업 승계의 문제를 확 뜯어고친다면 21세기에도 지속 가능한 경쟁력을 확보하고 또다시 성공신화를 써내려 갈 수 있을까? 앞에서 말했지만 우리에게는 서구 이론과 성공 경험을 근본적 처방으로 삼고 이것을 그대로 옮겨 심어 성공에 도달한 경험이 없다. 단지 산업화와 정보화 과정에서 이것을 배우고 참고하였을 뿐이다. 또한 성공이란 수학 공식처럼 획일적으로 설명될 수 없는 역사성을 갖는다. 어떤 균형점이 존재하는 평형계의 현상도 아니다. 격변 속에서 탄생하고 사라지는 비평계의 현상일 뿐이다. 한국식 기업 경영의 성공도 이론적 모델이나 공식으로 설명될 수 없다. 이것은 역사적인 진화 과정에서 탄생했으며 미래에도 역시 새로운 방식으로 진화가 일어날 것이다. 진정으로 중요한 일은 위기와 기회를 반복하면서 축적된 패턴을 인식하고 그 패턴이 의미하는 바를 해석해냄으로써 미래 환경 변화에 대한 대응력을 높이는 것이다. 이때 고정된 이론적 관점이나 규범적 처방을 경계해야 한다. 과거를 이론적으로 분석하고 해석할 수는 있다. 하지만 미래 세상을 특정 이론에 따라 짜맞추지는 못한다.

그렇다면 한국식 기업 경영의 '전근대성', 즉 오너 경영, 다각화, 가업 승계란 어떤 문제를 안고 있는가? 앞에서 정보화 시대의 위기 극복 과정을 다루며 설명했듯이 이것들은 성공과 실패 요인 그 자체가 아니다. 한국 기업들의 역사적 존재 양식의 일부로 보아야 할 것이다. 성공 요인인 동시에 실패 요인으로도 작용하는 양날의 칼이다. 따라서 시대적 변화에 맞추어 바뀌고 개선되어야 할 요인으로 간주하는 게 타당하다. 오너 경영의 폐해와 부의 대물림이 우려되는 가업 승계는 수많은 논란의 대상이 된다. 그러나 21세기 들어와 불확실하고 급변하는 경영 환경에서 실패의 위험을 무릅쓰고 과감한 투자 결정을 할 수 있는 오너 경영의 강점이 오히려 더 부각되고 있는 것 역시 엄연한 사실이다. 세계 경제를 주도하고 있는 애플, 구글, 페이스북, 아마존 등 선진국 성공 기업들에서도 오너 경영자의 리더십이 효과를 발휘하고 있다.

그러나 오너 경영의 장점이 곧바로 성공 요인으로 이어지지는 않는다. 특히 특유의 가족주의와 순혈주의 세습제를 특징으로 하는 한국식 오너 경영 체제에 강점만 있는 것은 아니다. 한국식 오너 경영은 서구는 물론 같은 아시아권인 일본이나 중국과도 다른 특성이 있다. 장자 상속과 같은 순혈주의가 강하고 경영 능력이 검증되지 않은 자녀 중에서 후계자를 고르는 매우 특이한 구조를 지녔다. 검증되지 않은 3세대 오너 후계자들이 비판의 대상이 되는 것은 선대의 기업가정신이나 혁신적 사고를 보여주지 못하고 검증되지 않은 권력자로서 지위를 남용하거나 빵집과 같은 손쉬운 사업이나 중소기업 업종에 손대기 때문이다. 시대의 변화를 이끌 수 있는 리더십을 갖추지 못한 가업 승계는 해당 기업에게 실패 요인으로 작용하며 사회적 비난을 불러온다.

요컨대 한국 대기업들의 기존 성공 방식이 한계에 봉착한 근본 원인으로 독특한 전근대성을 드는 것은 논란의 여지가 많다. 그렇다면 삼성전자와 현대자동차 등 한국 경제를 대표하는 성공 기업들이 처한 진짜 위기는 무엇인가? 이것을 파악하려면 이들이 새로운 시대적 요구에 부응하는 혁신적 경영 패러다임을 새롭게 제안하고 실천할 수 있는가를 따져보아야 할 것이다. 이와 관련해 다음과 같은

4가지 위기 요인을 제시하고자 한다.

첫째, 새로운 경영 이념을 제안하고 주도할 수 있는 비전 리더가 존재하는가이다. 한국식 경영혁신은 모두 비전 리더가 주도했다. 정주영, 이병철 등 1세대 기업인들은 물론 이건희, 정몽구, 구본무로 이어진 2세대 후계자들은 단순한 오너 경영인이 아니라 비전 리더였다. 그랬기에 다른 오너 그룹들이 경영 위기를 극복하지 못하고 도산하는 절체절명의 시기에 새로운 기회를 잡을 수 있었다. 비전 리더란 자기가 제시한 비전에 자신과 회사의 운명을 거는 리더를 의미한다. 이것은 가업 승계나 세습으로 지켜지지 않는다. 서구 기업, 심지어는 중국의 알리바바 같은 기업에서도 비전 달성이 끝나면 창업자가 미련 없이 물러나는 모습을 볼 수 있다. 가업 승계는 다른 성격의 문제다. 대를 이어 기술과 역량을 장기적으로 축적해나가야 하는 독일의 히든 챔피언은 원활한 가업 승계 자체가 경쟁력일 수 있다. 하지만 가업 승계가 장자 위주 순혈주의로 이루어지지 않고 비전과 경영 원칙의 계승을 중심으로 이루어진다. 가족에게 승계하더라도 면밀한 승계 코스를 거쳐야 하며 리더십 역량과 경영 능력이 입증되어야 한다. 따라서 3세대 경영 승계를 앞둔 삼성이나 현대자동차에서는 후계자들이 이러한 비전 리더십을 발휘할 수 있느냐가 진정한 위기를 판가름할 것이다.

둘째, 신성장 동력이 될 만한 새로운 기회를 획득할 수 있는 혁신적 경영 패러다임을 만들어낼 수 있는가이다. 이는 새로운 기회를 기다리고 포착하는 데 효과적인 새 패러다임을 구현해야 함을 의미한다. 말하자면 오랜 세월 동안 지속해온 통제 중심의 경영 패러다임을 떨치고 구성원뿐만 아니라 고객들이 제안한 비즈니스 모델에 따라 스스로 움직이며 성취하도록 이끄는 '무위無爲'의 경영 패러다임을 실천해야 한다.[37] '무위'의 경영 패러다임을 도입하려면 앞의 생태계 논의에서 다룬 것처럼 문화적 공감대와 창의성을 기반으로 하는 C-생태계의 속성을 끌어올 필요가 있다. 따라서 글로벌 수준에서 현저히 부족한 전략적 고착성, 네트워크 확장성, 개방성 등을 강화해야 한다.

이러한 과제는 최근 글로벌 경쟁의 양상을 고려할 때 더욱 중요성을 띤다. 현재의 경쟁 구도는 삼성과 애플, 그리고 중국 기업 간에 펼쳐지는 스마트폰 전쟁의 사례를 보면 생생하게 이해할 수 있다. 지금의 경쟁은 원가와 품질 중심의 한국 기업과 문화와 창의성 중심의 선진국 기업 간 경쟁만을 의미하지 않는다. 우리와 같은 E-생태계 안에서 경쟁하는 화웨이와 레노버 등 중국 업체들이 약진하고 있다.

더욱 위협적인 대상은 샤오미라는 '짝퉁식' 복합 생태계이다. 샤오미 생태계는 최근 중국 시장을 넘어 인도와 유럽 등지로 확대되고 있다. 시장점유율이 더 올라갈 전망이다. 이들은 '짝퉁 애플' 전략을 구사할 뿐 아니라 아마존이나 델 같은 글로벌 기업의 성공 사례를 철저히 모방하면서 독자적인 복합 생태계를 구축하고 있다. 겉모습은 스마트폰 제조사로 보이지만 샤오미는 모바일 인터넷 회사를 지향한다. MIUI라는 OS를 주력으로 사업을 시작한 샤오미는 단말기 제조 비용이나 총생산 비용이 삼성전자의 절반에도 미치지 않는다. 더욱이 공장 출하 가격은 삼성전자의 3분의 1도 안 되는 원가 경쟁력과 효율성을 가지고 있다. 그러면서도 26개 언어를 지원하는 독자적 OS와 앱스토어, 그리고 900만 명의 팬클럽(미펀)을 유지하면서 전략적 고착성, 네트워크 확장성, 개방성 등 C-생태계의 핵심 속성들을 확보하고 있다. 한국의 대기업들은 이러한 핵심 속성들을 아직 확보하지 못했기에 샤오미의 존재는 위협적이다.

삼성전자는 전 세계 고객들에게 한 해 4억 대에 달하는 스마트폰을 판매한다. 지금까지 거래한 고객들의 수만 해도 10억 명을 넘을 것이다. 그런데 이 고객들을 E-생태계 관점에서 보면 만족시켜주어야 할 소비자이며 애프터서비스의 대상이 된다. 하지만 C-생태계의 관점으로는 이들이 무슨 생각을 하고 무엇을 원하는지를 끊임없이 생각하며 함께 살아가야 할 동반자이자 신성장 동력의 원천이다. 이들과의 지속적 소통을 통해 문화적 공감대를 확보하는 것이 이들에게 제품을 파는 것 못지않게 커다란 부가가치를 창출하는 원천이 된다. 하지만 우리 기업들은 E-생태계에 머물러 있으며 그들이 누구인지 어디에 있는지조차 파악하지 못한 상태다.

셋째, 속도 경영의 관성을 극복할 수 있는가이다. 지금까지 핵심 역량이 되어 온 '손안의' 스피드를 이제는 속도계 안에 넣고 타이밍을 적절하게 조절하는 창조적 능력을 확보할 수 있는가가 관건이 된다. 즉 개발, 생산, 영업 등의 과정을 세심하게 통제하면서 시장에 재빨리 대응하려는 기존 패러다임의 관성을 극복하고 문화·창조 생태계의 이질적 속성들을 받아들여 조화를 이루어나가야 한다. 그러나 이런 과업은 말처럼 쉽게 수행되지 않는다. 규모를 추구하고 스피드를 높이려는 조급증이 생기기 때문이다. 그래서 작은 성공의 씨앗과 틈새를 찾아내 기회가 올 때까지 투자하며 기다릴 수 있는 끈기와 정성이 부족해지기 마련이다. 앞으로 신성장 동력을 마련하는 데는 새로운 사업 기회의 포착을 통한 틈새 창출niche creation이 핵심이 된다. 하지만 작은 아이디어를 소중히 여기고 다양한 이해관계자들과 수평적이고 개방적인 관계를 구축할 수 있는 사고의 틀이나 조직 문화가 부족한 것이 한국 기업의 현주소이다. 지금까지 생태계의 지배자 역할을 했다면 앞으로는 생태계를 리드하는 주춧돌keystone 역할을 수행해야 한다. 따라서 규모, 자본력, 생산 능력 등 하드 파워 중심의 사고를 어떻게 소프트 파워 중심으로 이동시키느냐가 매우 중요하다. 기존 경영 방식이 강제나 보상을 강조했다면 이제는 사람의 마음을 끄는 힘을 무기로 원하는 것을 얻는 능력[38]을 확보해야 한다.

넷째, 글로벌 성공의 함정을 극복할 수 있는가이다. 모든 성공에는 실패의 함정도 함께 존재한다. 캐나다의 대니 밀러 교수는 이를 '이카루스 패러독스'라고 부른다.[39] 성공과 승리의 원인이 동시에 실패의 원인이 된다는 역설이 존재한다는 의미다. 성공을 위해 열심히 위만 보고 올라가다가 문득 밑을 내려다보니 도저히 내려갈 수 없을 만큼 까마득하다. 더 올라가자고 위를 보니 구름에 가려 한 치 앞을 내다볼 수 없는 상황이다. 성공의 딜레마는 이런 모습으로 존재한다. 한국의 대표 기업들은 글로벌 시장에서 큰 성공을 이루었으며 글로벌 초우량 기업으로 성장했다. 매출의 절반 이상 심지어는 80% 이상을 해외에서 올리며 주주의 절반 이상이 해외 투자자들이다. 이러다 보니 스스로 모든 시야를 글로벌로 향하고 관리 기준도 글로벌 스탠더드를 따를 수밖에 없다. 이때 정체성의 위기가 온다. 자신의 경영 이념의 뿌리를 망각할 수 있기 때문이다.

뿌리가 튼튼해야 나무가 잘 자란다. 기업도 궁극적으로 철학적 바탕 위에서 성장할 수 있다. 글로벌 다국적 기업이 되었다고 국가와 국민을 잊는다면 조만간 자신의 정체성도 망각할 수 있다. 미래 시대는 소비자와 사회를 진정 위하는 마음이 경쟁력을 창출할 것이다. 지구를 위한답시고 국가를 잊고 국민을 위하지 않으면 어떨까? 기업 자신도 위할 수 없게 될 것이다. 자신이 누구인지 어디에 뿌리를 두고 있는지를 정확하게 알아야 상대를 알 수 있고 세상을 제대로 사랑할 수 있기 때문이다. 이제는 세상을 진정으로 사랑하는 기업이 성공할 것이다. 세상을 진정으로 사랑하는 기업은 자신이 속한 국가와 국민도 사랑할 수 있어야 한다. 과거 산업화 시대에 그러했듯이 미래에도 애국심으로부터 진정한 경쟁력이 나올 수 있다. 이것은 비단 기업뿐만 아니라 국민에게도 적용된다. 경제적으로 부유해지고 세상에 명함 좀 내밀 수 있게 되는 순간 위기는 찾아온다. 애국심이 없어지고 개인적 이익을 중시하는 풍토에서는 국가도 위기에 빠지게 마련이다.

04

한국 기업의 성공 패러다임과 미래 도전

한국 기업들은 산업화와 정보화 과정을 거치며 적지 않은 성공 경험을 축적했다. 하지만 이러한 성공 경험이 이미 다가온 창조경제 시대에 그대로 적용되고 효과를 발휘할지에 대해서는 회의적이다. 그러므로 조만간 우리에게 닥칠 위기를 극복하고 또다시 기회를 잡기 위해서는 새로운 시각과 혁신 패러다임이 필요하다. 이를 위해서 그동안 우리 기업들이 어떻게 성공해왔는지를 객관적 시각에서 분석하고 변화하는 미래에 어떤 대응을 해야 할지에 대한 해답을 강구해야 한다.

기업가정신의 진화

한국 경제의 빠른 성장의 바탕에는 산업의 불모지에서 사업을 일

그림 2-8 **우리나라 기업가정신의 진화 과정**

	시기	새로운 주역	성장 요소
기업가정신 1.0	산업화 (1961–1990)	대규모 산업 조직, 재벌 기업인	자본, 추진력
기업가정신 2.0	정보화 (1991–2010)	과학자 및 엔지니어, 벤처기업인	빠른 학습, 정보력
기업가정신 3.0	창조화 (2010~)	불특정 다수의 창조 인력	끈기와 정성, 기회 추구 능력

으키고 회사를 키워낸 기업가정신이 존재했다. 기업가정신은 기존의 자원 한계나 질서에 얽매이지 않고 창의적이고 도전적인 자세로 새로운 기회를 추구하기 위해 투자를 결정하고 실천하는 행동 양식을 의미한다.[40] 한국의 기업가들은 왕성한 기업가정신을 기반으로 무에서 유를 만들어내는 경제 기적을 일구었다. 산업화 시대에는 유학을 공부한 1세대 기업인들이 사업보국 등의 유교적 이념을 바탕으로 기업가정신을 발현했다. 경공업 중심의 안정에 안주하지 않고 중화학공업에 도전한 것이다. 그리고 1990년대 정보화 시대를 맞아 대학과 연구소에 있던 과학자들과 엔지니어들이 직장을 박차고 나와 지식과 정보를 기반으로 벤처창업에 나섬으로써 정보통신 기술의 발전에 따른 새로운 성장 기회를 획득했다. 이러한 한국의 기업가정신은 새로운 성장 동력과 일자리 창출의 핵심 원천이 되었다.

[그림 2-8]과 같이 한국 경제와 기업은 글로벌 금융위기를 계기

로 2010년 이후에 또다시 구조적인 변화를 시작했다. 특히 새로운 환경이 변화를 압박했다. 개방된 정보 체계의 발달로 아이디어가 대중화되고 민주화됨에 따라 개인이나 소규모 조직이 창의적인 아이디어와 혁신을 만들어낼 수 있게 되었다. 과거에는 소수의 천재적인 발명가나 석·박사 인력으로 구성된 대규모 연구개발 조직에서 주된 혁신이 이루어져 왔다. 하지만 지금은 다양한 외부 아이디어 원천을 적극적 활용하는 개방적 혁신이 대세를 이루고 있다.[41] 에릭 슈밋 구글 회장은 그의 저서『새로운 디지털 시대』에서 새로운 시대의 가장 중요한 특징으로 '아이디어의 세계화'를 꼽았다. 즉 지금은 아이디어가 퍼지는 세상이기 때문에 변방의 작은 아이디어도 순식간에 전 세계로 확산될 수 있다는 것이다.[42]

3세대 기업가정신의 토대가 되는 이런 시대적 특징은 혁명적인 변화를 몰고 왔다. 과거 자본가나 과학자와 같이 특별한 사람에게만 주어지던 성공 기회가 평범한 사람에게 돌아간다는 사실은 더는 신기한 일이 아니다. 우리는 세계적 성공을 거둔 기업인들을 만날 때 종종 그 평범함에 놀라곤 한다. 실제로 이들은 스스로 천재이기를 거부한다. 자신의 천재성보다는 성공의 기회를 만나게 해준 운運에 더 감사하고 있다. 그들은 수많은 시행착오를 반복하며 자신의 꿈에 천착하다가 드디어 기회에 접했기 때문이다. 꼭 심오한 첨단 기술을 갖출 필요는 없다. 일상생활에서의 상상력, 평범하지만 차별적인 노력 등을 바탕으로 성공을 이룰 수 있는 시대가 도래했다.

3세대 기업가정신의 추세는 한국뿐만 아니라 전 세계로 확산되는 중이다. 세계 최대의 전자상거래 업체로 성공한 중국 알리바바

그룹을 사례를 통해 이를 살펴보자. 알리바바는 1999년에 설립되었다. '어디에서든 비즈니스를 하기 쉽게 만든다'는 기업 이념을 내걸고 달려온 지 14년 만에 연 매출 약 170조 원(2012년 기준)의 글로벌 기업으로 성장했다. 알리바바그룹의 두 사이트 타오바오와 티엔마오의 거래액은 무려 1조 위안(약 174조 원)으로 중국 전체 GDP의 2%에 달하는 엄청난 금액이다. 알리바바의 창업자 마윈马云은 평범한 인물이다. 명문대 졸업장도 없고 외국 유학을 다녀오지도 않았다. 그는 외국인 가이드와 영어 교사 등 평범한 직장 생활을 거쳤을 뿐이지만 중국은 물론 세계 최고의 인터넷 기업가가 되었다. 그에게는 '전 세계 소규모 상인들과 중소기업들의 활발한 거래로 일자리를 창출한다'는 벅찬 꿈이 있었다. 그리고 '소규모 상인들을 잘살게 하는 것이 먼저이고, 이익은 그 뒤에 따라온다'는 경영 철학을 실천했다. 그는 2013년 5월 다음과 같은 말을 남기고 스스로 CEO 자리에서 물러났다. "창업주가 회사를 떠나지 못하면 그 회사는 건강할 수 없다创始人如果离不开公司, 公司就不可能健康发展."

한국식 기업 경영의 3가지 패러다임

앞에서 설명했듯 3세대에 걸치는 기업가정신은 오늘날 한국 기업들의 경제적 성과를 만들어낸 소중한 토대라 할 수 있다. 이러한 기업가정신에 의해 도전이 이루어졌다. 그 과정에서 위기를 만났지만 이를 극복하기 위해 끊임없는 혁신을 시도했다. 그리고 혁신의 결과 한국식 기업 경영의 패러다임들이 만들어졌다. 이때 혁신은 앞에서 설명한 4가지 단계로 분류된다.[43] 즉 운영 혁신, 제품 혁신, 전략 혁신, 그리고 경영 철학 혁신이 있다. 상위 단계의 혁신일수록 더욱 높은 부가가치를 창출하고 좀 더 견고한 방어 능력을 갖추게 한다.

산업화 시대의 한국 기업들은 주로 최하위 혁신 단계인 운영 혁신을 통해 경제적 가치를 만들어냈다. 운영 혁신이란 구매, 제조, 마케팅, 애프터서비스 등 회사의 사업 프로세스를 개선하는 것을 말한다. 이러한 운영 혁신은 '하면 된다'는 정신으로 무장한 구성원들이 똘똘 뭉쳐 단합된 힘과 에너지를 발산하게 하는 신바람 경영으로 뒷받침되었다. 그러나 1990년대 중반 이후 세계의 생산 기지로 발전한 중국의 기업들이 약진하면서 이 운영 혁신의 경쟁력이 쇠퇴했다. 새로운 위기 상황을 맞은 기업들은 차상위 단계인 제품 혁신을 통해 경쟁력을 확보하려 했다. 제품 혁신이란 하나의 탁월한 상품으로 시장에서 경쟁 우위를 획득하려는 것을 말한다. 수많은 기술적 문제들을 재빨리 해결하면서 남들보다 빨리 우수한 제품을 개발해내기 위해서 기업들은 융합 경영을 활용했다. 다양한 원천의 지식과 노하우를 학습하고 소화함으로써 당면한 기술적 문제들을 해결해나갔다. 한국 기업의 스피드 경쟁력은 이로부터 창출되었다. 현재 한국의 성공 기업 중 대다수가 제품 혁신의 능력을 차별화 원천으로 삼고 있다.

그러나 이러한 제품 혁신만으로는 산업 내에서 리더십을 오래 지켜내기 어렵다는 사실이 여러 분야에서 확실시되고 있다. 수많은 산업 분야에서 중국 기업들의 추격이 코앞에 왔다. 특정 부문에서는 이미 추월당하기도 했다. 제품 혁신의 상위 단계인 전략 혁신으로 이동하지 않을 수 없는 시기가 온 것이다. 이때 전략 혁신이란 제품 단위가 아닌 전략 단위의 혁신을 의미하며 주로 경쟁 기업들이 쉽게 모방할 수 없는 대담하고 새로운 비즈니스 모델을 제시함으로써 경쟁력을 획득한다. 이러한 비즈니스 모델은 지금까지 세상에 없었던 새로운 제안을 담아내어야 하기에 속도 경영만으로는 결코 얻을 수 없다. 따라서 속도 경영 이후의 혁신 패러다임인 창발 경영이 필요하다. 창발 경영은 앞에서 설명했듯 끈기와 정성으로 새로운 기회를 추구함으로써 전략 혁신을 도모하는 경영 방식이다.

신바람 경영

앞에서 자세히 설명했듯이 신바람 경영의 키워드는 '하면 된다'이다. 경험이 없고 자원도 부족하더라도 똘똘 뭉쳐 열정을 다하면 목표를 이루고 그 결실을 함께 나눌 수 있다는 희망과 믿음이 기본 전제가 된다. 이러한 신바람 경영은 한국인의 정서를 가장 잘 활용한 패러다임이라고 할 수 있다. 한국인들은 구성원 간에 따뜻한 인간적 교감과 공감대를 형성하기를 열망하는 특성이 있다. 일단 분위기만 조성되면 일에 몰두하고 무한한 열정을 발휘하곤 한다. 따라서 공동체의식이 촉발되면 흥이 일어나고 집단의 운명을 자기 자신의 운명으로 받아들인다. 집단의 명예를 곧 자신의 명예인 것처럼 여긴다. 바로 이때 신바람이라는 집단적 초능력이 발생한다. 기업들은 이 힘을 활용해 혁신을 실천해나갈 수 있다. '빨리빨리'의 행동 방식도 이러한 집단 신명에 의해 강화되어왔다고 할 수 있다.[44]

그림 2-9 한국식 기업 경영의 출발로서의 신바람 경영(한국식 경영 1.0)

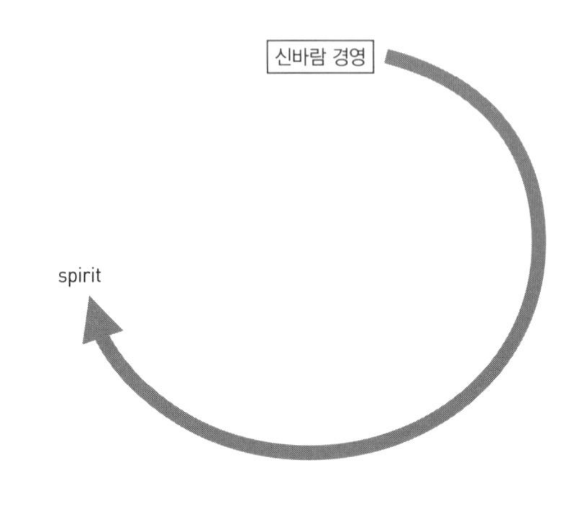

기업들은 이러한 신바람을 활용해 집단 응집에 기반을 둔 막강한 추진력을 창출해냈다. 하지만 신바람이 효과적으로 발현되기 위해서는 공동체적 조직 문화가 서야 한다. 공정하고 정확한 보상을 전제로 하는 경영도 필수적이다. 구성원을 자식같이 살피고 하늘같이 모시는 마음가짐이 필요하다. 또한 조직은 작더라도 목표와 이념은 웅대해야 한다. 그리고 일방적으로 지시하지 않고 자율과 선의의 경쟁이 작동하게 함으로써 구성원들의 기氣를 살려주어야 한다.[45] 이러한 신바람 경영은 산업화와 함께 시작된 한국식 기업 경영의 출발점이라고 할 수 있다.

융합 경영

앞에서 설명한 융합 경영의 키워드는 '스피드로 변화에 대응하라'

그림 2-10 **스피드 역량의 기반이 된 융합 경영(한국식 경영 2.0)**

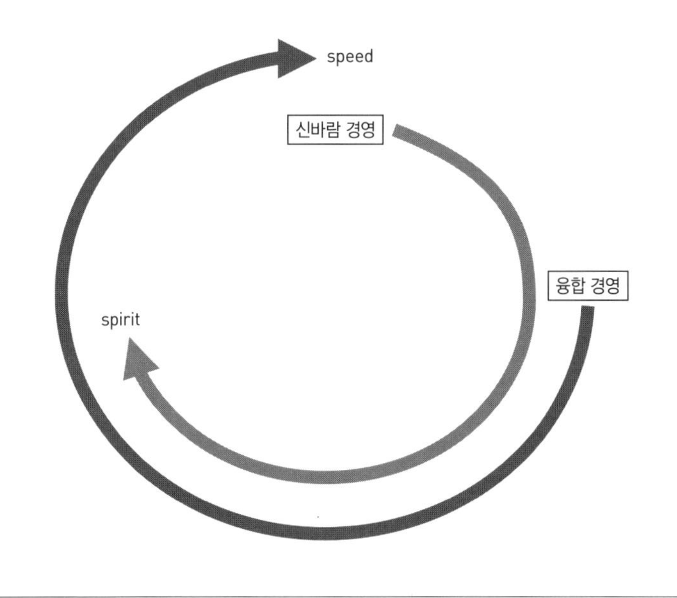

이다. 지식과 정보의 빠른 학습을 통해 주어진 문제들을 속도감 있게 풀어나가는 것이 그 목적이다. 정보화 시대를 맞아 한국 기업들은 기술 혁신을 위해, 특히 경쟁력 있는 제품 개발을 위해 주어진 과제들을 가능한 한 빠른 속도로 해결할 수단을 찾았다. 그것은 남이 가지고 있거나 다른 분야에 존재하는 지식과 정보를 결합하고 활용해 문제를 해결해나가는 융합적 접근이었다. 이는 선발 주자를 따라잡는 후발 주자에게 매우 적합한 전략이었다. 이러한 융합 경영은 다양한 원천으로부터 지식과 노하우들을 결합하고 상호 보완적이거나 심지어는 상호 모순되는 요소들을 공존시키고 절충하여 새로운 것으로 창조해 해결책을 도출하고자 하는 패러다임이다. 한국 기업들은 정보화 시대에서 시장과 기술의 변화가 초래한 난제들을 이 방법으로 풀어가면서 새로운 기회를 재빨리 확보했다.

창발 경영

PART 3에서 자세히 설명할 창발 경영의 키워드는 '끈기와 정성으로 기회를 획득하라'이다. 이것은 자신의 뜻과 비전을 실현하기 위해 일정한 패턴의 투자와 행동을 반복하며 새로운 제품과 서비스를 시장에 제안함으로써 가치를 창출해내는 경영 패러다임이다. 앞으로 한국 경제가 자리해야 할 산업 생태계에서는 지배적인 시장 규칙이나 수요를 거의 예측할 수 없는 극단적인 불확실성이 지배할 것이다. 창발 경영이란 바로 이런 극단적 불확실성 속에서 기회를 포착하고 가치를 창출하는 과정을 말한다. 극단적 불확실성은 원래 기업이 스스로 감당하기 어려울 정도로 빠르고 위협적이지만 때로는 엄청난 기회를 가져다주기도 한다. 한국 경제의 미래는 이러한 기회를 발굴해내는 데 달려 있다고 해도 과언이 아니다.

창발 경영은 속도 경영의 약점과 부작용을 보완하는 데도 효과적이다. 속도 경영이 불러오는 조급증은 수시로 닥쳐오는 위기를 헤쳐나가고 불현듯 다가오는 새로운 기회를 포착하는 데 걸림돌이 된다. 남보다 한발 앞서 결단하고 더 빠르게 행동하는 것만으로는 성공이 보장되지 않는다. 창조경제 시대의 불확실성 아래서는 '때가 올 때까지' 그리고 '쉬지 않고' 반복하는 끈기와 정성이 더 진정한 미덕이 되기 때문이다.

지금까지 살펴보았듯이 한국식 기업 경영은 3세대 패러다임으로

그림 2-11 **기회 추구를 위한 창발 경영(한국식 경영 3.0)**

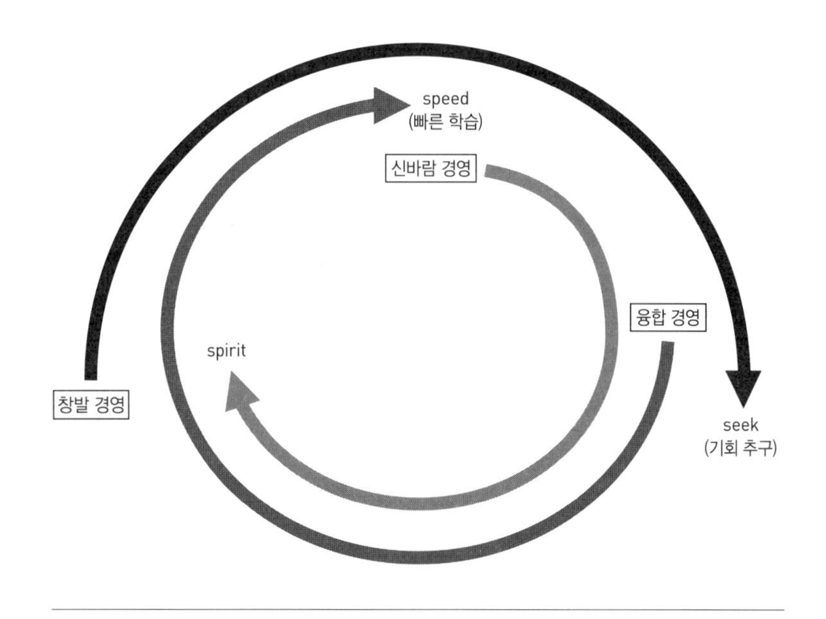

이동하고 있다. 먼저 1세대 패러다임은 유학의 정신을 기반으로 사업보국과 공동체주의에 입각한 기업 이념과 '하면 된다'의 행동 양식으로 다 같이 잘살아보자는 공감대 위에서 강력한 집단 응집력을 만들어냈다. 그리고 이것을 토대로 강력한 추진력을 형성함으로써 한강의 기적으로 불리는 빛나는 성과를 거두었다. 현대, 삼성, LG, SK 등 한국을 대표하는 재벌 기업들은 모두 이 성공신화 속에서 그룹 성장의 기반을 잡았다. 2세대 패러다임은 정보통신 기술의 발달로 환경 변화의 속도가 빨라지고 첨단 산업이 발전함에 따라 발생했다. 그 당시 변화의 추세를 따라잡지 못하고 1세대 경영 방식에 머물렀던 대기업들은 대부분 도산하거나 경쟁력을 잃었다. 반면

표 2-1 한국식 기업 경영의 진화 과정

	1.0	2.0	3.0
핵심 가치	공동체주의 (잘살아보세)	경쟁적 성장	생존과 정체성 유지
행동 양식	하면 된다	빨리 빨리 (빠른 학습)	끈기와 정성 (이룰 때까지)
핵심 역량	추진력	정보력	기회 추구력
경영 방식	신바람 경영	융합 경영	창발 경영
대표 사례	정주영 신화	삼성웨이	라인, 카카오톡, 한류 콘텐츠

에 융합 경영의 패러다임으로 재무장한 기업들은 빠른 학습에 의한 스피드 역량을 바탕으로 디지털 기술의 발전에 신속히 적응하는 데 성공했다. 세계 스마트폰 시장을 석권한 삼성전자의 성공이 대표적 사례이다. 삼성은 1993년부터 '신경영'이라는 경영혁신을 전개해 '삼성웨이Samsung Way'라는 융합 경영의 본보기를 만들어냈다.

그러나 창조경제로 본격적으로 진입한 2010년 이후 새로운 환경에 걸맞은 3세대 패러다임이 절실해졌다. 변화의 속도를 일방적으로 따라가기보다는 자신이 변화 그 자체가 되어야 하는 시대로 진입했기 때문이다. 제아무리 빨리 움직여도 기회의 창이 열리지 않으면 아무런 성과를 거둘 수 없는 시대적 상황이 전개되었다. 3세대 패러다임으로서 창발 경영은 변화하는 미래에 생존하면서 자신의 정체성을 지키는 것을 핵심 가치로 한다. 그리고 끈기와 정성으로 기회의 창이 열릴 때까지 기다릴 수 있는 '기회 추구력'이 핵심 역량이 된

그림 2-12 **한국 기업의 성공 패러다임**

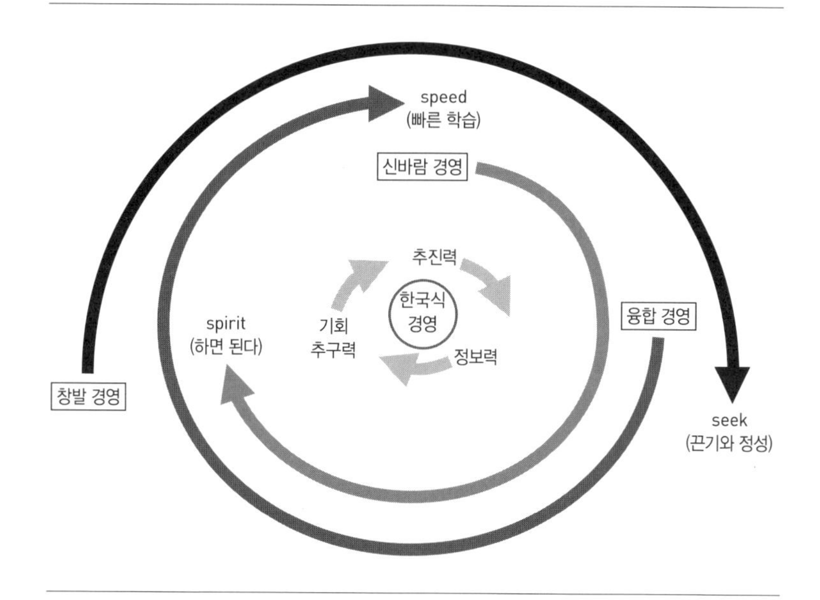

다. 이러한 경영 방식은 스피드 역량을 강조하는 기존 패러다임으로는 실천하기가 어렵다. 따라서 기업들은 2세대 패러다임의 관성에서 벗어나 새로운 패러다임을 실천하기 위해 또다시 경영혁신에 나서지 않을 수 없게 되었다. 다행히 라인이나 카카오톡, 한류 콘텐츠와 같은 성공 사례들은 3세대 경영 패러다임에 소중한 모델이 되고 있다.

[표 2-1]에서 보듯이 한국 기업들은 신바람 경영과 융합 경영으로 한강의 기적을 일구었으며 지금은 창발 경영이라는 3세대 패러다임을 실험하고 있다고 평가할 수 있다. 이러한 한국 기업들의 성공 패러다임은 1세대에서 '하면 된다'의 'Spirit'과 2세대에서 빠른 학습이라는 'Speed'를 성공의 핵심 요인으로 제시했다. 그리고 3세대 패러다임은 끈기와 정성에 기반한 '기회 추구력Seek'을 새로운 성공 요인

으로 제안하고 있다. 따라서 앞으로 한국 기업들은 기존의 핵심 역량인 추진력과 정보력의 두 'S'의 토대 위에 기회 추구력이라는 새로운 'S' 역량Seek을 쌓음으로써 변화하는 미래에 성공적으로 대응해 나갈 수 있을 것으로 판단된다.

새로운 혁신 모멘텀을 위해서

한국 경제가 현 상태에서 위기를 맞아 주저앉지 않으려면 지난 50년 동안 무에서 유를 창조했던 비장한 각오를 되새기며 또다시 도전에 나서야 한다. 변화하는 미래에 새로운 경영 패러다임을 성공시키기 위해서 혁신을 해야 한다는 의미다. 앞으로 한국 기업들의 미래는 이러한 혁신의 성과에 달려 있다고 해도 과언이 아니다. 이때 혁신이란 기업의 경영 방식을 본질적으로 바꾸는 것이다. 주력 제품을 재구성하고 서비스, 생산 공정 기술, 조직 구조와 관리 시스템, 조직 구성원의 마인드 등을 총체적으로 바꾸어야 하며 새로운 이념과 철학에 맞는 계획과 프로그램을 수립하고 실행해야 한다.[46] 혁신에 성공하기 위해서는 내부 관리 요인뿐만 아니라 환경적 요인, 기업 이념, 심지어는 사회적 책임 등의 요소들이 균형을 이루어야 한다.[47] 특히 새로운 경영 패러다임이 자리 잡기 위해서는 최고경영자의 경영 이념I, ideology, 경영 환경E, environment, 그리고 경영 전략S, strategy 등이 균형을 이루면서 스스로 에너지를 축적해 혁신을 가속화할 수 있는 추진력, 즉 혁신 모멘텀M, momentum이 형성되어야만 한

그림 2-13 경영혁신을 위한 M-ies 모델

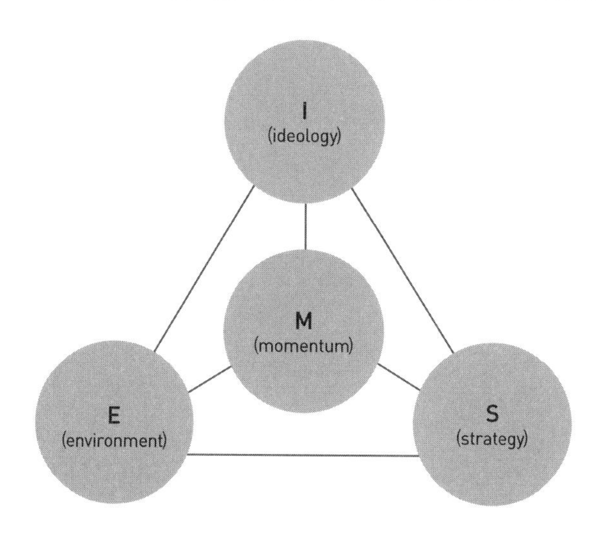

다.[48] 이 혁신 모멘텀은 변화의 과정에서 자원의 소비를 줄여줌과 동시에 높은 성과를 달성하도록 이끈다.[49]

[그림 2-13]의 M-ies 모델이 제시하는 것처럼 최고경영자의 이념, 경영 환경, 기업의 전략 등이 동태적인 관계 속에서 강력한 변화의 모멘텀을 만들어낼 수 있다. 그런데 한국 기업들은 기업 전체를 총체적으로 바꾸는 큰 혁신일수록 최고경영자의 철학과 이념(I)에 의해서 출발하는 경향을 보인다. 즉 한국에서의 경영혁신 사례들을 보면 대부분 최고경영자가 새로운 경영 이념과 비전을 제시함으로써 혁신 활동이 추동되기 시작함을 알 수 있다. 이에 관해 슘페터(1934)는 정태적 균형 상태에 있는 경제가 동태적 경제로 발전하기 위해서는 혁신이 필요하고, 이러한 혁신을 수행하는 동태적 주체가

기업가라고 주장한 바 있다. 혁신을 위해서는 최고경영자의 이니셔티브가 필수적이라는 맥락으로 이해할 수 있다. 특히 한국 기업들은 가부장적 문화와 수직적 통제에 익숙해서 그런지 최고경영자의 강력한 리더십이 아니면 혁신 활동의 동력이 잘 형성되지 않는 성향이 있다.

이렇게 추동된 혁신 활동은 국내외 시장 변화와 강력한 경쟁자의 출현 등 외부 환경 요인에 의해 더욱 강화된다. 즉 외부 환경으로부터 혁신에 대한 압력이 증대됨에 따라 최고경영자의 경영 이념에서 촉발된 혁신 활동들이 더욱 활발하게 전개된다. 특히 환경 변화로 인해 조장된 위기의식은 혁신의 필요성을 조직 내부에 확산시키는 효과가 있다. 그리고 이러한 위기를 극복하는 과정에서 혁신의 중요성이 더욱 강조되고 혁신 활동을 체계화하는 노력으로 이어질 수 있다. 즉 혁신 활동들이 전략적으로 체계화되고 조직의 신설과 확대, 새로운 조직 문화의 정착 등이 이루어진다. 그리고 종국에는 [그림 2-13]과 같이 최고경영자의 이념(I), 경영 환경(E), 경영 전략(S) 간 균형을 이룸으로써 혁신 모멘텀이 형성된다. 그러면 기업 스스로 혁신을 가속화시킬 수 있는 동력이 생긴다. 물론 이와 같은 경영 혁신은 하루아침에 이루어지지 않는다. 삼성의 '신경영' 사례를 보면 1993년 공식 선언 이후 20년이라는 오랜 기간을 거쳐 경영혁신의 요인들(경영 이념, 환경, 전략)이 균형을 이루어나갔음을 발견하게 된다.[50] 그리고 이렇게 형성된 혁신 모멘텀은 어느 순간 티핑 포인트tipping point를 넘어서면서 놀라운 성과를 달성한다. 티핑 포인트란 모든 것이 한꺼번에 변화하고 전염되는 극적 순간을 지칭한다. 즉 티핑 포인트의 폭발적 전염성은 기적과 같은 놀라운 혁신 성과들을 창출해 낼 수 있다.

티핑 포인트 개념을 제안한 말콤 글래드웰에 의하면 이것은 소수의 영향력, 그 영향력에 정당성을 부여하는 특수 상황과 환경 변화, 그리고 그 영향력을 주변에 전달하고 각인시키는 고착성에 의해 만들어진다고 한다.[51] 사실 이러한 티핑 포인트의 구성 요소는 M-ies 모델에서 제시한 경영혁신의 3가지 요인과 일치한다. 경영혁신의 출발점인 최고경영자의 경영 이념은 티핑 포인트 구성 요인 중 소수의 영향력에 해당한다. 그리고 특수한 상황과 환경은 기업을 둘러싼 경영 환경과 일치하며 고착성은 혁신 활동을 담아내고 체계화하는 경영 전략과 짝을 이룬다.

즉 소수 최고경영진이 새로운 제안을 하면서 영향력을 미친 후 주변 환경의 변화가 그 제안과 영향력이 필요함을 입증하게 되고 그 필요성과 실천 방안을 체계화해 조직 내외부에 전달하고 고착시키는 과정에서 티핑 포인트를 넘어서게 된다는 것이다. 따라서 한국 기업들이 실천해온 경영혁신 과정은 바로 티핑 포인트를 형성하는 과정이기도 했다.

한국 기업들은 경영혁신의 실천 과정에서 어느 순간 혁신 모멘텀을 형성시킬 수 있었으며 그 폭발적 힘을 활용해 혁신에 성공하곤 했다. 예를 들면 보수적이고 관료적인 조직 문화와 경영풍토를 지녔던 기업도 이러한 혁신 모멘텀의 작동에 힘입어 유연하고 역동적이며 혁신적인 조직으로 변모했다. 그 결과 치열해진 글로벌 경쟁에서 살아남을 수 있을 정도의 제품력을 확보하게 되었다.

이와 같은 혁신의 과정은 미래에도 반복되는 하나의 패턴으로 볼 수 있다. 이 패턴을 기준으로 보았을 때 구조적 전환기를 맞아 가장 필요한 것은 새로운 환경에 적합한 비전과 철학을 가진 비전 리더의 역할이다. 앞에서 언급했듯이 IMF 외환위기를 전후한 구조 전환기 때 성공한 기업과 실패한 기업을 가른 가장 큰 차이가 바로 비전 리더의 존재 여부였다. 위기를 극복하지 못하고 도산한 재벌 기업 대부분은 최고경영자의 철학적 바탕이 취약했으며 새로운 경영 이념을 제시하지 못했다. 한국 기업들은 세상에 존재하지 않는 원천 기술이나 혁신적 제품을 개발하거나 기술 표준을 주도함으로써 시장을 지배한 적이 거의 없다. 그런데 앞으로는 이미 존재하는 기술과 제품을 개량하고 발전시키는 수준의 혁신으로는 살아남을 수 없다. 원천 기술을 개발하고 새로운 비즈니스 모델을 제안하는 등 파괴적 혁신을 주도해야 하는 당면 과제에 봉착한 것이다. 이 과제를 성공적으로 해결하기 위해서는 새로운 혁신 패러다임을 만들어내야 한다. 이러한 도전에는 과거에 그러했듯이 무에서 유를 창조하는 정신이 필수적이다. 이 정신을 이끄는 비전 리더가 등장해 새로운 환경에 걸맞은 경영 이념을 제안하고 혁신 모멘텀을 추동해나가야 한다.

성공 기업으로 가는 길

뒤늦게 산업화에 뛰어든 한국 기업들은 정보화의 물결까지 잘 헤쳐 나왔다. 그리고 지금은 창조화의 거센 파도 앞에 서 있다.

2020년이 잘 안 보일 정도로 시계視界가 제로 상태에 가깝지만 과거에 그랬듯이 자신의 고유한 문제를 스스로 진단하고 해결하기 위해 또다시 변신해야 한다. 과거와는 전혀 다른 독특한 비즈니스 모델과 경영 시스템을 개발해내야 하기 때문이다. 이를 위해서는 지금까지 성공 기업으로 평가받고 있는 기업들도 기존의 틀과는 전혀 다른 경영 패러다임을 채택해야 할 것이다.

성공 기업들에는 공통점이 하나 있다. 남의 길을 뒤쫓아가지 않고 자신의 길을 만들어간다는 것이다. 따라서 성공 기업들에는 고유한 경영 방식과 경영 시스템이 존재한다. 이건희 회장은 그 이유를 다음과 같이 이야기했다.[52]

> 과거에는 규격에 맞는 모범적 경영 방법이 존재한다고 믿었지만 오늘날의 일류 기업은 이런 구태의연한 사고방식을 털어버리고 상황에 따라 자신만의 독특한 경영 스타일을 채택한다. 즉 '일본식', '미국식' 또는 '유럽식'으로 경영 스타일을 구분하는 것은 더 이상 의미가 없어졌다. 모든 기업이 제각기 고유의 경영 스타일을 가지게 될 미래의 경영이란 전통적인 경영학에 대한 반란을 의미한다(1994년 《프랑크푸르트 알게마이너 짜이퉁》과의 인터뷰 중에서).

한국 기업의 과거를 돌이켜보면 선진 이론이나 유명 전문가의 조언을 따라가서 성공을 만들어낸 경우가 거의 없다. 오히려 '가지 말라는 길'을 가고 '하면 안 된다'는 방식으로 놀라운 성과를 창출한 경우가 훨씬 더 많다. 후발 주자의 입장에서 선진 이론과 노하우를 학습하고 응용하기는 했지만 고유한 문제를 스스로 진단하고 특유의 대책을 만들어 실행했다. 그 결과가 신바람 경영이고 융합 경영이라고 할 수 있다. 이 경영 방식은 비록 서양의 이론적 관점에서 보았을 때 낯설고 '전근대성'에 기반을 둔 것처럼 보이지만 그것이 창출해낸 성과를 헤아리면서 새로운 시각에서 재조명해야 할 것이다. 적어도 유사한 문화적 바탕을 가진 아시아 기업들에는 중요한 사례로 탐구될 필요가 있다.

사실 선진 일류 기업들을 자세히 관찰해보아도 우수한 이론을 잘 따라 해서 성공한 경우를 찾기 힘들다. 오히려 새로운 이론을 만들어낼 수 있을 만큼 창조적이고 혁신적이었기 때문에 성공했다고 평가할 수 있다. 단 한 번의 전문 컨설팅 없이도 수만 명의 구성원들과 수십 년을 지속하는 경쟁력을 유지해온 초우량 기업들의 존재가 이를 증명한다. "대학교수의 자문에 크게 의존하는 기업은 삼류 기업 수준을 넘지 못한다"는 말은[53] 경영의 미래를 이론만으로 예측하는 데 한계가 있다는 의미를 담고 있다. 이론은 역사의 흔적 속에서 패턴을 찾고 이를 통해 미래에 대한 이해력을 높이는 데 도움을 준다. 하지만 이것을 처방으로 삼을 수는 없다. 미래는 과거와 너무 다르기 때문이다. "선진 기업을 열심히 벤치마킹하는 회사는 이류 기업 수준을 넘을 수 없다"는 말은[54] 성공에는 공식이 없기에 벤치마킹을 해도 일류 기업이 되기 위한 노하우를 찾아내기 어렵다는 뜻이다.

시공을 초월해서 반복 적용할 수 있는 성공 공식은 존재하지 않는 것 같다. 따라서 앞선 노하우나 성공 경험은 학습의 대상으로 삼을 수는 있지만 반복의 대상으로 수용하면 위험하다. 일류 기업을 만드는 성공은 리더의 경영 이념, 변화하는 환경, 그리고 경영 활동에 참여하고 있는 구성원들이 써내려가는 각본 없는 드라마에 더 가깝다. 따라서 기업의 성공은 갈수록 과학보다는 역사나 예술의 영역에 더 가까워진다는 느낌을 받는다. 우리 기업들이 새로운 혁신 패러다임으로, 창조화에 성공하기를 간절히 기도한다.

3
PART
새로운 혁신 패러다임, 창발 경영

"기회 없는 능력은 쓸모가 없다"

(나폴레옹)

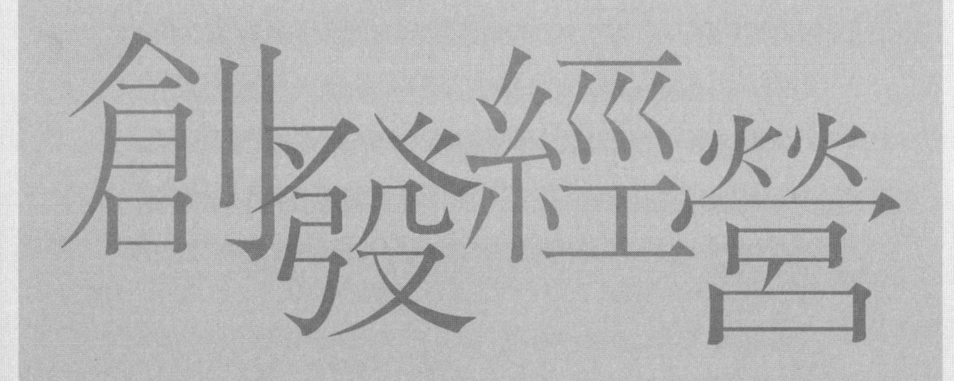

01

창조경제에서의 도전

창발하는 인간의 힘

우리는 지금 미래 경제의 새로운 핵심 동력이 떠오르는 과정을 목격하고 있다. 그것은 바로 인간 내면의 힘이다. 바야흐로 인간 창조력이 미래를 이끌어가기 시작했다. 그런데 많은 사람의 오해와는 달리, 창조력은 천재적 소수만이 지닌 탁월한 능력을 뜻하지 않는다. 창조력은 모든 사람의 내면에 잠재해 있다. 그리고 그것을 발휘함으로써 행복감을 누릴 수 있다.

이런 창조적 힘을 해방하고 분출시킨 에너지는 정보 기술의 발전이다. 오늘날 정보 기술은 세계 어느 곳 누구에게든 필요한 지식과 정보를 제공해준다. 개인이 세상과 일대일로 대화하며 흥정할 수 있는 기반이 갖추어진 것이다. 이로써 인간의 창조력은 드디어 물질의 예속에서 벗어나게 되었다. 더 나아가 개인의 행복은 물론 기업과 사회, 국가의 미래에 새로운 변화를 선사하고 있다.

창조력이 이끌어가는 미래 창조경제는 단순히 세상에 없는 제품과 서비스를 만들어내어 시장의 선발주자가 되는 것을 말하지 않는다. 그것은 보통 사람들이 자신의 삶을 창조적인 활동으로 채우며 행복을 좇는 과정에서 국가의 부가 자연스럽게 만들어지는 경제를 말한다. 다시 말해 보통 사람들의 창조력과 통찰력이 사회적 부 창출의 핵심이 되는 경제 구조를 의미한다.[1]

인간의 통찰력은 새로운 변화와 혁신을 분출할 틈새niche를 찾아내고 이를 자신의 것으로 만들어낸다. 창조경제는 이런 수많은 틈새에서 흘러나오는 새로운 기회와 가치들로부터 성장 동력을 얻는다. 21세기는 전 세계에서 새로운 비즈니스 아이디어들이 싹트고 성장하는 토양이자 틈새 창출의 장이 되고 있다. 이 틈새 창출의 아이디어들을 발견하고 발굴하는 데 필요한 인간 통찰력이야말로 미래 경쟁력을 결정지을 것이다.

미지의 땅을 향해 떠나던 15세기 '대항해 시대'에는 직접 항로를 개척하는 모험을 감행해야 했다. 그러나 21세기 '아이디어 대항해 시대'는 그 모습이 다르다. 세상의 흐름을 꿰뚫는, 아니 일상 속 작은 변화를 깨닫게 하는 통찰력만 있다면 세상을 움직이는 틈새를 발견할 수 있다.

거듭 강조하건대 통찰력은 뛰어난 학식이나 심오한 능력을 지닌 소수의 전유물이 아니다. 천재성과 예언 능력이 없어도 된다. 습관과 훈련을 통해 충분히 발달시킬 수 있는 보편적 인식 능력이기 때문이다. 통찰력은 일상의 작은 깨달음을 통해 점점 더 커지고 발전한다. 깨달음 역시 소수 도인道人만의 것이 아니다. 누구나 일상에서 '생각하고 궁리하며 알게 되는' 현상이다. 원래 미래에 대한 예지 능력은 '작은 것으로부터 큰 것'을, '과거에서 미래를' 보는 힘에 달려 있다. 세상을 움직일 수 있는 아이디어는 이렇게 인간 내면에서 나온다. 따라서 창조경제의 주역은 창조적인 보통 사람들이다. 지금은 보통 사람들이 일상에서의 깨달음으로 미래를 새롭게 열어가는 시대다.

유아기에는 직접 만져보고 저질러봄으로써 앎을 얻는다. 하지만 학교에 들어가면서부터는 책과 강의를 통해 이론을 공부한다. 시행착오 없이도 학습을 통해 앎으로 나아갈 수 있게 되는 것이다. 그리고 성인이 되면 그동안 경험하고 학습한 내용을 토대로 스스로 생각하고 궁리하면서 알게 된다. 이 과정은 개인뿐 아니라 국가 경제에도 똑같이 적용된다. 우리 경제도 '하면 된다'는 정신으로 일단 저지르는 '행동의 시대'에서 출발했다. 그리고 선진 지식과 정보를 빠르게 융합해내는 '학습의 시대'를 거쳐왔다. 그리고 지금은 스스로 통찰력에 의존하는 '창발의 시대'를 맞이하고 있다.

우리가 일상에서 쉽게 할 수 있는 명상도 일상적으로 깨달음을 경험하고 통찰력을 넓히는 좋은 예이다. 우리가 경험과 학습을 통해 얻는 정보와 지식은 내면에 산만하게 흩어져 있다. 이것들을 두뇌와 마음속에 조용히 침잠시키고 모아냄으로써 상호 연관성을 발견하고 기대하지 못했던 새로운 아이디어를 창발하는 과정이 바로 명상이다. 이는 누구나 쉽게 체험할 수 있다.

내가 평소에 즐겨 하는 '정보 명상'도 특별한 기술 없이 누구든 쉽게 따라 할 수 있다. 먼저 눈을 감고 크게 심호흡을 네 번 한다. 코로 숨을 들이마시고 입으로 유해가스를 내보내듯 숨을 내쉰다. 이렇게 네 번만 한다. 그리고 아무 생각 없이 4초간 코로 들이쉬고 다시 4초간 코로 내쉼을 반복하면서 감은 눈앞에 펼쳐지는 정보들을 조용히 관조한다. 자기 생각과 욕심을 지우고 잠잠히 기다리면 이미지, 글자, 막 떠오르는 생각, 동영상 등 다양한 형태의 정보들이 올라올 것이다.

이 정보들로부터 자신의 문제와 해결책을 찾아 나가는 과정에서 새롭고 현명한 생각과 아이디어들을 불현듯 만나게 된다. 이 책의 제목도 명상 중 나도 모르게 한순간 떠오른 단어(영문 단어와 함께)에서 나왔다. 이런 실례를 보면 누구나 창조적일 수 있다는 사실을 잘 알 수 있다.

우리는 의식을 통해 생각하고 기억한다. 그런데 이 기억들은 잠재의식 속에 장기적으로 저장된다. 단지 생각이 안 날 뿐이다. 우리 의식의 수면 아래에는 방대한 정보와 데이터가 저장되어 있다. 명상과 같은 멈춤과 기다림의 행위는 이것들을 불러내어 새로운 아이디어나 지혜가 창발하도록 하는 과정을 도와줄 수 있다. 그런데 속도 경쟁의 스트레스 상태에서는 데이터와 정보들이 잘 융합되지 않는다. 두뇌의 정보도 쉽게 지워진다. 그러므로 조용한 멈춤과 끈기 있는 기다림이 중요하다.

누구나 쉽게 할 수 있는 명상이지만 그 효과는 사람에 따라 다르게 나타난다. 눈을 감고 호흡한다고 거저 얻을 수 있는 건 아니기 때문이다. '정보 명상'에는 본질적인 프로세스가 존재한다.

첫째, 명상을 위한 뜻과 의지가 분명해야 한다. 지금 이 자리에서 눈을 감고 명상하는 이유나 해결하고자 하는 문제가 뚜렷해야 한다. 그리고 어느 정도 시간을 투여하고 어떤 해답을 구할지에 대한 개략적인 계획도 필요하다.

둘째, 5분이든 30분이든 한 시간이든 우주에 자신을 맡기면서 눈을 감고 반복해서 심호흡하며 끈기와 정성으로 조용히 기다리는 노력을 반복할 수 있어야 한다.

셋째, 자신의 문제에 집중하면서 간절한 마음으로 떠오르는 생각과 정보들을 관조하며 그것들이 자신의 문제와 어떤 연관성이 있는지를 세심하게 살피는 과정이 필요하다. 이때 불현듯 솟아오르는 새로운 아이디어와 지혜를 인지해낸다.

넷째, 인지해낸 아이디어와 지혜를 현실에 구현하기 위한 방책을 찾고 실천 계획을 세운다.

이와 같은 '정보 명상'의 본질적 프로세스는 창의성의 발현 과정과도 비슷하다. 두뇌에서 오랜 기간 숙성된 '느린 예감slow hunch'들이 서로 만나고 뒤섞이고 충돌하는 와중에 불현듯 솟아오르는 뛰어난 창의적 아이디어를 기다리는 과정이 그것이다.[2] 그리고 이 프로세스는 미래 경영 패러다임의 핵심을 이룰 창발 경영의 내용과도 본질상 똑같다. 다시 말해 '뜻과 비전의 정립 → 생존과 반복 → 절실함과 기회 인지 → 기회의 창으로 진입과 가치 창출'로 이어지는 4단계 창발 경영 과정과 같은 맥락이다.

미래 경제의 성장 동력은 창발하는 인간의 비밀스러운 힘을 불러

일으키고 그 힘을 조직화하는 데에서 나온다. 우리가 새로운 패러다임으로 혁신해야 할 이유가 여기에 있다.

혁신과 조직화

컴퓨터의 발달, 인터넷의 출현, 그리고 스마트폰의 확산으로 이어진 정보 기술 혁명은 우리에게 인터넷 쇼핑과 메시지 교환을 즐기는 차원을 넘어서는 변화를 몰고 왔다. 새로운 사업을 벌이고 기업가가 되는 일을 쉽게 만들어 평범한 사람들이 혁신을 일으키는 데 동참하게 한 것이다. 정보통신 기술은 우리 손에 발명 도구는 물론 생산 도구까지 쥐여주었다. 인터넷에서 배운 프로그램을 통해 아이디어를 제품으로 만들 뿐만 아니라 전 세계 수십억 명의 소비자에게 제품을 팔 수도 있게 되었다.[3]

세상에는 대량생산으로 만들어진 공산품들로는 채워지지 않는 욕구가 산재해 있으며 이 욕구를 충족시켜주는 작은 틈새시장들이 전 세계에 널려 있다. 따라서 미래는 평범한 개인들이 스스로 창발하는 창의성을 앞세워 역동적으로 사업을 만들어내는 시대라고 할 수 있다. 그러나 창발하는 인간 내면의 창조력을 경제 발전의 새로운 힘으로 승화시키기 위해서는 기존 패러다임을 혁파하는 혁신과 개별적 창의성을 조직화하는 차원 높은 경영 패러다임이 필요하다.

혁신의 필요성을 가장 먼저 느끼는 주체는 역시 기업들이다. 늘 생사의 갈림길에 서 있는 기업들은 변화에 민감하다. 요즘 기업들이 인문학에 주목하는 이유 역시 여기에서 생존과 발전의 방향을 찾기 때문이다. 인문학을 통해 세상의 흐름을 스스로 판단하고 미래를 위한 비전과 목표를 자기 주도적으로 결정하려고 한다. 즉 선진국들이 걸어온 길을 학습하고 그대로 모방해 실천하는 차원으로는 더 이상 역동적 변화를 창조할 수 없게 되었다.

요즈음의 인문학 열풍은 자신의 정체성을 확인하고 미래를 향해 뜻과 의지를 정립하려는 열망과 밀접한 관계가 있다.[4] 스스로 창발하는 내면의 힘을 바탕으로 미래를 판단하고 선택해야 하는 단계에 올라서 있다. 따라서 한국 기업들은 이미 부여된 목표를 향해 힘껏 달리기만 했던 기존 관행에서 벗어나 '멈출 줄 아는 기업'이 되어야 한다. 멈추어야 명상도 가능하듯이 멈춤을 통해 세상 흐름의 방향을 판단하고 스스로 비전을 정립할 수 있기 때문이다.

'멈출 줄 아는 기업'이 되기 위해서는 인문학적 지혜가 필요하다. 멈춤의 가치를 인정하고 활용하는 데는 인문학적 지혜가 뒷받침되어야 한다. 빈틈없이 일정이 빽빽한 가운데 항상 빠르게 무언가 행동해야 가치를 만들 수 있다는 통념과 무의식에서도 탈피해야 한다. 이를 위해서는 새로운 혁신이 필요하다. 텅 빈 공간을 꽉 채워야 한다는 경제적인 관점의 압박을, 텅 비었기 때문에 무언가 새롭게 창조할 여유가 생겼다는 참신한 발상으로 바꾸어놓아야 한다. 우리에게는 지혜가 샘솟을 수 있도록 창조의 여유 공간과 시간이 필요하다.

불교에서 말하는 공空도 의미 없이 비어 있는 자리가 아니다. 오히려 텅 비었기에 무한대로 창조할 수 있음을 의미한다.[5] 또한 장자의 지혜인 무위無爲 철학도 시대에 맞게 잘 활용되어야 한다. 가치를 만들어낼 수 없으며 아무것도 하지 않는 무위가 아니라 인위적 통제를 가하지 않은 자연의 힘을 활용하고자 하는 개념으로 이해되어야 한다. 즉 구성원뿐만 아니라 소비자들까지 자발적으로 회사의 뜻과 비전에 동참해 그들의 창발적 힘을 자연스럽게 활용하는 의미에서의 무위의 경영이 필요하다.[6] 오늘날 기업 간 생태계 경쟁 구도에서는 고객의 요구에 맞추어 신속하게 제품을 공급하기 위해 지시하고 통제하는 방식이 한계에 부닥쳤다. 그 대신 고객들이 문화적 공감대 위에서 브랜드를 아끼고 회사 전략에 동참해 스스로 시장의 파이를 확장시킬 수 있게 만들어야 한다.

'멈출 줄 아는' 지혜는 스티브 잡스가 말한 "stay foolish"와도 일맥상통한다. 위대한 성공 뒤에는 반드시 큰 실패가 있었다. 이처럼 큰 성공을 원한다면 반드시 '바보의 영역'을 설계해 넣어야 한다. 바보 영역이란 자주 실패하고 무모한 일을 벌이는 바보들을 양성하거나, 투입되는 자원이나 시간의 일부를 실패가 차지하도록 미리 계획해두는 것을 말한다. 바보들이 숨 쉬고 활동할 수 있는 시스템과 실패와 동거할 여유 공간을 확보해야 위대한 성공이 창발할 수 있다. '멈출 줄 아는 기업'만이 이러한 바보 영역을 설계할 수 있을 것이다.

혁신과 조직화의 또 다른 주체는 정부이다. 정부는 국가 전체가 창발성 시대에 제대로 적응하도록 혁신을 위한 인프라를 다지고 조직화를 선도해야 한다. 창조경제에서 정부가 해야 할 새로운 역할은 다음과 같다.

첫째, '국민과 공감하는' 정부가 되어야 한다. 평범한 사람들의 창조력이 경제 발전의 핵심 동력이 되는 창발성 시대에 걸맞은 정부 역할이 필요하다. 그것은 창의적이고자 하는 평범한 국민에게 주파수를 맞추는 일이다. 막강한 추진력을 가진 대기업이나 소수 엘리트의 관점만으로는 새로운 시대에 창발하는 국민의 힘을 제대로 활용할 수 없다. 평범하지만 일상 속에서 창의적이고자 하는 국민과 공감대를 형성하는 일이 급선무이다. 이를 위해서는 재능이 있건 없건 간에 창조적인 길로 가고자 하는 국민에게 비전을 제시해주어야 한다. 그리고 그 개인들이 창조적인 길을 찾고자 할 때 즉시 도와줄 수 있는 정책이 작동되어야 한다.

둘째, 국민의 창발적 내면의 힘을 믿고 이들을 원거리에서 지켜보고 지원하는 역할을 해야 한다. 국민을 옆에서 보호하고 도와주는 후견인 역할보다는 스스로 설 수 있게끔 가만히 지켜보고 기다려줄 수 있어야 한다. '국민과 공감하는' 정부는 직접 개입보다는 원거리 지원으로 더 큰 성과를 낼 수 있다. 창발성 시대에서는 법규를 통해 변화를 강요하거나 직접 보호하는 정책들이 오히려 게임을 망치는 독이 될 수 있다. 달걀을 생산하는 양계장에서는 사람의 출입이나 개입을 최소화한다. 새로운 생명이 창발하는 시간과 공간이 자유로워져야 하기 때문이다. 양계장 주인의 역할은 온도와 습도 등 환경 조건을 잘 관리하고 먹이가 끊이지 않도록 하는 것이다. 원래 창조 경제는 달걀과 같이 깨지기 쉬운 속성을 지니고 있다. 정부는 창조적 과업에 직접 개입하기보다는 달걀이 깨지지 않도록 안전한 인프라를 구축하는 역할을 맡아야 한다. 안전과 복지를 튼튼히 함으로써 마음껏 실패할 수 있는 사회 경제적 조건을 조성하고 에너지와 안보 등 창조경제의 보호막을 탄탄하게 유지하는 것이 무엇보다도 중요하다. 또한 개인의 창의적 아이디어와 지적 재산권이 독과점 세력에게 빼기거나 불공정 거래에 막혀 창의적 제품과 서비스가 제값을 못 받는 일이 생기지 않도록 시장 구조를 바로잡아야 한다.

셋째, 새로운 방법론을 도입해야 한다. 정치적 포퓰리즘이나 법과 이념에 의한 통제 등 기존에 익숙했던 방법들에서 과감하게 벗어나야 한다. 민간기구와 같은 제3의 힘, 참여와 화해 등을 기반으로 하는 새로운 방법들을 창의적으로 탐구할 필요가 있다. 앞으로의 세상은 스스로 창발하는 작고 많은 변화를 통해 변하고 발전하기 때문이다. 작은 성공이나 작은 가치 창출 활동에 관심을 기울이고 바람직한 작은 성과도 알아주고 격려하는 피드백 정책을 통해 변화를 촉진하는 게 바람직하다. 그리고 변화를 유도하는 네트워크를 구축하고 일방적 규제보다는 협력적 방법을 퍼뜨려야 한다. 아울러 정책의 내용을 변모시키는 것이 좋다. 기존에는 정부가 직접 개입하고 통제하는 방식이었다. 이른바 포지티브 시스템이다. 이것을 창조적 비움空 속에서 창발적 힘이 발생하는 무위의 방식으로 바꾸어야 한다. 즉 네거티브 시스템으로의 변화가 필요하다. 스피드 시대는 이미 한계에 다다랐다. 이제 창발성 시대에 대비해 모든 것을 바꿀 때이다.

스피드 시대 이후의 세상

2008년 글로벌 금융위기에 이어 2014년 대한민국에 닥친 세월호

사건은 지금까지 작동해온 경제 사회 패러다임의 한계를 온몸으로 느끼게 했다. 월가에서 고액 연봉을 받으며 일하는 내로라하는 수재들이 단기적 안목에 사로잡혀 어처구니없는 잘못을 저지르는 모습, 편법과 탈법, 집단 유착 등이 일상화된 속에서 목전에 이익에만 집착하는 구태의 끔찍한 결과가 바로 우리 주변에서 벌어졌기 때문이다. 이런 뼈아픈 경험을 통해 우리는 한국 경제든 세계 경제든 이대로는 미래가 없다고 자각하게 되었다.

속도 경영의 부작용은 이제 일상에서 관찰되는 우리 삶의 한계이자 극복해야 할 대상이 되었다. 그 뒤를 받치고 있는 디지털 문명의 기술 발전은 더 값싼 물건과 즉시적 정보를 제공했지만 우리 삶 전체에 더 심각한 문제를 안겨주었다. 평범한 우리 삶에도 어느덧 스피드 경제의 어두운 그늘이 드리워졌다. 유통 채널을 독점한 대기업들은 대도시를 넘어 지역 소도시까지 뻗어 나가 거의 모든 상점에서 탐욕적으로 이익을 빨아들인다. 그 틈바구니에서 자영업이나 지역 경제는 기반을 잃어가고 있다. 이런 와중에 양극화는 더 심해졌으며 일자리는 줄어들었다. 청년 실업은 우리나라뿐 아니라 전 세계의 골칫거리가 되었다.

스피드 시대에는 각자 살 길만을 도모하는 각자도생各自圖生의 철학이 판을 친다. 따라서 맹독성 기업과 이기적 부유층을 양산하기 마련이다. 맹독성 기업은 자기 기업만 소중하게 여기기 때문에 생태계의 미래까지도 싹쓸이하는 전략이 오히려 자연스럽다. 또 이기적 부유층은 자기 배의 만족만을 추구한다. 연봉 수억 원을 받는 커리어 우먼이 오랜만에 전통시장에 갔다가 몇천 원 하지 않는 반찬을 사면서 무자비하게 물건값을 깎아 상인의 눈물을 짜내놓고는 자기 자녀에게 자신의 철두철미함을 자랑삼아 이야기하는 것은 낯선 풍경이 못 된다.

그런데 이들의 맹독적 탐욕이 자신의 생존력을 높이는 데 도움이 될 수 있을까? 연구 결과는 아이러니한 현실을 보여준다. 스피드 시대 성공을 거머쥔 기업들의 수명이 줄어들고 있다. 내로라하는 기업들이 모인 S&P 500대 기업들의 평균 수명은 1960년 60년 → 1980년 25년 → 2011년 18년으로 대폭 감소했다. 그들의 수명이 짧아진 이유가 남들보다 빠르지 못해서일까? 그렇지 않다. 눈앞의 성과에 집착해 변화의 흐름을 놓치거나 기업의 생태계적 속성과 인간의 공동체적 속성을 간과함으로써 소비자와 내부 구성원의 지지를 끌어내지 못했기 때문이다. 그들의 맹독성이 스스로 수명을 단축한 셈이다. 반면 100년 넘게 생존하면서 스피드 시대를 관통하여 경쟁력을 유지해온 장수 기업들은 창업 이념을 계승하고 생태계를 존중하며 사회적 책임을 다하려는 속성을 갖는다고 한다.[7]

오늘날 음식, 걸음걸이, 패션 등 우리 삶의 구석구석에서 '패스트fast'의 스트레스를 지우고 '느림의 미학'을 찾으려는 움직임이 왕성하다. 스피드 시대의 한계와 폐해를 극복하기 위한 운동이 활발하게 전개되고 있는 것이다. 하지만 광속으로 변하는 21세기를 '슬로우slow'만으로 살아갈 수 없다. 미래에도 스피드는 생존을 위한 필수 요인으로 남기 때문이다. 스피드의 맹독성이 스스로 경쟁력을 갉아먹는다고 해도 스피드 자체가 무의미해지지는 않는다. 스피드에 지배당하는 것이 문제지 스피드 그 자체가 죄악은 아니다. 따라서 스피드를 적절히 통제할 새로운 패러다임이 필요하다. 비유적으로 말해 스피드를 속도계에 넣어두었다가 필요할 때만 자유롭게 꺼내 쓸 수 있는 속도 제어 능력이 필요하다.

그렇다면 기존의 스피드를 대체할 새로운 패러다임은 무엇인가? 이를 찾아내기 위해서는 지금까지 우리가 어떻게 변화에 대응해왔으며, 어떤 식으로 성장했는지에 대한 성찰이 필요하다. 그리고 이를 기반으로 미래에 대해 조망할 필요가 있다.

기존의 속도 지상주의 시대에서 우리가 해온 행동은 '하면 된다'와 '빨리빨리'로 요약할 수 있다. 처음 하는 일이라도 일단 저질렀다. 그러면 길이 보였다. 그 길을 걷다가 위기에 부닥치곤 했다. 그러면 그것을 해결하기 위해 온 힘을 쏟아부었다. 이 과정에서 경쟁력을 확보할 수 있었다.

이것이 속도의 시대를 사는 방법이었다. 힘과 속도라는 추진력이 가장 중요한 에너지가 되었다. 앞선 외국의 성공 사례가 존재했기에 목표를 분명히 할 수 있었다. 힘겨울지라도 '99%의 노력'을 들여 성공에 다가설 수 있다는 확신도 생겼다. 이런 행동 양식은 '노력 끝에 성공이 온다'는 고진감래苦盡甘來의 교훈과 경쟁자보다 더 빨리 성장하고자 하는 열망으로 뒷받침되었다. 그러나 이제 우리 앞을 가던 선행 주자가 보이지 않는다. 분명했던 목표도 불확실성의 안갯속으로 사라지고 말았다. 이런 상황에서 한계에 도달한 스피드 경제는 수많은 병폐와 부작용을 몰고 왔다. 이 패러다임은 앞으로 경쟁력을 만들어내기가 더욱더 어려워질 것이다.

새로운 패러다임

스피드 시대의 뒤를 잇는 새로운 패러다임이란 무엇일까? 이 패러다임을 가장 핵심적으로 표현하는 단어가 바로 '창발創發'과 '창발성emergence'이다. 이 말은 인간의 비밀스러운 힘의 발생 과정을 잘 표현하고 미래 성공의 특성을 가장 잘 반영하고 있다. 미래로 갈수록 성공success은 불현듯 솟아나는 '창발의 산물emergent property'처럼 나타난다. 그렇게 창발된 성공은 경제적 가치뿐만 아니라 종종 예술적·사회적 가치까지도 함께 창출한다. 이러한 창발의 과정은 개인 수준에서뿐만 아니라 집단과 대규모 기업에 이르기까지 비슷한 패턴으로 나타난다. 마치 부분과 전체가 흡사하게 구성된 프랙탈 구조의 모습을 띤다. 과거 스피드 경제를 속도 경영의 패러다임이 지배했다면 새로운 경제는 창발 경영의 패러다임이 지배할 것이다.

원래 창발이란 단어는 21세기 과학의 핵심 키워드이다. 창발은 각각의 구성 요소에서는 없는 특성과 행동이 상위 수준이나 전체 구조에서 자연 발생적으로 갑자기 나타나는 현상을 뜻한다. 이 개념은 인체나 우주 같은 복잡한 자연 현상을 설명하거나 이해하는 데 중요하게 쓰인다. 인간을 예로 들어보자. 세포로 구성된 인체를 가진 인간은 창발성을 통해 의식을 가지고 창의성을 발휘하며 인간 본연의 특성을 지니게 된다. 세포의 차원으로서는 이해할 수조차 없는 마음과 감정을 움직이며 창조적인 일을 하게 한다.

우리가 경제 사회 생활에서 관심을 두고 있는 성공이라는 현상도 바로 이 창발의 개념으로 더 구체적으로 이해할 수 있다. 21세기의 성공은 사전 계획이나 주도면밀한 디자인을 통해서는 달성되기 어려워졌기 때문이다. 불확실성이 커지고 경쟁이 치열해짐에 따라 미리 짜인 계획들은 금세 무용지물이 되기에 십상이다. 성공의 기회는 수많은 변화 속에서 어느 순간 불현듯 솟아오르는 경향이 강하다. 그래서 성공은 미사일을 쏘듯 이루어진다. 실시간으로 변화하는 환경, 즉 시장과 경쟁자의 움직임을 주시하다가 어느 순간 발사대를 떠나서 움직이는 목표에 명중하는 것과 같다.[8]

패러다임이란 한 시대의 사람들이 공통적으로 가지고 있는 견해나 사고를 지배하는 이론적 틀이나 개념의 집합체를 말한다. 따라서 새로운 패러다임은 인식 체계, 관습, 가치관, 사고방식, 관념들이 기존과 다르다. 따라서 스피드 시대를 대체하는 새로운 패러다임은 인간과 기업의 행동 양식과 가치관이 구조적으로 달라지고 변화에 대한 인식 체계와 관습, 그리고 경제 전반에 관한 철학과 자세가 달라지는 것을 담아내야 한다.

창조경제에서는 경제 성장을 이끄는 경제 주체들의 모습이 달라진다. 소수의 거대 대기업 중심에서 중소·중견 기업들의 중요성이 커지고, 다양한 크기와 형태의 기업 조직들이 새로운 가치들을 만들어낸다. 또한 개인의 창의성이나 기술 등을 활용해 지적 재산권을 설정하고 이를 소득과 고용 창출의 원천으로 삼는 창조 산업이 발전한다. 따라서 1인이나 20인 미만의 작은 조직체들이 발상의 전환과 창의적 기획력으로 새로운 틈새들을 발굴하고 개척한다. 이들은 경제적 가치 이외에 사회적·예술적 가치 등 다양한 형태의 가치들을 창출함으로써 사회적으로 삶의 질을 높이는 데 기여한다.[9]

최근에는 기술 기반의 벤처기업들뿐만 아니라 '독특하고 차별화된 아이디어를 찾아내어 다양한 형태로 상품화하거나 서비스를 개발하는 개인이나 1인 중심의 사업체'를 의미하는 1인 창조기업들이 등장하기 시작했다.[10] 이 밖에도 사회적 서비스를 제공하고 취약 계층에게 일자리를 만들어줄 목적으로 영업 활동을 수행하는 사회적 기업, 공통의 사회·문화적 필요를 충족시키고자 결성되는 협동조합 등이 활동을 넓혀가고 있다.

이들의 가치관은 스피드 경쟁에 내몰린 기업들과는 다르다. 남보다 빠르고 앞서는 것을 지상 목표로 삼지 않고 나 자신의 존재 가치를 먼저 추구한다. 즉 경쟁자나 남을 의식하기에 앞서 '내가 누구이고 무엇을 왜 하는지?'에 관한 본질적인 대답을 먼저 구한다. 이들에게는 광속으로 변하는 세상에서도 변함없는 자신의 존재 가치를 지켜나가는 것이 더 중요하다.

따라서 변화에 대한 인식과 관습이 달라진다. 세상의 변화는 더 빨리 이루어지지만 그 변화를 일방적으로 따라다니기보다는 '생존하면서도 자신의 정체성을 유지하려' 한다. 그렇다고 속도 경쟁에서 뒤처지기만 하는 것은 아니다. 재빠른 반응과 대응을 잘할 수 있으면서도 섣부른 결정을 내리지 않는다. 마지막까지 지혜로운 결단을 내릴 수 있는 여유 공간과 시간을 확보하는 데 총력을 기울인다. 한마디로 '마지막까지 늦출 수 있는' 역량을 갖추어 최선의 결정을 이끌어내는 데 역점을 둔다.[11]

새로운 시대에서는 지금까지 존재하지 않았던 제품이나 서비스를 시장에 처음으로 제안해 세상을 놀라게 하고 인생에 중요한 영향을 끼칠 수 있는 창조적 혁신을 요구한다. 이러한 창조적 혁신을 위해서는 무작정 빨리 움직이기보다는 기회의 실체를 신중히 파악하고 타이밍을 포착해 결정적 순간에 행동을 개시하는 것이 관건이다. '더 빨리, 더 싸게, 더 세련되게'를 지향하는 효율적 혁신은 점점 더 경쟁력의 핵심에서 멀어져갈 것이다. 자신의 정체성 확립 없이 미래에만 눈길을 두거나 즉각적 대응에 몰두해서는 점점 더 생존하기 어려워진다.

한편 경제와 관련된 철학도 달라진다. 기존 패러다임에서는 자신의 목표를 '거래에 의한 설득'으로 달성하려 한다. 즉 타인이나 소비자가 내 생각에 동의하게 하거나 내 생각대로 움직이도록 하는 데 초점을 둔다. 그 결과 경쟁에서 이긴 승자는 배려 차원에서 타인에게 베풂으로써 사회적 책임을 다하려 한다. 하지만 이렇듯 내 '소유'를 베푼다는 식으로 접근한다면 언젠가 그 생각과 행동이 고갈되기 마련이다. "이 정도면 충분하지 않나"는 생각을 하게 마련이다.[12]

또한 수혜자 처지에서도 타인이 일방적으로 베푸는 자선이나 복지가 고맙기보다는 불만이 생길 수 있다. 어차피 그들의 자선 활동은 자신을 위한 집착의 결과로 자신의 입장에서 일방적으로 행하는 것으로 비치기 때문이다. 국내 대기업들이 매년 많게는 수백억이나 수천억 원에 달하는 예산을 들여 봉사와 기부 활동을 해도 정작 사회 분위기가 냉랭하고 기업에 대한 이미지가 점점 더 나빠지는 이유의 근원을 여기서 찾을 수 있다.

새로운 패러다임에서의 경제 철학은 타인과 소비자를 자신과 대등한 관계로 대우하고 그들과 자신의 성공을 대가 없이 나눔으로써 모두가 승자가 되는 구조를 지향한다. 이러한 의미에서 새로운 패러다임은 '성공 공유' 경제를 목표로 삼는다고 할 수 있다. 이때 '성공 공유' 경제란 상대에 대한 '진정한 위함'을 통해 좋은 관계를 유지하고 좋은 정보와 뜻을 공유함으로써 작게는 집단 공동체, 크게는 생태계를 형성함으로써 함께 성공하는 경제를 말한다. '진정한 위함'이란 상대에게 무엇인가를 해주고 싶은 마음으로부터 출발해 상대를 좋게 만들어주는 노력과 행동을 하는 것을 말한다.[13] 이를 위해서는 이익을 먼저 계산하지 않고 낮은 자세로 상대(소비자)를 존중하는 태도가 필요하다. 상대에 대한 정성이 새로운 가치와 사업거리를 만들어내기 때문이다. 상대(소비자)의 마음에 내(기업)가 어떤 존재로 남느냐가 새로운 시대에 인간관계를 성공적으로 맺는 데 가장 중요한 기준이 될 것이다. 하지만 이러한 선의의 관계가 과연 경제적 가치를 만들어낼 수 있는지에 대해 적지 않은 의문이 생길 수 있다. 상대를 진정으로 위하는 것은 좋은데, 일방적으로 주기만 한다면 어떻게 경제 활동을 유지할 수 있을지 궁금할 것이다.

'성공 공유' 경제는 역설적인 시스템이다. 상대에 대한 '진정한 위함'이 내게도 더 큰 이익이 돌아오게 하는 선순환을 만들어낼 수 있다. 그 이유는 새로운 경제가 추구하는 목표가 오직 물질에만 있지 않기 때문이다. 남을 진정으로 위한다면 당장은 물질을 잃거나 양보해야 할 수 있지만 그 대신 타인으로부터 마음과 정보를 얻을 수 있으며 함께하고자 하는 뜻을 공유할 수 있다. 당장 물질을 얻지 못할지라도 정신과 영성의 힘은 점점 더 커지고, 이것이 수많은 사람을 참여시키고 이익을 공유하는 새로운 비즈니스 모델과 산업 생태계를 구축할 수 있다. 이를 통해 산업과 시장에서 리더가 된다면 한껏 커진 파이에 가장 중요한 부분을 차지할 수 있을 것이다.

그렇지만 새로운 패러다임이 장밋빛 미래만을 예고하는 것은 아니다. 역사가 증명하듯이 장점만 있는 사상과 제도는 없다. 모든 것에는 부작용이 따르기 마련이다. 새로운 시대의 패러다임도 그 나름의 부작용을 운명적으로 잉태하고 있을 것이며 훗날 이를 해소할 또 다른 패러다임이 필요하게 될 것이다.

새로운 패러다임의 가장 큰 문제점은 노력에 대한 성과를 미리 가늠할 수가 없다는 데 있다. 아무리 노력해도 그 성과를 보장받지 못하는 불확실성의 세계이기 때문이다. 상대적으로 노력이 적더라도 '1% 영감'이 있으면 큰 성공을 거머쥘 수도 있다. 땀과 노력으로 얻어낸 스펙의 대가를 제대로 보장받지 못할 수도 있는 불확실성의 세계이다.

이에 따라 청년들에게는 자신의 미래가 점점 더 불확실하고 불안정하게만 느껴진다. 그들은 급변하는 주위 여건 속에서 스스로 자신의 정체성을 지키고, 기회를 획득하기 위해 끈기 있게 노력하고 기다리는 삶의 방식을 익혀야 한다. 이러한 삶의 방식은 마치 독립운동가가 기약 없는 그날을 위해 모든 것을 헌신하는 모습과도 비슷하다. 또한 평생을 바쳐 빛나는 예술 작품을 빚어내는 예술가나 봉사 활동에 몰입하는 사회 봉사자의 마음과도 일맥상통한다. 이들은 비록 실패하거나 평생에 원하는 것을 얻지 못한다 해도 자신의 삶에 대한 후회가 없는 경우가 대부분이다.

소프트 경영으로

경제 패러다임의 진화는 부가가치를 만들어내는 핵심 요소가 변화하는 과정이기도 하다. 물질과 지식에서 창의성과 통찰력으로 점점 더 가볍고 형태가 없는 쪽으로 사회적 부를 만들어내는 핵심이 바뀌고 있다. 따라서 기업 경영은 물질 중심에서 사람 중심으로 패러다임이 바뀌어야 한다. 이러한 사람 중심의 패러다임은 국가운영에까지 확산되어야 사회 구성원 모두의 재능을 최대한 이끌어내는 성장을 할 수 있다. 창발성 시대의 창조경제도 사람이 중심이 되고 모든 사회 구성원의 참여를 기반으로 하는 혁신을 통해 발전할 수 있다.

사람 중심의 경영을 하기 위해서는 소프트 경영을 해야 한다. 소프트 경영이란 마음과 행동의 수준이 훌륭한 구성원들이 자발적인 상호작용과 교류를 통해 상상하지 못한 혁신 성과를 이루도록 하는 경영 방식을 말한다. 소프트 경영은 소프트웨어와 창의성, 그리고 지혜와 통찰력을 중시한다. 하드웨어와 물질 자원, 그리고 힘과 속도를 중시하는 하드(물질) 경영은 '시키는 대로 했는가'에 초점을 맞추기 때문에 목표 관리Management By Objective가 효과적이다. 반면에 소프트 경영은 '어떤 마음으로 일했는가'에 초점을 맞추기 때문에 마음 관리Management By Mind가 효과적이다. 따라서 구성원의 마음만 신뢰한다면 과정과 결과는 믿고 맡길 수 있다. 이러한 소프트 경영에서 가장 중요한 것은 인격人格이 뛰어난 구성원을 알아보고 선발하는 일이다. 인격이란 성격과 품격으로 구성된다. 성격은 마음의 수준을 나타내며 품격은 행동의 수준을 의미한다. 따라서 성격(마음)이 좋고 품격이 높은, 즉 성품이 우수한 인격체를 찾아 함께 일하고 의사결정하는 것이 소프트 경영의 요체가 된다.

전통적으로 기업들은 재료를 투입하고 그것을 가공해 산출물을 만들어내는 물질 중심의 경영을 했다. 한 번 투여되면 고갈되어 없어지기 때문에 투입 대비 산출의 비율을 높이고자 생산성과 효율성에 매달리지 않을 수 없었다. 이러한 속도 경쟁의 경영에서는 기업이 성공해도 직원들은 고갈되어 가는 자신을 보며 박탈감을 느껴야만 했다. 최고경영자 역시 성취감보다는 왠지 모를 허탈함과 외로움을 느끼는 경우가 많았다. 이는 성공의 기준을 목표 달성으로만 잡기 때문이다. 끊임없는 속도 경쟁 속에서 주어진 시간과 자원 안에서 얼마나 많은 일을 처리하고 결과물을 산출했는가에만 초점을 맞춘다면 그 일에 참여한 모든 사람들은 목표 달성의 수단으로 전락하고 만다.[14]

반면에 소프트 경영은 마르지 않고 고갈되지 않는 소프트 자원을 활용해 혁신을 창발하게 한다. 이를 위해 품격 있고 창조적인 구성원들과의 상호작용과 깊은 교류를 기반으로 혁신적인 생각과 아이디어가 창발하게 한다. 소프트웨어나 통찰력, 그리고 지혜 등은 '써도 마르지 않고 오히려 커지고 늘어나는' 소프트 자원이다. 물질과 지식은 쓸수록 고갈되지만 소프트 자원은 스스로 창발하기 때문에 그 창발 과정을 잘 관리한다면 무한 자원으로 활용할 수 있다. 이 책에서 제안하는 창발 경영은 바로 소프트 경영의 하나이다. 이러한 소프트 경영은 비록 기대보다 경제적 성취가 늦더라고 지치거나 에너지가 고갈되지는 않는다. 오히려 영성적으로 계속 성장할 수 있는 장점이 있다. 인간의 욕구 체계가 점점 더 물질에서 정신과 영성 쪽으로 이동하고 있기 때문에 소프트 경영은 구성원들의 만족도와 행복감을 높이는 수단이 된다.

소프트 경영은 구성원들을 노동력을 가진 인력人力이나 지식과 재능을 가진 인재人才로 취급하기보다는 주위 환경에 자연스럽게 어울리는 품위를 갖춘 인격人格으로 대우한다. 인격을 갖춘 구성원은 독립적 존재로 자존감을 갖고 주위 환경에 대해 스스로 통찰할 수 있는 능력을 지닌다. 창발성 시대에는 신입 사원이라도 세상을 바꿀 만한 일을 만들어낼 수 있기 때문에 회사는 구성원의 능력과 성품을 믿고 그의 통찰력이 창발할 때를 기다려주는 것이 필요하다. 요즘 회사들의 인사 채용 시 스펙보다는 인문적 소양을 중시하는 경향이 나타난 것도 지식과 재능보다는 품격을 갖춘 사원들이 더 중요해졌기 때문이다.

'하면 된다'와 '빨리빨리'에서 '이룰 때까지'

'하면 된다'와 '빨리빨리'는 한국 경제의 급속 성장을 핵심적으로 표현한 단어이다. 한국인이라면 누구나 직장에 적응하기 위해서나 성공하기 위해 이 단어가 꼭 필요함을 안다. 지금까지 고속 성장을 이어온 비결을 가장 함축적으로 표현하고 있기 때문이다.

'하면 된다'의 'can do spirit'은 투자할 자본도 없고 경험도 없는 바닥의 상태에서도 저질러보고 도전함으로써 새로운 것을 터득하고 기회를 잡아나가는 성과를 거둔다. 이 정신 자세는 개인의 도전뿐만 아니라 집단 응집력으로 뭉치면서 강력한 에너지를 발산하게 된다. 바로 신바람이라는 한국 사회 조직의 특유한 현상은 이 에너지를 기반으로 한다. 1960년대 정부의 경제 개발 계획으로부터 출발한 산업화는 '하면 된다'로부터 만들어진 신바람 에너지를 기반으로 30년 동안 놀라운 성과를 냈다. 1인당 국민소득 100달러로 세계에서 가장 가난했던 나라가 1만 달러 수준의 중진국으로 도약한 비결이 바로 '하면 된다'의 패러다임에 있다고 할 수 있다.

'빨리빨리'는 '하면 된다'와 함께 한국 기업의 속도 경영 패러다임을 만들어냈다. 여기서 '빨리빨리'란 목표와 문제 해결을 위해 전력질주하라는 의미이다. 특히 선진국으로부터 기술과 노하우를 습득하고 앞선 경쟁자의 경험을 학습함으로써 선발 주자를 신속히 따라잡기 위한 캐치-업 전략을 내포하고 있다. 이 전략은 1990년대 이후 20년간 진행된 정보화 시대에서 융합 경영을 통해 커다란 성과를 거두었다. 반도체와 정보통신 기술 등의 급속한 발전에 대응해 문제 해결에 필요한 다양한 요소들을 융합해냄으로써 선진국과의 기술 격차를 좁히거나 부분적으로 따라잡을 수 있었다.

그런데 문제는 창발성 시대에 적합한 핵심 구호가 잘 안 보인다는 것이다. '하면 된다'와 '빨리빨리'는 누구의 주장도 아니면서도 모든 한국인이 공감하는 구호가 되었지만, 창발성 시대의 성공 논리를 관통하는 핵심 구호는 제대로 공감대를 형성하고 있지 못하다. 과거의 핵심 구호를 대체하고 새로운 패러다임을 모두에게 공감시킬 수 있는 단어는 무엇일까? 나는 '이룰 때까지'를 제안하고자 한다. 이 단어는 극단적으로 불확실한 환경에 있는 업종에서 성공 비결로 가끔 이야기되고 있지만, 앞으로는 미래 경영의 핵심을 찌르는 레토릭이 될 것 같다. 예를 들면 성공 확률이 극히 낮은 석유 시추 사업이나 한 치 앞을 내다볼 수 없는 인터넷 사업 등에서 꿈을 실현하기 위해서는 '이룰 때까지' 하는 것이 유일한 성공 노하우일 수 있다.

창발성 시대의 성공 논리로서 '이룰 때까지'는 뜻과 의지, 반복, 실패 용인, 틈새 창출이라는 4가지 의미를 포함하고 있다. **첫째, 뜻과 의지를 전제로 한다.** 의미 없이 무작정 하는 게 아니라 꼭 이루고 싶은 꿈을 가지고, 하지 않으면 미칠 것 같은 그런 마음에서 출발한다. **둘째, 반복적인 노력과 투자를 진행한다.** 언제 그 뜻이나 목표가 이루어질지 알 수는 없지만 그때를 기다리며 성과에 상관없이 될 때까지 반복한다. **셋째, 실패와 동거한다.** 반복적 실천 과정 속에는 수많은 시행착오와 실패들이 존재하지만 그것들을 용인하고 학습하는 과정을 체계적으로 마련한다. **넷째, 궁극적으로 틈새 창출을 통한 기회 획득을 목표로 한다.** '이룰 때까지'의 궁극적 목적은 새로운 틈새의 발굴과 개척에 있다. 자신이 뜻하고 비전으로 설정한 곳에서 드디어 새로운 틈새를 발견하고 원하던 기회를 손에 넣음으로써 새로운 가치를 창출한다는 것이다.

하지만 틈새 발견에 실패하면 어떻게 되는가? '이룰 때까지'의 가장 큰 문제는 성공이 보장되지 않는다는 것이다. 수많은 시도에 비해 성공 확률은 그리 높아 보이지 않는다. 이 문제를 해결하기 위해서는 2가지 방법밖에 없다. 하나는 끝까지 살아남음으로써 성공 확률을 높이는 것이다. 어떤 여건에서도 생존할 수 있는 조건을 만듦으로써 마지막까지 기회를 기다리는 방법이다. 둘째는 과정 자체를 즐기고 의미를 부여하는 것이다. 도전하는 과정과 순간을 통해 많은 것을 배우고 정신적으로 성숙도를 높여갈 수 있다면 그 성과의 크기가 생각보다 중요하지 않을 수 있다. 이를 위해서는 일단 어떤 조건에서도 살아남아야 하며 도전의 과정이 의롭고 보람을 줄 수 있도록 설계되어야 한다.

힐링healing에서 히팅heating으로

창발성 시대의 성공 방식인 '이룰 때까지'를 작동시키기 위해서는 가장 먼저 자기 자신에 대한 믿음과 신뢰가 있어야 한다. 나에 대한 믿음과 신뢰가 없으면 자신감이 생길 수 없으며 뜻과 의지도 세워지지 않는다. 따라서 스스로를 뜨겁게 히팅heating함으로써 마음과 정신을 무장해야 한다. 이때 히팅이란 꿈과 열정으로 스스로 삶의 에너지를 발열시키는 것을 말한다. 히팅이란 가열 기구와 관련된 용어인데 마음과 정신을 긍정적이고 열정적인 상태로 만들어놓는 것을 의미한다. 자신이 추구하려는 뜻과 비전을 분명히 하고 스스로 감당할 만한 목표들을 설정하면서 고지를 하나하나씩 점령해나가는 과정에서 스스로 에너지를 충전하고 가열시킬 수 있을 것이다.

스피드 시대에서는 좌절과 피로의 스트레스를 위로받고 치유하는 것이 필요했을지 모르지만 창발성 시대에서는 마음과 정신의 에너지를 충만하게 함으로써 스스로 행복의 기회를 찾아간다. 비록 끝없이 반복되는 노력과 투자로 고난과 역경이 따라도 그 과정은 불행감이나 스트레스보다는 성숙의 기회와 보람을 줄 수 있다.

몇 년 전부터 우리 사회는 힐링이 트렌드로 자리 잡았다. 지난 수십 년간 스피드 경쟁 시대를 살아오면서 축적된 상처와 스트레스가 비로소 아픔과 불행감으로 다가왔기 때문일 것이다. 남녀노소 전 계층에서 힐링의 열풍이 불고 있는 것을 보면 한국인들이 그만큼 압축 성장의 시대를 철저하게 살아왔음을 알 수 있다. 한 유치원을 방문한 교육 관계자가 이런 이야기를 들려주었다. 그는 병아리같이 귀여운 유치원생에게 장래 희망을 물었다. 주저 없이 나온 대답이 '5급 공무원'이었고 한다. 뒤통수를 맞은 기분으로 이유를 물으니 엄마가 꼭 그렇게 되라고 했다고 한다. 대한민국의 도전정신은 이렇게 가정교육에서부터 쇠퇴하고 있다. 아마도 이 착한 아이는 엄마의 말대로 스펙 쌓기에 열중해 드디어 공공 부문에서 안정적 직장을 얻을지 모른다. 이렇게 성장한 청년들은 안정된 직장을 다니며 때때로 스트레스에서 벗어나고자 안정과 휴식을 취하는 힐링족이 될 것이다.

그러나 힐링은 좌절과 불안에 지친 사람들에게 평화와 치유를 주는 것 같지만 일시적 차원에 머문다. 스피드 경쟁 사회에 존재하는 한 잠시 일상에서 벗어나 휴식을 취할 뿐이다. 곧바로 문제의 현장에 돌아가야 한다. 공감과 위로가 일시적 안정과 위로를 줄 수 있지만 삶의 패러다임을 바꾸지 않는 한 문제는 없어지지 않고 그것을 극복할 방법도 쉽게 얻을 수 없다.

지금은 꿈의 크기가 날로 줄어드는 '자신'을 아파하고, 잃어가는 자기 정체성에 슬퍼하는 청춘을 힐링으로 위로할 때가 아니다. 이미 존재하는 이념과 관습의 틀 안에 자신을 구겨 넣는 아픔에 대해 "먹고살기 위한 어쩔 수 없는 현실 타협"이라고 자기 합리화하기에는 주어진 삶의 경쟁력 상실이 너무 아깝다. 미래에는 위험과 불확실성은 커져도 새로운 기회의 틈새들이 자꾸 늘어난다. 국민 대다수가 힐링족에 속한다면 미래의 수많은 틈새 기회들은 누가 찾아내고 성장 동력은 누가 만들어낼 것인가?

이제는 남의 것을 학습하고 기존의 이념과 가치관을 따라 하는 것에서 벗어나 스스로 깨닫고 통찰력을 키우는 시대로 진입했다. 청년들이 스스로 성공한 삶을 살게 하기 위해서는 자연스럽게 자기 내면에서 불현듯 솟아나는 상상력과 지혜의 힘으로 미래를 살도록 격려해야 한다. 그들을 힐링족이 아니라 히팅족으로 키워야 한다.

아직 한국인들에게는 가난의 공포가 공통의 잠재의식으로 내재화되어 있는 것 같다. 그리고 그것을 극복하는 수단으로서 의사, 판·검사, 교사, 공무원 등이 되거나 대기업이나 공공기관 등 안정적인 직장에 취직해야 한다는 생각이 강박관념으로 자리 잡았다. 그러나 이러한 선택이 100세 시대에도 과연 바람직한지 의심해볼 필요가 있다.

근근이 먹고사는 것으로도 만족할 수 있었던 고난의 시절이 우리에게 분명히 있었다. 하지만 이제는 행복이라는 삶의 기준에 비추어 자신의 미래를 판단해야 하는 시대로 진입했다. 특히 자신이 이루어내고 싶고, 하고 싶은 일을 성취해내는 '성공'이라는 삶의 기준이 중요해졌다. 안정적으로 먹고사는 것도 필요하지만, 과연 내 삶이 성공적인지가 더 중요하게 된 것이다. 지금은 나 자신이 진정으로 원하는 삶이 무엇인지를 먼저 묻고 그것을 이루어낼 방법을 고민할 때이다.

창발성 시대에서 개인은 독립적 존재로서 자신만의 뜻과 목적을 이루어내는 성공하는 삶을 살아야 한다. 이를 위해서는 집단 속에서 색깔 없이 평생을 묻어가거나, 무조건 남들보다 앞서고자 경쟁하는 삶에서 벗어나 사랑과 열정으로 스스로를 히팅할 수 있어야 한다. 이러한 경제 주체들이 선한 뜻과 의지를 기반으로 새로운 가치를 만들어내는 경제 구조를 우리는 '성공 경제success economy'라고 부를 수 있다.

성공자의 마음

성공하기 위해서는 상식적으로 남다른 아이디어와 기술 혁신, 그리고 투자할 자금 등이 필요하리라 생각한다. 그러나 성공을 만들어내는 궁극적 요소는 바로 사람의 마음과 생각이다. 성공을 향해 정확한 결정을 내리고 이를 실천하도록 하는 것이 바른 생각이라면 이것을 작동시키는 것은 마음이다. 성공은 사람의 마음으로부터 시작해 바른 생각으로 이어지고 이것이 의사결정과 행동으로 실천되면서 이루어진다.

성공자成功者란 '스스로 성공하는 삶을 살아가는 사람'을 말한다.

그렇다면 성공자의 조건은 무엇일까? 앞에서 말했듯이 수준 높은 생각과 마음 즉, 인지 능력을 갖추어야 한다. 인지 능력은 사람의 총체적인 정신과 마음의 수준을 나타낸다. 다시 말해 정신과 사고방식(마음)이 일정한 수준을 넘어서야 한다는 것이다.

정신의 수준은 좋은 생각으로 좋은 결정을 해나가면서 성공적인 실천을 하고 이것이 또다시 좋은 생각으로 이어지는 선순환의 과정을 통해 점점 더 높아질 수 있다. 또한 마음에 해당하는 사고방식은 "문제에 대해 생각하고 궁리하는 태도와 방법"을 의미한다. 이것은 사람마다 주관적 사고방식이 있기 때문에 그 특성과 수준이 다르다. 하지만 꼭 자기 욕심대로 해야 한다는 생각을 버리고 문제를 그냥 바라보면서 분석하고 평가할 수 있는 객관적 사고방식을 갖는다면 그 수준을 한층 높일 수 있다. 그리고 한 걸음 더 나아가 성공적 사고방식을 갖춤으로써 그 수준을 한층 제고시킬 수 있다. 성공적 사고방식이란 객관적으로 사고하는 것에 더하여 성공에 필요한 요소들이 얼마나 가치를 가졌으며 얼마나 필요한지를 순수성을 가지고 평가하는 것을 말한다. 즉 가치성과 필요성을 기준으로 문제를 순수하게 진단하고 평가할 수 있는 마음의 수준을 의미한다.

사람들은 수준 높은 인지 능력을 통해 중요한 결정을 내리면서 성공 가능성을 높일 수 있다. 그런데 여기서 가장 중요한 것이 바로 앞에서 말한 사람의 마음, 즉 사고방식인 것이다. 보통 사람들은 주관적인 사고방식을 많이 가지고 있다. 그러나 마음의 80%를 주관적인 것으로 채운다면 자기밖에 모르는 나뿐인 사람, 즉 '나쁜 사람'에 머무르게 된다. 이 '나쁜 사람'은 자기 이익을 위해 남을 해치는 악한 사람보다는 나을지 모르지만 성공한 삶을 살지는 못한다.

성공자가 되기 위해서는 객관적 사고방식이 필요하다. 그래야 치우치지 않는 결정을 할 수가 있다. 하지만 객관적 사고방식에만 머무른다면 남을 지나치게 의식하는 약점에서 벗어나기 어렵다. 따라서 궁극적으로 성공적 사고방식으로 마음을 더 발전시켜야 한다. 즉 성공 가능성에 비추어 순수하게 대상의 가치성과 필요성을 평가할 수 있는 마음의 수준으로 자신을 발전시켜야 한다.

보통 사람들의 마음을 100으로 보았을 때 성공자의 마음이 되기 위해서는 대략 주관적 30, 객관적 30, 성공적 사고방식 40 정도의 비중을 가져야 할 것이다.

이와 같은 인지 능력의 수준을 근원적으로 제고시킬 수 있는 가장 강력한 방법이 존재한다. 그것은 사랑의 마음이다. 예부터 마음이 아름다워야 "바르게 될 수 있다(정신과 사고가 일정한 수준을 넘어선 상태를 말함)"고 했다. 이때 '아름다운 마음'이란 그냥 생기는 것이 아니고 사랑으로부터 만들어진다고 한다.[15]

그런데 이 사랑은 3단계를 거쳐 이룩된다. 1단계는 준비하는 단계로서 착하고 '고운' 마음을 만드는 단계이다. 이것은 자신뿐만 아니라 상대와 세상에 관심을 품고 좋게 만들어주겠다는 마음이다. 이를 위해서는 마음속에 선입견을 없애고 보고 듣는 것을 긍정적으로 할 필요가 있다.

2단계는 일이나 상대가 나타났을 때 관심을 가지고 그것을 진정으로 위하는 방법을 찾는 것이다. 끈기와 정성을 가지고 대하면 '위하는 마음'이 생긴다. 그리고 3단계는 이 마음을 행동으로 실천함으로써 완성하는 것이다. 이때 사랑을 실천한 결과로써 느끼는 기쁨의 마음이 아름다운 마음이다.

그러므로 사랑은 정신과 사고의 수준을 높임으로써 인지 능력을 총체적으로 강화시키는 근원적 힘으로 작용한다. 따라서 사랑은 곧 지혜와 연관됨으로써 자기 자신을 성공시키는 추진력이 된다. 이 추진력의 에너지를 통해 우리는 우주와 자연, 그리고 사람과의 관계를 우리의 성공에 긍정적으로 작용하도록 만들어갈 수 있다.

이 사랑이 기업 활동에 적용될 때 기업이 사회와 선순환 관계를 만들어내는 데 핵심 역할을 한다. 기업에는 경쟁적 환경 속에서 "무엇이 되겠다"는 비전이 있다. 그리고 동시에 사회의 일원으로서 "어떻게 기여하겠다"는 사명을 실천함으로써 진정한 의미에서의 기업가 정신이 완성될 수 있다.

이러한 사랑의 힘은 간디나 마더 테레사의 힘에서 보듯이 '모으고 끌어당기는' 특성을 지닌다. 이 사랑의 힘은 '물리치고 파괴하는' 위력威力과 달리 주위로부터 놀라운 정보와 힘을 모으는 효과가 있다. 이 힘은 창발성 시대에 새로운 비즈니스 모델의 성공을 위해서 중요하게 쓰이기도 한다. 예를 들면 다음 3장에 소개할 창조형 산업 생태계가 지향하는 전략적 고착성을 만들어낸다. 브랜드 이미지와 문화적 동질감, 팬덤fandom[16] 등은 바로 '모으고 끌어당기는' 힘에 의해 형성된다. 또한 네트워크를 확장시키는 효과가 크다. 즉 비즈니스 생태계를 구성하는 주체들이 정보, 유통망, 기술 등 보유 자원들을 공유함으로써 비즈니스 생태계 자체를 확장시키고, 전체 생태계의 파이를 키운다.

사람이나 기업들은 물질론에 입각했을 때 더 큰 이익에 집착할 수밖에 없다. 하지만 정보론에 입각할 때 선순환을 통해 포지티브 섬positive sum 게임을 만들어낼 수 있다. 즉 좋은 관계 속에서 더 좋은 정보를 축적하고 다시 그 정보를 공유함으로써 세상에 선순환을 일으킬 수 있다는 말이다.

앞에서도 설명했듯이 앞으로 경제 철학은 타인과 소비자를 자신과 대등한 관계로 대우하고 그들과 자신의 성공을 대가 없이 나누는 '성공 공유' 경제를 지향할 것이다. '성공 공유' 경제란 상대에 대한 '진정한 위함'의 사랑을 통해 좋은 관계를 유지하고 좋은 정보와 뜻을 공유하는 정보론 철학에 바탕을 둔다. 이러한 '성공 공유' 경제는 역설적으로 상대를 위함으로써 내게도 더 큰 이익이 돌아오는 선순환을 만들어낼 수 있다. 타인과 뜻을 공유하고 마음과 정보를 얻을 수 있다면, 비록 당장 물질을 얻지 못할지라도 정신과 사고의 힘은 점점 더 커지고 더 많은 사람이 함께 참여해 공동의 가치를 창출하는 기회를 획득할 수 있을 것이다.

과거 1970년대와 1980년대 대부분의 사람들이 '먹고 살기 위한 삶'을 살았고 1990년대 이후 최근까지는 '경쟁에서 이기기 위한 삶'을 살았다고 할 수 있다. 그런데 지금은 자신의 뜻과 비전으로 성공하는 삶을 살아야 하는 시대가 되었다. 독립적인 존재 가치를 가진 우리에게 스스로 성공할 수 있는 기회가 열린 것이다.

02

창발 경영이란

창발성 시대를 위한 새로운 패러다임에서는 '때를 준비하며 끈기 있게 기다릴 수 있는 능력'이 경쟁력의 핵심 원천이 된다. 남보다 한 발 앞서 결단하고 더 빠르게 행동하는 것만으로는 부족하다. 결정적인 순간을 기다리며 끈기 있게 정성을 다할 수 있는 가치관과 행동 양식이 궁극적으로 성공을 만들어낸다. 미래에 닥칠 극단적 불확실성 아래서는 급한 것보다 적당히 뜸을 들이는 과정이 중요하기 때문이다. 너무 급해도 안 되고 그렇다고 느려서도 안 된다. 하지만 결정적인 때를 기다리면서 확신의 순간에는 전광석화 같은 속도가 필요하다. 이런 일련의 과정은 창의성의 발현 과정과 밀접한 관계를 갖는다. 뛰어난 창의적 아이디어는 두뇌에서 오랜 기간 숙성된 정보와 데이터가 서로 만나고 뒤섞이고 충돌하는 과정에서 불현듯 발생한다.

불확실성이 커지고 경쟁이 과도해짐에 따라 성공은 사전 계획과 주도면밀한 디자인에 의해 달성되기 어려워지고 있다. 대신에 뜻과 의지로 쏘아 올린 미사일을 실시간으로 변화하는 환경에 맞추어 나가면서 어느 순간 불현듯 솟아오르는 성공의 기회를 만나 명중시키는 전략이 필요하다. 극단적인 불확실성을 특징으로 하는 창조경제 시대에서는 창발성이 점점 더 강하게 작동하기 때문에 이를 전략적으로 활용하기 위한 경영 패러다임, 즉 창발 경영이 점점 더 중요해진다.

앞에서 말했듯이 창발 경영이란 "뜻과 비전을 세워 이를 실천할 확고한 의지를 가지고 반복적 활동으로 때를 기다리다가 불현듯 떠오르는 기회를 획득해 새로운 가치를 구현하는 과정"이라고 정의할 수 있다.

이미 기업들은 급속히 증가하는 조직의 창발성 때문에 이를 관리하기 위해 고심하고 있다. 즉 기업들은 창발적 프로세스를 내재화함으로써 극단적인 환경 불확실성에 대처하려 한다. 예를 들면 과거 일상적 업무의 효율성을 높이기 위해 도입한 운영operational 역량이나 변화에 대한 대처 능력을 높이기 위한 동태적dynamic 역량의 차원을 넘어 이제는 즉흥적improvisational 역량을 강조한다. 이와 함께 상황에 따른 맞춤형 계획인 컨틴전시 플랜contingency plan과 시나리오에 따른 대처법 등도 자주 동원한다. 또한 변화 대처 능력이 우수한 인재를 선발해 적재적소에 배치하고 이들이 과감하게 시행착오와 실험을 할 수 있도록 보상 체계를 개선하기도 한다.

이와 같은 일반적인 창발성 관리의 처방책과 함께 점점 더 커지는

불확실성을 관리하기 위해 다음과 같은 관리 방법들이 강조되기도 한다.[17]

첫째, 기업의 이해관계자들로부터 다양한 시각과 관점을 지속적으로 반영한다. 불확실하고 갑작스러운 사건 발생들에 제대로 대처하기 위해서는 평소 환경 변화나 사건에 대한 정보와 해석에 도움을 주고 여러 대안적 해결책을 제공해주는 외부 이해관계자들과 지속적인 관계와 교류를 유지해야 한다.

둘째, 기업의 지식 체계를 계속해서 업그레이드한다. 변화하는 환경에서는 수시로 새로운 지식과 기술들을 요구하기 때문에 불현듯 솟아오르는 창발성에 대처하기 위해서 기존의 인맥이나 능력 체계만으로는 역부족인 경우가 많다. 따라서 다양한 상황과 이슈에 재빨리 대처할 수 있는 인적 네트워크와 학습 체계를 갖추어야 한다.

셋째, 기업 조직의 안과 밖의 경계를 희미하게 함으로써 정보가 필요할 때 안팎을 가리지 않고 창출될 수 있게 한다. 창발성을 효과적으로 관리하기 위해서는 예측하지 못한 이해관계자들로부터 기대하지 못한 정보와 아이디어를 얻어낼 수 있어야 한다. 고객뿐만 아니라 공급자, 투자자, 종업원 등으로부터 자연스럽게 정보와 아이디어를 얻어낼 수 있도록 해야 한다.

넷째, 네트워크를 통해 자연스럽게 지배 구조를 형성하도록 한다. 즉 창발성에 대응한 혁신이란 여러 이해관계자의 자연스러운 참여로 이루어지는 것이기 때문에 기업 단독으로 동기부여하고 통제해 나가기 매우 어렵다. 따라서 형성된 네트워크 안에서 자연스럽게 동기가 부여되고 통제될 수 있도록 해야 한다.

창발 경영은 이와 같은 조직 차원의 창발성 관리managing emergence를 포함해야 하지만 전략 차원에서의 경쟁력 획득과 유지에 더욱 초점을 맞출 필요가 있다. 즉 창발 경영은 시장의 창발성을 경영의 핵심에 두고 변화하는 환경에 대응해 기회를 획득하고 새로운 가치를 창출하는 데 목적을 두어야 한다.

전략적 경영strategic management이란 환경 변화에 대응해 기업의 경쟁력을 유지·발전시키는 데 목적이 있다. 따라서 창발 경영은 전략적 경영의 일종이라고 할 수 있다. 최근 기업들은 환경의 변화를 미리 가늠하여 사전에 기획하고 준비한 전략deliberated strategy에만 의존할 수 없는 상황에 있다. 예측할 수 없는 불확실성과 급변하는 위기 요인과 맞서야 하기 때문이다. 이런 경영 환경에서는 앞에서도 언급했듯이 동태적이고 즉흥적인 접근이 필수적이다. 그러다 보니 당초 계획하지 않은 우발적인 전략emergent strategy 중요한 역할을 한다.[18] 시시각각으로 시장 환경이 바뀌는 인터넷이나 모바일 산업의 경우 아예 전략을 입안하는 기획부서 없이 현장에서 바로 전략을 수립하고 결정하는 기업들도 적지 않다.

하지만 아무런 사전 계획 없이 우발적으로 등장한 전략들이라도 일관성 없이 아무렇게나 만들어지는 것은 아니다. 비록 순식간에 결정되는 전략이라도 회사의 비전이나 이념을 기반으로 정확한 상황 판단에 따라 만들어지고 실천되어야 한다. 그리고 후에 그렇게 결정된 전략들을 모아보았을 때 나름대로 이유와 일관성이 있어야 한다.

창발 경영은 전략적 관점에서 보았을 때 여러 우발적 요인들로 인해 발생하는 불확실성 속에서 새로운 기회를 포착하여 가치를 만들어내는 과정이라고 볼 수 있다. 이러한 과정은 겉으로 보았을 때 운에 기대어 단순히 기회만을 노리는 것으로 보일지 모른다. 그러나 그 내면에는 다가오는 기회를 정말 '기회'로 알아볼 수 있는 능력이 생긴다. 창발 경영은 바로 이러한 능력을 토대로 급변하는 환경 속에서 기회를 획득하고 새로운 가치를 세상에 실현하는 것이라고 할 수 있다.

창발 경영의 원형으로서 강태공과 웅녀 이야기

창발성은 자연현상에서 일반적으로 관찰되듯이 창발 경영과 관련된 철학과 행동 양식도 옛날부터 존재했다고 할 수 있다. 중국의 『여씨춘추』와 『사기』에 등장하는 '강태공(본명은 강상)'이라는 인물을 예로 들어 살펴보자. 그는 잘 알려진 바와 같이 기다리는 데 일가견이 있는 인물이다. 그의 기다림의 철학과 태도는 오늘날 기업들이 새로운 패러다임 속에서 갖추어야 할 덕목의 원형을 잘 보여준다.

강태공은 뛰어난 능력과 높은 학식은 물론 난세를 평정할 아이디어와 계획(현재로 치면 비즈니스 모델)을 가지고 있었지만 때를 기다리며 벼슬이나 돈벌이에도 관심을 두지 않고 오직 강가에서 낚시를 드리우며 세월을 보냈다. 곁을 지키던 부인은 생활고를 견디지 못하고 친정으로 가버렸고 그는 강가에서 늙어 갔다.

그러던 그가 주나라 문왕을 만난 것은 80세쯤이라고 한다. 그동안 그는 바늘이 없는 낚싯대를 드리우고 자신을 알아줄 주군을, 즉 자신의 계획을 실행에 옮길 때를 기다렸다. 강태공이 낚시를 한 이유는 물고기가 아니라 자신이 등장할 '때'를 잡기 위함이었다. 그리고 그는 멋지게 기회를 잡아 활짝 열린 기회의 창으로 재빨리 들어가 이미 준비한 사업계획을 신바람 나게 실행해나갔다. 주나라 문왕이 강태공에게 천하를 얻는 방법을 물으니, 그는 다음과 같이 대답했다.

"왕王의 나라는 일반 백성을 부유하게 하고 패자覇者의 나라는 관리들만 부유합니다. 겨우 존재하는 나라는 사대부만 부유합니다. 또한 도道가 없는 나라는 국고만 부유합니다. 자고로 위가 새면 아래도 새는 법이지요."[19]

지금으로 치면 공공 부문 개혁 방안에 대한 비전과 청사진을 가지고 있었던 것이다. 어쨌든 이러한 강태공의 뜻을 실천한 주나라 문왕은 국력을 강화했고 마침내 군사를 일으켜 당대의 폭군으로 알려진 은나라 주왕을 처단할 수 있었다고 한다. 이와 같은 강태공 이야기에서 발견할 수 있는 창발 경영의 핵심 과정은 다음과 같다.

첫째, 비전과 뜻을 구체적으로 세운다. 강태공은 천하를 평정하고자 하는 뜻을 품었을 뿐 아니라 구체적인 비전 실천의 구상까지 미리 가지고 있었다.

둘째, 생존하면서, '이룰 때까지' 활동을 지속적으로 반복했다. 강태공은 벼슬이나 돈벌이가 아닌 자신이 하고자 하는 일에만 집중하고 기회(주군)를 만날 때까지 수많은 세월을 강가에서 기다렸다.

셋째, 기회의 창으로 재빨리 들어가서 계획을 실행에 옮겼다. 주나라 문왕을 드디어 만나는 순간 거침없이 자신의 비전과 계획을 설파하고 재빨리 입각하여 모든 계획을 실행에 옮겼다.

한편 우리의 단군신화에는 웅녀 이야기가 나온다. (웅녀는 환웅과 결혼해 단군을 낳았으며 그 자손인 한민족은 웅녀의 창발 경영 덕분으로 오늘을 산다고 할 수도 있다.) 이 이야기는 환웅으로부터 시작된다. 환웅은 풍백, 우사, 운사를 거느리고 3,000명의 무리와 함께 하늘에서 내려와 신정 정치를 펼친다. 이때 바람, 구름, 비를 관장하는 관리를 거느렸다는 표현은 농경 사회에서 곡식을 주관하는 환웅의 역할을 암시한다. 단군신화 속에서 환웅이 경영한 인간 세상은 농경 문화 사회였고 위계 구조를 지닌 계층 사회를 의미한다고 한다.[20] 환웅이 '천왕'의 권위를 행사하면서 농경 사회를 다스리고 있던 시기에 곰과 호랑이가 같은 굴에 살면서 사람이 되고자 했다. 이것은 수렵 생활을 하고 있던 호랑이 토템족과 곰 토템족이 농경 사회로 혁신하려는 뜻과 비전을 세운 것으로 해석할 수 있다. 그다음 이야기는 잘 알려진 바와 같다.

"이때에 한 마리의 곰과 한 마리의 호랑이가 같은 굴속에서 살면서 항상 신神과 웅雄에게 사람이 되게 해달라고 기원했다. 이때에 신이 영험스러운 쑥 심지 하나와 마늘 20개를 주면서 '너희들은 이것을 먹고 햇빛을 백일 동안 보지 않으면 사람의 형태를 얻을 것이다'라고 했다. 곰과 호랑이는 그것을 얻어서 먹고 햇빛을 삼칠(21)일 동안 피했더니 곰은 여자의 몸을 얻었고, 호랑이는 견디지 못하여 사람의 몸을 얻지 못했다"고 했다.[21]

위의 이야기를 다시 해석하면 곰 토템족과 호랑이 토템족이 수렵 생활 문화를 영위하며 살아가고 있었는데, 식량 획득이 안정적이지 못하여 환웅이 하늘에서 내려와 다스리고 있는 농경 생활을 꿈꾸며 계획적이고 안정적이며 여유로운 생활을 하고 싶었다고 할 수 있다. 곰 토템족은 이를 성취해냈고 그리하여 인간이 된 웅녀가 탄생했다. 더구나 웅녀는 신이 제시한 100일의 기간을 단축하여 21일 만에 목표를 성취했다. 신이 제시한 100일의 시간은 인간이 되기 위해 필요한 절대적인 시간이라고 할 수 있다. 그런데 웅녀는 이를 수동적으로만 받아들이지 않고 적극적으로 단축시켜 목적을 달성했다. 절실하고 치열하게 목표를 성취해냈던 것이다. 그리하여 웅녀는 수렵 문화의 기반을 지니고 있는 곰 토템족이 농경 문화의 이치를 터득하고 수렵 생활과 농경 생활을 조화롭게 영위함으로써 공동체 모두가 풍요롭고 안정적이며 역동적인 생활을 할 수 있는 새로운 생활 문화의 토대를 마련하였다고 해석할 수 있다.[22]

이와 같은 웅녀 이야기에서도 앞의 강태공 이야기와 마찬가지로 창발 경영의 핵심 과정을 관찰할 수 있다.

첫째, 웅녀는 강태공의 경우와 같이 비전과 뜻을 구체적으로 세웠다. 농경 생활을 영위하는 인간 사회에 편입되고자(인간이 되고자) 뜻과 비전을 분명히 했다.

둘째, 동굴 속에 들어가 생의 모든 것을 거는 절실함으로 새로운 세계를 개척하고자 했다. 오직 쑥과 마늘만을 먹고 동굴 생활에 정진함으로써 오히려 약속된 기간을 크게 단축할 수 있었다.

셋째, 웅녀 역시 강태공과 같이 기회의 창으로 재빨리 들어가서 계획을 실행에 옮겼다. 인간이 되어서는 기존의 수렵 생활과 농경 생활의 장점을 융합해 풍요롭고 안정적인 새로운 생활 문화를 창조해내었다.

강태공과 웅녀 이야기를 종합하면 이들의 전략적 행동을 네 단계 프로세스로 정리할 수 있다.

1단계: 뜻과 비전 세우기

2단계: 생존하면서 될 때까지 반복하기

(강태공의 경우: 부인의 반대와 가출에도 불구하고)

3단계: 절실함으로 기회를 인지하기

(웅녀의 경우: 마늘과 쑥으로 인간이 되고자 하는 절실함으로)

4단계: 기회의 창으로 재빨리 들어가서 가치 창출하기

LINE 이야기

앞에서 이야기한 창발 경영의 프로세스는 21세기 창조형 기업들에서 잘 나타난다. 모바일 플랫폼 시장에서 국제 경쟁력을 확보하고 있는 네이버의 라인Line 사업의 예를 보자.

네이버의 라인은 일본 시장에서 먼저 큰 성공을 거두었다. 2011년 3월 일본 동북부 지역에서 발생한 지진으로 전화보다 스마트폰 메신저 서비스가 유용하게 사용될 수 있다는 사실을 인지하고 2011년 6월 개발을 시작한 지 1개월 반 만에 스마트 애플리케이션 시장에 LINE 서비스를 등장시켰다. 그것도 안드로이드용과 피처폰(일반 휴대폰)용을 동시에 개발해 3개의 버전으로 재빨리 출시했다. 그 결과 2년 반 만인 2013년 말에 사용자 수 3억 명을 돌파해 페이스북 보다 두 배 이상 빠른 속도의 초고속 성장을 했다. 2014년 상반기에는 전 세계 11개 지역에 4억 5,000만 명의 가입자를 확보했다. 이러한 성과는 겉으로 볼 때 속도 경영의 강점을 확실히 증명해 보이는 듯하다.

하지만 이러한 라인의 성공 스토리는 앞에서 제시한 창발 경영의 마지막 단계인 '기회의 창으로 재빨리 들어가기'만을 보여준다. 라인 사업의 성공을 설명하는 극히 일부분에 불과하다는 것이다. 라인 사업의 성공에는 2011년 일본 동북부 지진 이전에 절박한 사업 전개의 상황이 있었고 이러한 절박한 상황에서 스마트폰 메신저 서비스 사업의 잠재력이라는 기회를 인지하는 세 번째 단계가 있었다. 세 번째 단계로 분류되는 2011년 상황은 이러했다. 일본에서 라인 사업이 떠오르기 전인 2011년 2월 국내에서 이미 유사한 서비스인 '네이버톡'이 출시되었지만 스마트폰에 특화된 서비스로 사용자가 별도의 등록 없이도 전화번호를 ID로 인식하는 카카오톡에 비해 경쟁력이 훨씬 떨어져 서비스를 중단해야 할 처지에 놓였다. 게다가 일본에 본격 진출한 4~5년 동안 같은 상황이 반복되다 보니 직원들이 지쳐갔다. 그럴 때 2011년 일본 대지진과 후쿠시마 원전 사고가 일어났고 이 사고로부터 새로운 사업 기회를 인지하게 된 것이다. 네이버 창업자 이해진 의장은 이 순간을 다음과 같이 떠올렸다.

가족을 귀국시킨 직원들과 두려움 속에서 밤을 새우며 만든 것이 라인이다. 라인사업으로부터 직원들의 마지막 절박감, 혼이 담긴 느낌을 받았다. …… 만약 이번에 일본에서 성공하지 못했다면 나도 잘렸을지 모른다.[23]

하지만 이와 같은 네 번째와 세 번째 단계 앞에는 훨씬 긴 인고의 세월이 존재했다. 라인 사업은 하루아침에 운 좋게 성공해 돈더미 위에 올라선 것처럼 보이지만 사실은 그 끝을 예측할 수 없었던 긴 인고의 단계가 있었다. 창발 경영 프로세스의 두 번째에 해당하는 기간이다. 이 단계는 2006년 첫눈이라는 회사를 인수하고 이 팀을 중심으로 2007년 일본에 재도전하는 것으로 시작된다. 일본 시장에 재진입한 2007년 이후 계속해서 일본 검색 시장에서 반복된 서비스를 지속했다. 하지만 4년이 지나도록 성과는 전무에 가까웠다. 과연 이 단계에서의 노력은 무의미한 것이었을까? '될 때까지 한다'는 자세였지만 모두가 지쳐가면서 위기의식이 팽배했고 그런 절박함이 바로 라인이라는 새로운 기회를 만나게 했다고 이해진 의장은 말한다.

한편 두 번째 단계에서의 반복적이고 소비적인 노력과 투자는 첫 번째 단계인 '뜻과 비전 세우기'가 있었기에 가능했다. 이 단계가 없었다면 아마도 그런 인내와 반복된 투자를 해낼 수 없었을 것이다. 그것은 네이버가 창업 때부터 세운 인터넷과 모바일에 대한 열정과 비전에 기반을 둔다. 네이버는 창업 이듬해 바로 일본 시장에 진출한 것에서 알 수 있듯이 해외 시장에 대한 비전과 열망이 강했다. 이와 관련해 이해진 의장은 다음과 같이 이야기한다. "창업 그 자체가 중요하기보다는 확고한 자기 분야를 갖는 게 중요하다. …… 기회를 잡으려면 5~6년간 갈고닦은 실력과 깊이가 있어야 한다."[24]

그림 3-1 **창발 경영의 관점에서 본 라인 사업의 성장 단계**

1단계: 인터넷 산업에 대한 비전과 일본 시장 진출의 의지
2000년 네이버 재팬의 설립과 2007년 재도전

2단계: 일본 검색 시장에서의 서비스 지속과 반복적 투자
마토매 검색 서비스 등 실패에도 불구하고 지속적 운영과 투자

3단계: 절박함 속에서 기회의 인지
대지진과 후쿠시마 원전 사고 직후 스마트폰 메시지 서비스 시장 기회 발견

4단계: 기회의 창으로 재빠른 진입과 가치 창출
1.5개월 만에 라인 서비스 출시 및 전 세계로 시장 확대

일반 사람들의 눈에는 하루아침에 일확천금의 사업을 일으킨 것으로 보이지만 그것은 전체 사업전개 과정 중 '빙산의 일각'에 불과하다. 라인 사업만 볼 때 2000년부터 시작된, 11년간의 끝을 알 수 없는 기다림이 있었다. 그리고 거기에 투자한 금액을 대략 환산했을 때, 2000년 네이버 재팬 설립에 따른 투자 및 운영 비용 약 2,000억 원, 마토매 등 일본 검색 서비스 운영 비용 약 2,000억 원, 첫눈 검색엔진 인수 비용 450억 원이 들어갔다. 라인 사업을 위한 창발 경영에 투자된 비용만 어림잡아 4,450억 원으로 추산된다.[25] 창발 경영이란 이런 것이다.

지금까지 정리한 네이버 라인의 창발 경영을 다시 요약하면 [그림 3-1]과 같다. 먼저 1단계로서, 인터넷과 모바일 산업에서 뜻과 비전을 기반으로 일본 시장에 대한 확고한 의지를 실천을 통해 보여주었다. (창업 이듬해 일본 법인을 설립하고 2005년 철수 이후에도 곧바로 재도전함) 2단계로서, 반응이 없는 일본 검색 시장에도 불구하고 마토매 서비스 등 다양한 지식 검색 서비스를 계속해서 진행했다. 3단계로서, 절박함이 절정에 이르고 드디어 대지진과 원전 사고로 촉발된 사업 기회를 인지하게 된다. 그리고 4번째 단계로서, 그동안 갈고 닦아 온 스피디한 서비스 개발 실력을 유감없이 발휘하며 불과 한 달 반 만에 서비스를 일본 시장에 출시하고 재빨리 전 세계로 시장을 확대해 나갔다.

[그림 3-1]에 나타난 창발 경영의 과정을 좀 더 잘 이해하기 위해 라인 사업을 일으킨 이해진 네이버 이사회 의장과의 대담 내용을 다음과 같이 소개하고자 한다.[26]

1단계의 뜻과 비전 설정과 관련해 이해진 의장은 다음과 같이 이야기한다.

> 비전이라는 문구로 구체적으로 표현한 적은 없다. 그렇다고 비전이 없다고 생각해본 적도 없는 것 같다. 우리에게는 항상 할 일이 있었고 나가야 할 흐름과 앞길이 눈앞에 항상 보였던 것 같다. ……
> 인터넷 검색 서비스를 너무 하고 싶어서 네이버를 창업했고 사업을 하면서 검색 서비스가 인터넷 세계의 고속도로와 마찬가지여서 정보를 관리하고 힘을 갖게 하는 원천이라는 사실을 절감했다.
> 그 힘을 외국 기업들이 송두리째 가지고 간다는 것은 너무나도 무서운 일

이다. 그러다 보니 사명감도 생기고 브랜드에 대한 자존심도 커졌다.

그는 누구도 예측할 수 없었고 심지어는 정보화 시대의 아이콘인 빌 게이츠마저도 제대로 변화를 인지하지 못한 인터넷 산업에서 중심이 되고자 하는 뜻과 비전을 가졌다고 할 수 있다. 그리고 이를 위해 환경에 일방적으로 적응하기보다는 환경을 변화시킬 만한 열정과 정체성을 가질 것을 강조한다.

> 질량이 큰 물체의 주변 공간은 구부러져 있다. 열정이 가득한 사람은 환경을 변화시킨다. 환경이 자신에게 맞춰져서 내가 환경의 중심이 되어야 한다. 문제가 있는 것은 환경이 아니고 자기 자신이다.[27]

2단계의 생존과 반복적 투자에 관해서 네이버는 과연 어떤 능력과 역량으로 인터넷 산업에서 생존하고 성장했는지를 물었다. 이해진 의장은 이렇게 대답했다.

> 지난 15년간 성공과 실패를 수없이 반복했다. 늘 새로운 과제에 봉착했고 새로운 고민거리가 생겼다. 하지만 이를 해결하기 위한 전략팀이 우리 회사에는 따로 없다. 왜냐하면 전략은 현장에서 나오기 때문이다. 전략은 현장 팀의 감각에서 나온다. …… 우리는 검색 시장에서 야후를 이기기 위해 100가지도 넘는 아이디어를 내고 수많은 실험과 투자를 했다. 그 중 하나가 바로 지식IN이다. …… 성공은 '운7 기3'이라는 말이 맞는 것 같다. 잘되고 못 되는 게 하늘의 뜻도 중요한 걸 느낀다.

3단계의 절실함과 기회 인지에 관해 지식IN과 라인의 성공 등에서 찾을 수 있는 공통적인 요인이나 패턴이 없는지를 물었다. 그의 대답은 다음과 같다.

> 성공은 재능과 함께 운과 절박함으로부터 나오는 것 같다. 이유를 설명할 수 없지만 커다란 성공은 지옥까지 떨어졌을 때 나온다. 내가 아는 카카오톡 사례도 마지막 단계에서 터져 나왔다. 회사의 조직을 자꾸 작게 쪼개는 이유도 절박감을 주기 위해서이다. …… 라인의 경우 일본에서 5년 동안 정말 힘들었고 실패하면 나도 책임져야 한다는 절박감이 엄습했다. 그 절박한 순간, 마지막에 라인이라는 사업 아이디어가 나왔다.

이러한 운에 대해 스스로 부르거나 관리하는 노하우가 있는지를 물었다. 이에 대해서는 이렇게 답했다.

> 운은 좋은 사람들에게서 온다고 믿는다. 따라서 운을 좋게 하기 위해서는 진정성을 가지고 좋은 사람들을 모아야 한다. 그들과 함께 일하다 보면 필요하고 절박할 때 그 좋은 사람이 해결사가 되는 경우가 많다. …… 우리 회사의 경우 창업자가 사심이 있고 개인적 욕심이 있었다면 좋은 사람들이 와서 열정을 가지고 일하기 힘들었을 거라고 생각한다. 우리 회사의 투명성은 전 세계 어디에 내놓아도 부끄럼이 없다.

4단계 기회의 창 안으로의 진입과 가치 창출에 대해 묻기 위해 라인의 성공에 대한 소감과 앞으로의 계획을 물었다.

이해진 의장은 이렇게 답했다.

아직도 라인의 성공은 꿈만 같다. 요즘도 꿈인지 생시인지 가끔 헷갈릴 때가 있다. 잡은 기회에 대한 기쁨보다 그 기회를 놓칠까 봐 더 두렵다. 일단 잡은 기회를 최대한 활용하기 위해 총력을 다하고 있다. 특히 전 세계 SNS 시장을 장악하고 있는 미국과 중국 기업과의 경쟁이 버겁다. 그들에 비교하면 우리는 아직 중소기업 수준이다. …… 나는 늘 사업은 미사일 같은 것이라고 얘기한다. 대포처럼 딱 쏜 게 가서 맞는 게 아니다. 가다 보면 계속 바뀌는 것이 사업이다. 시장도 경쟁자들도 계속 바뀐다.

한류 콘텐츠 이야기: SM엔터테인먼트 사례

콘텐츠 산업은 창의성을 지재권화해서 유통하고 소비시킴으로써 가치를 만들어내는 전형적인 창조 산업이다. 따라서 창의성의 속성상 창발성이 특징적으로 잘 나타나는 산업이다. 어느 날 갑자기 「강남스타일」이 전 세계적으로 유행하고 특정 드라마가 폭발적 인기를 얻는 것도 바로 이 창발성 때문이다. 따라서 창발 경영이 잘 적용되는 영역이라고 할 수 있다.

한류 콘텐츠 산업은 2000년대 들어와 비약적인 성장을 했다. 게임, 드라마, 음악, 영화, 출판, 공연 등 세계 시장에서 경쟁력을 갖춘 문화콘텐츠들로 구성된 한류 콘텐츠 산업은 직접적인 부가가치 창출뿐만 아니라 간접적 파급효과가 매우 크다. 한국경영학회에서

2012년 말 평가한 한류 산업의 무형자산으로서 가치는 약 832억 달러(약 94조 7,900억 원)로 추정되었다. 수출에 의한 가치가 355.7억 달러(40조 4,950억 원), 외국인 관광객 지출 효과가 388.8억 달러(44조 2,600억 원), 소비재 수출 효과가 88.1억 달러(10조 350억 원)로 각각 추정되었다. 이는 포스코와 LG전자의 기업 가치를 합산한 것과 맞먹는 수치이다.[28] 그동안 한국의 창조 산업이 비약적 성장을 한 결과라고 할 수 있다.

이러한 콘텐츠 산업에서 창발 경영의 중요성을 살펴보기 위해 K-pop을 선도하고 있는 SM엔터테인먼트의 사례를 보자. 이 회사는 1995년 설립되어 H.O.T, 보아, 동방신기, 소녀시대, 샤이니, 슈퍼주니어 등 수많은 스타를 배출해온 한국을 대표하는 엔터테인먼트 기업이다. 이 회사의 사업 분야로는 ① 가수나 연기자를 발굴하여 훈련 및 교육시키는 캐스팅과 트레이닝, ② 가수나 그룹의 이미지를 정하고 음악의 컨셉을 결정하여 음반이 나오기까지 녹음과 음악 작업을 총괄하는 프로듀싱, ③ 가수와 연기자를 홍보하고 각종 매체에 프로모션을 담당하는 매니지먼트, ④ 음반 홍보와 CF, 공연, 이벤트, 행사 등을 담당하는 마케팅 및 에이전시, ⑤ 디지털 음반 및 콘텐츠를 관리하는 온라인 콘텐츠 사업 등이 있다. 그리고 해외지사(일본, 미국)를 설립하여 글로벌화를 지속적으로 수행해왔다.[29] 2011년 6월 10일과 11일 프랑스 파리의 '르 제니스 드 파리Le Zenith De Paris'에서 열린 SM엔터테인먼트 가수들의 합동 공연 'SM Town Live in Paris'에 1만 5,000여 명의 프랑스 현지 팬들이 몰려들었다. 슈퍼주니어, 소녀시대, 동방신기, 샤이니, f(x)등 한국 가수들을 보기 위해 찾아온 현지 팬들은 한국어로 된 낯선 가사를 따라 부르고 각양각색의 플래카드로 K-pop에 대한 열기를 보여주었다. 며칠 후 샤이니는 영국 런던 애비로드Abby Road 스튜디오에서 쇼케이스를 펼쳐 유럽 팬들의 환호를 받았다. 이에 대해 프랑스의 '르 몽드'는 "소셜 네트워크SNS를 통해서 지구 반대쪽에서 온 한국 팝 음악을 감상할 수 있게 되었다"라고 하며 "한국이 IT 강국이고 이를 잘 활용하기 때문에 한국의 문화상품 수출의 비중은 더욱 커질 것"이라고 전망했다. 이는 국내에서 제작된 음악 콘텐츠가 아시아 중심에서 유럽, 미주 등 전 세계로 확산되고 있다는 사실을 말해준다.

SM엔터테인먼트의 글로벌 성과는 이수만 프로듀서의 꿈과 비전으로부터 시작되었다. 창업부터 이수만 프로듀서의 꿈은 우리 음악의 해외 진출이었다. 당시 유럽, 일본, 미국 등 해외 가수들이 국내 가수보다 인기가 훨씬 많은 현실에 가수로서 자존심도 상했고 "해외에서 우리 문화가 유명해지면 경제도 강해질 것이다"라는 생각으로 처음부터 해외 진출을 꿈꾸었다. 그리고 그의 꿈은 사업경험이 쌓여가면서 점점 더 구체화되고 체계화되었다. 그는 자신의 꿈을 실현하기 위해 단순한 매니지먼트 기업이 아닌 시스템 수출 기업으로 만들고자 했다. 그리고 미래에 세계 최대 시장이 될 것으로 판단한 중국 시장으로의 진출이 핵심 목표였다. 이를 기반으로 에스엠을 중심으로 한 전 세계적 버추얼 네이션virtual nation을 완성하는 것이 그의 비전인 것이다.

이러한 비전은 [그림 3-2]에서 보는 바와 같이 창발 경영의 과정을 통해 구체화되고 성숙되어 갔다. 1990년대 후반 한국 드라마가

그림 3-2 SM엔터테인먼트의 비전과 성장과정

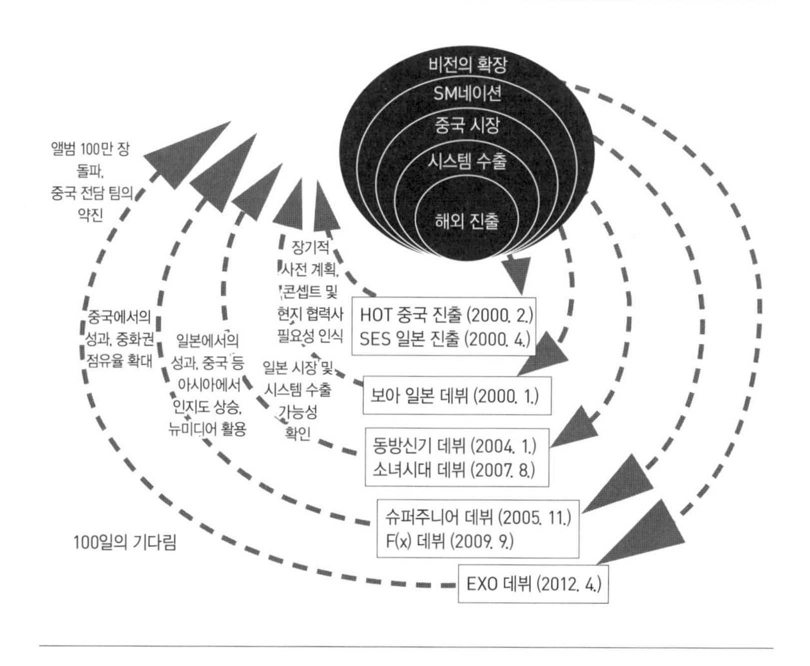

중국에서 인기가 높아지는 추세를 감지하면서 H.O.T.의 중국 진출로 비전 실현의 과정을 시작했다. 2000년 2월 중국 북경에서 열린 H.O.T. 공연은 중국 시장에 첫발을 내딛는 자리였다. 한류라는 말이 이때 만들어졌을 만큼 성공을 거두면서 중국 시장에서의 가능성을 확인했다. 하지만 중국 진출은 아직 수익을 줄 수 있는 시장이 아니었다. 이에 따라 아시아 최대 콘텐츠 시장을 가지고 있는 일본으로 진출을 시도했다. 2000년 4월 S.E.S.가 본격적인 활동을 위해 일본으로 건너갔다. 하지만 당시 일본은 걸그룹 포화 상태였기 때문에 한국의 S.E.S.가 설 자리가 별로 없었다. 이 과정을 통해 장기 관점의 프로젝트 진행의 필요성과 사전 계획 등이 필요함을 새로이 깨달았다.

이러한 경험을 기반으로 처음부터 치밀하게 계획해 투자한 것이 BoA 프로젝트였다. 30억 원 규모의 프로젝트로 당시로서는 회사의 운명이 걸린 투자였다. 절박한 상황에서의 투자는 결과적으로 큰 수익이 되어 돌아왔다. BoA는 2001년 5월 일본에서 첫 앨범 데뷔로 시작해 발매하는 앨범마다 차트 1위에 오르는 놀라운 성공을 거두었다. 그 결과 회사는 국내 음반 판매액의 10배에 달하는 수익을 일본에서 거두었다. BoA는 국내 최고의 전문가에게 노래와 안무 교습을 받으며 한국어는 물론, 일본어와 영어로 노래를 부를 수 있도록 훈련받았다. 그리고 현지 시장에 적합한 노래와 안무로 현지화된 콘텐츠를 개발하였고, 실제로 데뷔 당시에 일본인들이 그녀를 자국인으로 착각할 정도였다. 일본어로 된 노래를 불렀지만, 유럽 스타일과 흑인 음악이 어우러진 댄스 음악으로 기존 J-pop 가수들과는 다른 차별화를 했던 것이다. 이러한 성과는 창발 경영의 4단계 '기회의 창에 들어가서 가치 창출'을 이룬 것이라고 볼 수 있다.

일본 시장에서의 가능성을 확인하고 시스템 수출이라는 비전을 어느 정도 이룬 후 중국 시장 진출과 SM네이션 구축이라는 꿈(창발 경영 1단계)을 실현하기 위한 또 다른 도전과 투자(2단계와 3단계)가 진행되었다. 즉 2004년 1월 동방신기의 데뷔와 2007년 8월 소녀시대의 데뷔로 이어졌다. 동방신기는 '동방의 신이 일어나다'는 뜻의 그룹 이름에서부터 중국 시장 진출을 염두에 두고 지어졌다. 동방신기는 데뷔 즉시 과거 H.O.T.의 인기를 능가하는 수준의 국내 최정상 보이

그룹으로 급성장했다. 그리고 국내에서의 입지를 단기간에 다진 후 2004년 11월 일본 음악 시장에 진출했다. BoA가 일본 내 스타의 반열에 올라 있던 점을 활용하여 현지 기획사와의 긴밀한 협조체계를 구축해 일본 내 인지도를 높여갔다. 이와 동시에 중국 시장 진출에도 박차를 가했다. 중국 최대 음반회사인 '차이나레코드'와 라이선스 계약을 체결하고 동방신기의 싱글 앨범을 중국 음반시장에 본격적으로 소개하기 시작한 것이다. 한-중-일 3국을 오가는 바쁜 일정을 소화하며 단계적으로 아시아 시장에서의 입지를 높여나간 동방신기의 해외 진출 프로젝트는 일본 지역에서 엄청난 양의 음반 판매로 이어졌고 해외 아티스트 중 일본 오리콘 싱글차트 1위에 가장 많이 오른 아티스트로서의 영예를 얻었다. 그뿐만 아니라 중국을 포함한 아시아 국가들에서도 상당한 수준의 인기를 얻는 데 성공했다. 한편 소녀시대는 국내에서 최정상 여성그룹의 반열에 오른 2009년 6월, 전 세계적으로 스마트폰이 보급되고 유튜브 등 SNS가 활성화됨에 따라 유튜브에 SM엔터테인먼트 공식 채널을 마련했다. 이 채널을 통해 수많은 해외 K-pop 팬들이 SM 가수들의 영상을 자발적으로 찾아보고 공유했다. 이에 따라 소녀시대는 유튜브를 통해 미리 형성된 팬들의 환영을 받으며 데뷔 시점에서부터 '한국에서 온 슈퍼스타'로 자연스레 포지셔닝 될 수 있었다. 2010년 9월에 발매한 소녀시대의 일본 첫 싱글 앨범은 수많은 사전예약 판매를 기록했으며 발매 이전부터 도쿄 시내의 주요 음반 매장에 소녀시대 코너가 따로 마련되기도 했다.

이와 같이 일본에서 경제적 성공을 확대하고 뉴미디어를 활용해 중국 등 아시아 시장에서의 인지도를 확보함(4단계)으로써 SM엔터테인먼트는 또다시 비전을 구체화하고 키울 수 있었다. "가장 큰 시장에서 가장 큰 스타가 나온다"는 철학을 가지고 있는 이수만 프로듀서는 2005년, 보다 확실하게 중국 시장을 겨냥한 아이돌 그룹을 등장시킨다. 남성 12인조 그룹 슈퍼주니어와 독특한 일렉트로닉 사운드를 특징으로 하고 있는 f(x)가 바로 그들이다. 이 두 그룹은 중국인 멤버를 포함하고 있다는 점에서 공통적이다. 순수 중국인이 한국의 대표 기획사인 SM엔터테인먼트에서 데뷔해 활동한다는 입소문이 퍼지자 슈퍼주니어에 대한 관심은 빠르게 퍼졌다. 그리고 슈퍼주니어는 K-pop 아티스트로 중국 최고 인기 그룹이 되는 성공신화를 만들었다. 중국인 멤버를 포함시키는 것이 중국 시장 공략에 유효할 것이라는 전략이 틀리지 않았음을 확인한 에스엠은 여성 5인조 그룹 f(x)를 결성하면서 과감하게 두 명의 중화권 멤버를 합류시켰다. 2009년 데뷔한 f(x) 역시 슈퍼주니어와 마찬가지로 중국인 멤버인 빅토리아를 주축으로 중국 활동을 전개해 나갔다. 2013년 한 해 동안 Mnet 〈엠카운트다운〉의 순위 결정에 참여한 해외 팬들의 투표 데이터를 분석한 결과에 따르면 중국에서는 K-pop 아티스트 중 f(x)의 인기가 가장 높은 것으로 나타났다. 이처럼 에스엠이 중국인 멤버를 앞세워 중국 시장을 적극적으로 공략하기 시작하면서 중국도 수익을 기대할 수 있는 시장으로 변모하기 시작했다. 중국 소비자들의 소득 수준이 향상되면서 영화, 음악 등 엔터테인먼트 콘텐츠에 대한 지출이 증가했다. 중국 시장의 수익성이 높아지면서 에스엠의 지역별 매출액 구조도 변화했다. 2010년 기준으로 5.9%에 그쳤던 중화권 시장의 매출액 점유율은 2014년 1분기를 기점으로 10%를 상회하기 시작했다. 중국이 궁극적인 목표 시장이라고 꿈꾸어왔던 비전이 점차 현실이 되고 있었던 것이다.

중국 시장 공략을 위해서는 중국인 멤버가 필요하다는 결론을 내린 에스엠은 그간의 노하우를 바탕으로 심혈을 기울여 기획한 12인조 남성 그룹 EXO를 2012년에 데뷔시킨다. 루한, 레이, 타오 등 세 명의 중국인 멤버를 포함한 EXO는 전략적으로 중국인 멤버를 영입했다는 점에서 슈퍼주니어나 f(x)와 유사하다. 하지만 한국에서의 활동에 집중하는 EXO-K와 중국에서의 활동을 전담하는 EXO-M을 구분하고 한국과 중국에서 거의 동시에 활동을 전개한다는 측면에서 새로운 전략이라 할 수 있다. EXO는 태양계 외행성을 뜻하는 EXOPLANET에서 모티브를 얻은 이름으로 미지의 세계에서 온 새로운 스타라는 의미를 담고 있다. EXO는 데뷔 과정부터 기존의 K-pop 스타들과 차별화됐다. EXO의 존재는 2011년 12월 23일 공개된 첫 번째 티저 영상에서 처음 알려졌고, 국내 쇼케이스가 열리기까지 무려 100일간 순차적으로 멤버 개개인의 장기, 매력, 퍼포먼스 등을 담은 티저 영상과 프롤로그 싱글이 공개되었다. 팬들은 100일이라는 기간이 너무 길다며 불만을 토로했다. 하지만 이수만 프로듀서는 EXO가 중국 시장에서 성공적인 데뷔를 하기 위해서는 중국과 같은 거대 시장에서 입소문이 확산될 수 있는 충분한 시간이 필요할 것이라 말했다. 중국인 멤버가 과반을 넘는 EXO-M의 적극적인 활동으로 중국 시장에서 EXO의 인기는 놀라운 속도로 올라갔다. 중국 쇼케이스로부터 일주일 후인 4월 8일에 유튜브를 통해 공개된 「MAMA」의 뮤직비디오는 업로드가 되자마자 전 세계에서 가장 많이 본 동영상 7위에 올랐으며, 「MAMA」의 음원 역시 중국 음악 사이트에서 공개된 직후 1위를 휩쓰는 기염을 토했다. 또한, 중국 최대 검색 포털 바이두의 팬 커뮤니티 서비스인 바이두 티에바 Baidu Tieba의 아티스트 채널 방문자 수를 살펴볼 때, EXO가 한국인 아티스트 순위에서 1위에 올랐을 뿐만 아니라, 중국, 대만, 홍콩 등 중화권 아티스트들까지 모두 포함하는 종합 순위에서도 EXO-M의 멤버 타오가 1위를 기록하는 등 EXO는 이미 기존 한류 스타는 물론 중국의 특급 스타들과도 어깨를 나란히 하는 수준이 되었다. 그리고 2013년 6월에 발표한 첫 번째 정규 앨범 「XOXO」와 리패키지 앨범은 합산 판매량 100만 장을 돌파하며 쇠퇴하고 있는 음반시장에서도 기록적인 족적을 남겼다.

SM엔터테인먼트의 성공 과정에는 창발 경영의 과정들이 핵심적으로 존재했다. [그림 3-2]에서 나타난 바와 같이 회사 전체의 성장 과정을 보면 창발 경영의 4단계 과정이 반복하면서 비전을 성숙시키는 선순환을 관찰할 수 있다. 또한 개별 아티스트들의 성공 과정 속에서도 창발 경영을 찾을 수 있다.

각 아티스트들은 각자의 비전을 가지고 반복된 준비와 활동으로 어느 시점에서 기회를 잡아 마침내 성공을 이루는 과정을 거친다. 또한 에스엠의 경쟁력 원천인 프로듀싱 시스템에서도 창발 경영의 과정을 관찰할 수 있다. 즉 캐스팅, 트레이닝, 프로듀싱, 매니지먼트 등 4단계로 이루어진 프로듀싱 시스템은 먼저 "가능성을 가진 인재, 인성이 훌륭한 인재를 발굴한다"는 비전과 목표로 시작한다. 그리고 우수한 인재를 발굴하기 위해 한국, 미국, 일본 등지에서 주간, 월간 단위로 공개오디션을 열고 있다. 이 외에, 중국, 미국, 캐나다, 일본, 태국 등의 주요 도시, 전 세계 약 15~20개 도시에서 연 2회 글로벌 오디션을 진행하고 있다. 선발 인원수에 대한 가이드라인은 정해져 있지 않다. 그래서 심사기준에 부합하는 사람이 없어 선발하지 않는 경우도 많다. 이때 캐스팅을 위해 투자된 인력, 예산, 시간은 모두 매몰비용이 되지만 개의치 않는다. 최선의 선택을 위해 많은 선택지를 검토하지만, 답이 없다고 생각되면 깨끗이 포기한다. 어설픈 제품으로 치열한 시장에서 사활을 거는 위험을 감수하기보다는, 시간과 비용이 들어도 최고의 안이 선택될 때까지 투자를 반복하면서 기다린다는 것이다. 그리고 드디어 캐스팅되면 데뷔시키기 전까지 언어, 연기, 춤, 노래 등 각 파트를 분업화해 가르친다. 짧게는 1~2년, 길게는 6년여까지 이어진다. 아티스트로서 역량이 축적될 때까지 또 다시 기다리는 것이다. (창발 경영의 2단계)

드디어 아티스트로서 기회가 발견되면 프로듀싱과 매니지먼트에 들어간다.(창발 경영의 3, 4단계) 즉 시장동향을 분석하여 가수로서의 콘셉트를 만들어내는 프로듀싱producing committee팀, 가수에 맞는 음악을 선별하여 음반을 내기 위해 음악 작업을 총괄하는 A&Rartist & repertoire팀, 발매된 음반의 판매와 홍보를 담당하는 매니지먼트management팀, 각종 매체에 가수의 홍보를 담당하는 PR팀, CF, 콘서트, 행사 등 부가가치를 창출을 위한 섭외와 제작, 운영을 담당하는 에이전시agency팀 등 각 분야의 전문가 그룹이 협업한다.

이를 통해 제작된 음반과 음원의 수익, 판권 등과 관련한 모든 권리를 보유함으로써 세계 음악 시장에서 경쟁력 있는 수익 모델을 유지하게 된다.

이처럼 창발 경영의 과정은 기업 전체, 개별 프로젝트, 핵심 시스템 등 전체와 부분에 동시에 나타난다. 프랙탈 구조를 이루며 경영의 전체와 부분, 핵심 관리프로세스 등에 영향을 미침으로써 경영 전반에 걸쳐 창조성을 제고시킨다. 그리고 시간의 흐름에 따라서 보았을 때도 [그림 3-2]와 같이 창발 경영의 과정이 반복적으로 나타나면서 비전을 더 구체화하고 더 성숙시키는 선순환을 형성한다.

비슷한 사례로서 태양의 서커스도 창발 경영을 해왔다고 할 수 있다. 태양의 서커스는 거리에서 퍼포먼스를 하던 거리 예술가들이 블루오션을 만든 대표적 사례이다. 이 회사는 1984년 첫 공연을 한 이래 매출 1조 원의 대기업으로 성장했지만, 그 과정을 보면 "최고가 되면 또다시 벼랑 끝에서 절실한 마음으로" 새로운 레퍼토리를 만들어왔다고 할 수 있다.[30] 그동안 18개의 레퍼토리를 개발하면서 '이전에 없던 완전히 새로운 것을 한번 해보자'는 뜻과 비전을 선순환적으로 성숙시켜왔던 것이다.

반면에 [그림 3-3]에 나타난 바와 같이 삼성전자와 애플이 경쟁하는 스마트폰 사례, 즉 갤럭시 S 시리즈나 아이폰 1에서 6까지의 신기종 출시 과정은 속도 경영의 전형을 보여주고 있다. 매년 출시되는 신제품에 따라 기업의 성패에 중요한 영향을 미치지만 그 결과가 비전의 구체화나 확대로 이어지기보다는 시장 성숙과 포화를 향해 일직선으로 달려가고 있다.

그림 3-3 스마트폰 시장에서의 속도 경쟁

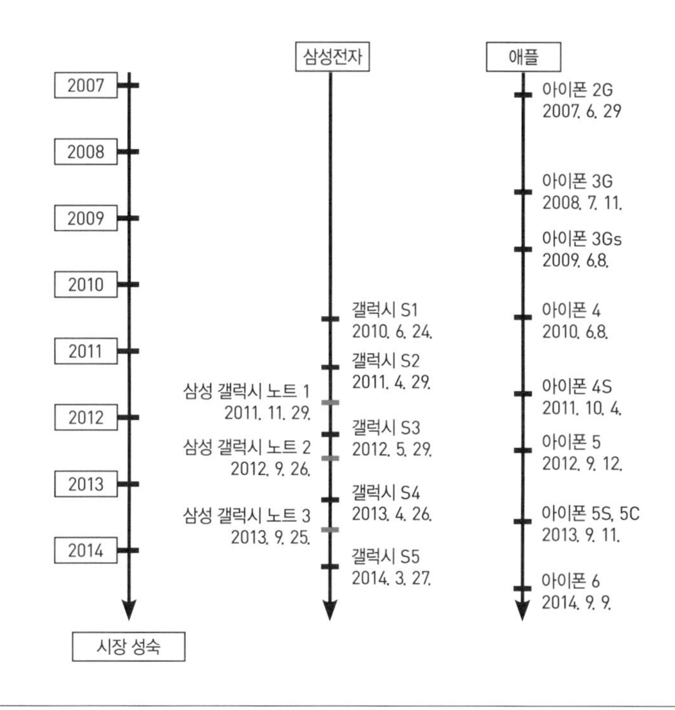

창발 경영의 사례들

앞에서 살펴본 네이버의 라인이나 SM엔터테인먼트 이외에도 창발 경영의 사례는 도처에서 관찰된다. 극단적으로 불확실한 환경에서 성공을 일구어낸 기업들은 거의 대부분 창발 경영의 핵심 프로세스를 내재화하고 있다. 예를 들면 한국의 검색 시장과 모바일 SNS 서비스를 각각 지배하고 있는 네이버와 카카오톡, 전 세계 검색 시장과 온라인 소셜 네트워크를 장악하고 있는 구글과 페이스북 등의 성공에서 보듯이, 불현듯 솟아오른 기회를 비즈니스 모델로 구현하는 과정은 창발 경영의 특징을 잘 보여준다. 또한 개인용 커피 머신 시장을 선도하고 있는 네스프레소와 같은 혁신적 제품과 브랜드의 성공 속에서도 유사한 특징들을 관찰할 수 있다.

네이버[31]

1999년 6월 이해진 의장은 KAIST 석사과정을 졸업하고 7년간의 직장생활을 통해 인터넷 정보검색 분야에 대한 확신과 의지를 가지고 네이버컴을 설립했다(1단계).[32]

서비스 제공을 시작하자마자 업계에서 두각을 나타냈지만 선두권 인터넷 기업들에 비해 사용자 기반이 취약했다. 야후, 다음, 라이코스코리아, 엠파스, 네띠앙 등 경쟁 포털업체들 사이에서 검색 서비스만으로는 생존하기 어려운 상황이었다. 그러나 이에 굴하지 않고 한게임과의 합병이라는 시도를 통해 사용자를 확보하는 동시에 야후 등 해외 포털 사이트에 비해 부족한 콘텐츠 문제도 해결하려 했다(2단계).

또한 한게임 부가서비스의 유료화를 통해 처음으로 수익모델을 창출했다. 하지만 합병 이후 증가하는 회원 수용을 위해 서버 증설과 관리인력 증원을 필요로 했고 재정적 문제를 해결하기 위해 또 다른 자체적인 수익모델을 필요로 했다. 이에 따라 초창기의 웹 검색에서 발전하여 이미지, 뉴스 등의 검색 결과를 포함한 지능형 검색인 넥서치를 기반으로, 사용자가 검색하는 단어에 해당 업체를 검색 상단에 노출하는 '키워드 검색광고'를 시행하여 매출을 올리기 시작했다. 또한 키워드 검색광고 시행 이후에도 통합검색 방식을 지속적으로 유지했다(2단계 지속).

꾸준히 사용자 수를 늘려가며 반복적 투자를 이어가던 중에 경쟁업체인 디비딕의 유료화로 사용자들이 네이버로 대거 이동하는 사태가 발생했다. 이러한 사용자들의 이동 상황을 통해 지식검색 시장의 기회를 인지하고 디비딕의 지식 공유 커뮤니티에서 영감을 얻는다(3단계).

그리고는 바로 통합검색에 사용자들의 지식을 더해 질문-답변 방식의 지식 공유 서비스인 지식IN을 제공함으로써 드디어 2006년부터 국내 인터넷 포털 시장의 1위 자리를 거머쥐며 국내 시장을 평정하였다(4단계).

또한 창업 시 회사 이름에 나타나 있듯이 인터넷과 사용자를 연결해주는 연결고리로서의 뜻과 비전을 좀 더 구체화하는 선순환을 만들어냈다. 즉 지식을 사용자들에게 평등하게 배분하는 수단이 되는 검색 기술을 구현하겠다는 목표를 갖게 된다. 그리고 개명한 회사 이름인 NHNNext Human Network에 나타나 있듯이 그 목표를 인간의 미래지향적인 의지와 네트워크로 달성하겠다는 경영 철학을 제안한다(다시 1단계).

카카오톡[33]

카카오톡은 2014년 상반기 현재 사용자 1억 4,800만 명의 기록을 달성했다. 명실상부한 SNS 서비스의 국내 일인자이다. 창업자 김범수 대표는 늘 꿈을 강조하는 Dreamer로 알려졌다.[34] 그는 네이버의 이해진 의장과 같은 해 입사한 직장동료이기도 하다. 그는 '사람들은 인터넷에서 즐거움을 찾고 싶어 한다'는 단순한 통찰을 기반으로 자신의 꿈을 이루고자 1999년 한게임을 창업했다. 그리고 2001년 네이버컴과 합병을 했으며 2006년에는 앞의 이야기처럼 네이버컴을 인터넷 포털 시장의 일인자로 키웠다. 그러나 그의 꿈은 거기에서 끝나지 않고 새로운 비전을 찾아 네이버를 퇴사했다. 그리고 혁신적인 인터넷 서비스를 만들겠다는 또 다른 꿈을 실현하기 위해 아이위랩을 설립하였다(1단계).

그 후 2008년 소셜 추천 사이트인 위지아 서비스를 제공하는 등 새로운 사업들을 벌이지만 이렇다 할 성과는 없었다(2단계).

인터넷 서비스 부루와 위지아 사용자 확보에 어려움을 겪으며 실패했음에도 소셜 서비스를 제공하기 위한 노력들은 계속되었으며 그중 하나가 카카오톡이었다. 무료 메신저 앱인 카카오톡을 2010년 상반기에 출시하여 반응을 얻었다. 새로운 기회를 포착하자 그 해 회사명을 카카오로 변경하고 이 사업에 총력을 기울였다(3단계).

기회가 포착되자 당시 진행되던 다른 프로젝트들을 정리하고 모든 자원을 카카오톡 사업에 투입, 회사 전체가 인터넷 서비스보다 모바일 서비스의 제공에 중점을 두었다. 기업이나 브랜드를 친구로 추가할 수 있는 기능인 플러스 친구, 이모티콘 및 테마 등의 구매가 가능한 카카오 아이템 스토어, 친구들과 일상을 공유하는 모바일 SNS인 카카오 스토리, 여러 게임들과의 연동, 선물하기, 보이스톡 등의 서비스를 제공하며 무료메신저의 한계를 극복하고 수익모델을 창출했다(4단계).

구글[35]과 페이스북[36]

구글의 창업자인 세르게이 브린Sergey Brin과 래리 페이지Larry Page는 '전 세계 모든 웹사이트의 정보를 컴퓨터로 보자'라는 생각으로 구글 개발을 시작했다.[37] 창업을 염두에 둔 개발은 아니었기 때문에 처음에는 기술의 라이센스 판매를 시도했다. 하지만 기존 검색 포털 업체들은 광고를 통한 수익에 집중했기에 관심이 없었고, 결국 라이선스 판매에 실패한 창업자들은 검색엔진의 기술을 보완하여 1998년 구글을 창업하였다(1단계).

구글 서비스는 폭발적인 인기를 얻었고 사용량 증가에 맞게 서버 증설과 직원 확보에 힘을 쏟아야 했다. 하지만 수익모델이 없던 상황이었기에 실리콘밸리의 두 개 회사로부터 투자를 받아야 했다. 2000년 손실이 전년도인 1999년에 비해 2배를 넘어섰다(2단계).

수익 모델이 없었던 불안한 상황에서 구글은 광고 시장에서 새로운 기회를 인지한다. 곧바로 애드센스AdSense 광고 프로그램을 개발하여 검색엔진 시장에서 수익모델을 만들어낸다. 이는 광고만 따로 떼어서 다른 웹사이트에 올리고, 사용자의 클릭이 일어날 경우 광고주에게 광고비를 받는 Cost per Click의 종량제 광고 형식을 갖춘 것이다(3단계).

이후 구글의 매출은 2002년 4억 4,000만 달러에서 2005년 61억 4,000만 달러로 5배 이상 급등하였고, 총 광고 매출 중 애드센스가 약 41%를 차지하게 된다.[38] 주 수입원인 자신들의 기술에 대한 라이선스를 다른 기업들에 내주는 것에서 사용자 니즈를 우선으로 더 나은 결과를 제공하는 인터넷 광고 수익으로 매출을 올렸다.[39] 투자자, 웹사이트 소유자, 광고주, 소비자 등 관계자 모두의 편의를 증대시키는 새로운 가치를 창출하며 세계 검색엔진 시장에서 일인자 자리를 확보하게 된다(4단계).

한편 페이스북은 마크 주커버그가 하버드 대학 캠퍼스 내 모든 기숙사 학생들의 사진을 해킹하여 외모로 학생들을 평가하는 사이트 개설로부터 아이디어가 시작되었다.[40] 비록 이 프로젝트는 해프닝으로 끝났지만 이를 계기로 사람들의 소셜 네트워크를 웹으로 이동시킬 수 있다는 비전을 설정하게 된다(1단계).

2004년 자신의 프로필을 작성하고 관심 분야, 우정, 사랑, 흥미 등 무엇이든 온라인에서 찾으며 친구를 초대할 수 있는 온라인 소셜 네트워킹 사이트인 더 페이스북 닷컴을 만들었다. 웹사이트 개설 후 2주도 지나지 않아 등록자를 5,000명 이상 확보하며 많은 사람의 일상에 중요한 위치를 차지하기 시작했다. 서비스 개설 8주 후 하버드, 스탠퍼드, 컬럼비아, 예일 등의 대학에서 5만 명의 학생들이 회원으로 등록했다(2단계).

페이스북 서비스의 성장세로 광고주들과 벤처투자자들, 소프트웨어 및 인터넷 회사들이 몰려들자 창업자들은 사용자들의 접속 중독현상은 광고 수익 기회를 줄 것으로 확신하게 된다(3단계).

페이스북의 광고는 기존 검색서비스의 광고와는 달리 사용자 특성을 반영한 광고 방식을 적용하여 높은 효과를 거뒀다. 페이스북의 광고가 광고주들의 인기를 얻자 광고 플랫폼인 Facebook Ads를 출시했다. 현재 페이스북의 광고 수입은 전체 매출의 90% 이상을 차지한다(4단계).

네스프레소[41]

네슬레는 유제품, 초콜릿, 생수, 물에 녹는 인스턴트 커피 등의 제품들로 세계적인 기업이 되었다. 네슬레는 인스턴트 커피 시장을 지배하고 있었지만 전 세계 커피 사업의 70%를 차지하는 소위 원두커피roast & ground 시장에서는 존재감이 없었다.[42] 이에 따라 원두 시장에 대한 진출을 구체화하기 위해 1인용 에스프레소 머신의 디자인 관련 권리를 1974년 스위스 바텔 연구소로부터 사들였다(1단계).

매입 당시의 기본 디자인에 최적의 압력과 열로 커피를 추출하도록 추가 기술 개발에 10년 이상의 시간을 투자하여 1986년 조작법이 간단한 에스프레소 추출 머신 네스프레소를 완성시켜 출시했다. 누구라도 전문가의 품질로 커피를 추출할 수 있는 쉬운 방법을 가졌기 때문에 레스토랑, 카페, 사무실 등 에스프레소가 만들어지는 장소에 판매를 시작했다. 하지만 고객들의 반응은 시원치 않았으며 매장에서는 판매 부진으로 공급된 캡슐의 신선도가 떨어지고 고객들은 불만을 표출했다. 그 결과 1987년까지 제작된 머신의 절반 가까이가 재고로 쌓였다(2단계).

이런 위기 속에서 가정용 시장의 기회를 인지하였고 집중하기 시작했다. 하지만 고객의 잠재 구매 욕구를 실제 수요로 변환시키기가 쉽지 않았으며 네스프레소 사업은 존폐를 걱정할 정도로 어려워졌다(3단계).

그러나 이러한 위기 상황에도 불구하고 가정용 커피 머신이라는 기회의 창에 과감하게 진입하여 소비자들에게 직접 마케팅하는 새로운 비즈니스 모델인 네스프레소 클럽을 개설하였고 신선한 커피의 공급, 액세서리 체험 기회, 필터 세척용품 등의 서비스 혜택을 받은 가입자들을 고정 고객으로 만들었다. 그리고 그들의 체험이 입소문을 타고 추가적인 수요를 창출하도록 했다. 특히 비행기 1등석, 최고급 레스토랑, 정치가와 저널리스트들의 사무실에 머신을 지급하여 체험하도록 유도했고 세계 곳곳의 중심지에 네스프레소 부티크를 만들어 사람들이 커피를 맛보고 새로운 문화를 체험하도록 했다. 그 결과 많은 사람이 개인의 취향에 맞는 캡슐로 양질의 커피를 즐길 수 있게 되었다(4단계).

결과적으로 네스프레소는 네슬레에서 가장 빨리 성장한 브랜드로 자리매김했으며 커피잔을 기준으로 했을 때 스타벅스보다 더 많은 커피를 판매하고 있다.

03

왜 창발 경영인가

창발 경영은 미래 패러다임

창조경제 시대에서는 인터넷 정보 기술의 발달로 거의 모든 정보를 개방적으로 공유하게 됨으로써 세상을 변화시키는 주체들이 기하급수적으로 늘어난다. 소수의 특별한 인물보다는 평범한 불특정 다수가 세상을 놀라게 하는, 소위 파괴적 혁신을 과거보다 쉽게 쏟아낼 수 있게 된다. 따라서 혁신의 속도도 중요하지만 혁신의 크기, 즉 세상을 얼마나 변화시킬 수 있는가가 더 중요하게 된다. 기존 시장을 뒤집고 존재하지 않는 새로운 시장을 만드는 파괴적 혁신이 미래를 지배한다는 것이다.

문제는 혁신의 크기가 연구개발비의 크기와 비례하지만 않는다는 사실에 있다. 일례로 파괴적 혁신의 대표적 선두 주자인 애플은 노키아가 사용한 연구개발비의 1/6만을 가지고 시장의 흐름을 바꾸었다. 2009년부터 2011년 매출액 대비 연구개발투자 비율을 보면 노키아가 14% 정도를 차지하는 것에 비해 애플은 3%가 채 안 되는 수준이다.[43] 노키아도 혁신을 통해 급변하는 휴대폰 시장의 기술변화에 총력을 기울였지만 경쟁에서 낙오했다. 느린 것도 문제였지만 결과적으로 혁신의 크기가 승패를 결정한 것이다. 그러나 큰 게임, 즉 혁신의 크기로 승부하는 경영이란 결코 쉬운 것이 아니다. 기존의 잘 나가는 기업이 기존 시장을 놔두고 미지의 새로운 시장으로 눈을 돌리기란 매우 어렵기 때문이다. 기업이 자신의 자원을 그 결과가 보장되지 않는 곳에 투자하기란 쉽지 않다. 그보다는 현재 잘 나가고 잘할 수 있는 곳에 먼저 투자하려는 관성에 지배를 받게 마련이다.

창발 경영이란 과거와 현재의 입장에서 자신을 보는 것이 아니라 미래에 자신이 위치하는 모습, 즉 정체성을 먼저 보는 패러다임이다. 변화하는 시장에 멋지게 대응하려는 차원이 아니라 스스로 변화 그 자체가 되려는 경영 방식에 더 가깝다. 선진국 기업들은 이미 이러한 경영 방식에 대해 눈을 뜨고 있다. 21세기 들어와 세상을 바꾼 혁신 기업들은 대부분 창발 경영의 방식으로 세계적인 성공을 거두었다. 애플, 구글, 페이스북, 아마존 등 IT 관련 기업들뿐만 아니라 커피산업에서 새로운 강자로 떠오른 네스프레소 등은 미래형 경영 패러다임의 단초를 제공한다. 이들의 공통점은 혁신의 크기, 즉 세상을 변화시키는 혁신을 제안했다는 데 있다.

그러나 이들 기업의 사례를 통해 개발되고 있는 경영이론들은 아직 지엽적인 수준에 머물러 있다. 예를 들면 파괴적 혁신을 위한 중요한 처방으로 대부분 아래로부터의 혁신과 개방형 혁신open innovation이 강조된다. 즉 일반 구성원들의 다양한 아이디어를 모아 혁신을 상향식으로 추진하는 방법이 효과적이며, 내부에서만 연구개발하지 말고 외부 아이디어와 혁신들을 잘 활용해야 한다는 것이다. 하지만 이러한 상향식 혁신 프로세스와 개방형 혁신의 채용이 효과적으로 작동하려면 근본적으로 새로운 경영 이념이 필요하며 관리방법이 근본적으로 달라져야 한다. 1990년대까지 세계 최고의 기업으로 전 세계의 벤치마킹 대상이 되었던 GE도 일등자리를 지켜내지 못하는 것도 새로운 경영 패러다임의 제안에 실패했기 때문이다. 미래는 창발 경영의 패러다임을 선도하는 기업과 개인들이 지배할 것이다.

창조형 산업 생태계의 등장

지금까지 한국의 산업화와 정보화를 이끈 산업 생태계에서는 이미 핵심 기술이 대부분 존재하고 목표로 할 전략적 방향과 심지어 구매자나 소비자들의 윤곽이나 시장 규모를 어느 정도 예측할 수 있었다. 즉 다음의 [그림 3-4]에서 보듯이 우리 기업들은 이윤을 만들어내는 가치 사슬에서 점선 원으로 표시된 개발-생산-영업의 연속 과정에 집중했다. 이 영역에서는 효율성과 생산성이 중요시되고 스피드 경쟁이 지배한다. 처음에는 값싼 인건비에 기초한 노동 생산성으로 생산 운영 과정을 정착시키고 뒤이어 연구개발과 영업망을

그림 3-4 가치 사슬과 스마일 커브

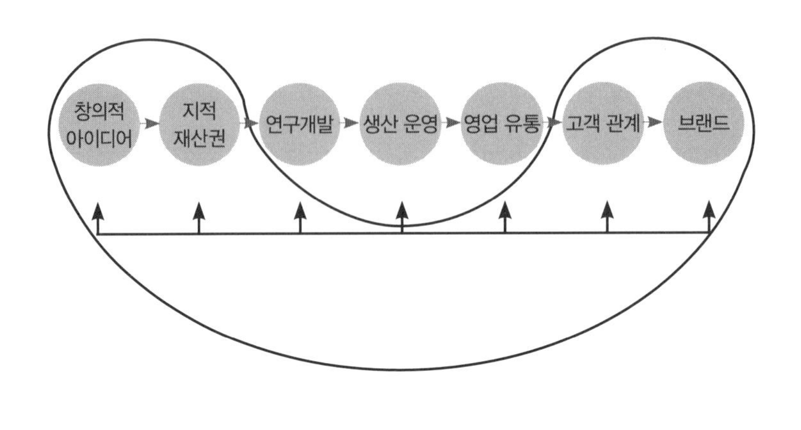

구축함으로써 빠르게 성장 동인을 확대했던 것이다.

그러나 이러한 성장 동인은 가치 사슬 중심부의 이윤이 점점 고갈되어감에 따라 취약해지고 있다. 자동화와 정보통신 기술의 발달로 연구개발의 결과물을 후발 주자들이 점점 더 쉽게 따라옴에 따라 신제품을 내놓고도 충분한 이윤을 확보할 틈도 없이, 마진이 거의 없는 공산품commodity으로 전락하는 위협을 끊임없이 받고 있는 것이다. 낮은 인건비로 무장한 후발 개도국들의 추격으로 제품수명은 점점 더 짧아지고 있으며 가치 사슬 자체의 직선적 영속성도 파괴되고 있다.

과거 100년 동안 구축되어온 파이프라인 모형의 가치 사슬이 2000년대에 들어와 구조적으로 바뀌고 있다. 기술이 융·복합화하고 아이디어의 대중화로 개방된 혁신open innovation이 중요한 역할을 함에 따라 기업들에 부가가치를 만들어 주던 기존의 가치 사슬이 파괴되는 현상이 일반화되고 있다.[44] 즉, 창의적 아이디어로 발명이 이루어지고 이것이 고객 만족을 향해 개발, 생산, 그리고 영업이라는 일직선적 과정으로 차근차근 이루어져갔던 가치 사슬 체계가 무너지고 있다. 이에 따라 선진형 기업들은 스피드 중심의 무한 경쟁에서 벗어나기 위해 주된 활동을 [그림 3-4]의 스마일 커브에 해당하는 창조형 생태계 영역으로 이동하고 있다. 그런데 이러한 창조형 산업 생태계는 지배적인 시장 규칙이나 수요를 거의 알 수 없는 극단적인 불확실성extreme uncertainty을 특징으로 한다. 창발 경영이란 바로 이러한 극단적 불확실성 속에서 기회를 포착하고 투자를 감행함으로써 성공을 일구는 과정을 주 내용으로 한다.

극단적 불확실성이란 기업이 스스로 감당하기 어려울 정도로 빠르고 위협적인 환경 변화 때문에 발생한다. 이러한 환경 변화는 위기의 모습으로 다가오기도 하지만 때로는 엄청난 기회를 가져다주기도 한다. 이에 관해 게리 하멜 교수는 "진화의 시대는 가고 혁명의 시대가 도래했다"고 한다.[45] 21세기에는 경쟁의 규칙rule을 바꾸는 혁명적이고 창업가적entrepreneurial 전략이 중요하다는 것이다.

기존의 산업 생태계에서는 환경의 변화가 단순하고 어느 정도 예측 가능하다. 따라서 기업들은 예측 가능한 변화에 대처하기 위해 세심하고 복잡한 전략을 채택하여 실행에 옮길 수 있었다. 그러나 미래의 창조형 생태계에서는 창발 경영이 주장하고 있듯이 경영 프로세스를 오히려 단순화시키는 것이 효과적이다.

효율성과 경제성을 중시하는 전통적 산업 생태계에서는 '운영 역량operational capability'만으로도 어느 정도 경쟁력 확보가 가능했다. 이때 운영 역량이란 제조, 물류, 판매 등 기업의 일상 활동을 효과적으로 실행하기 위한 계획된 능력을 말한다.

여기에 '동태적 역량dynamic capability'을 가미하면 금상첨화다. 동태적 역량이란 환경 변화에 대응해 기존의 운영 역량을 효과적으로 변경하는 능력을 말한다. 하지만 예측불허의 극단적 불확실성에서는 '즉흥적 역량improvisational capability'이 강조되고 있다.[46] 즉흥적 역량은 '새로운 환경에 더욱 적합한 새로운 운영 역량을 확보하기 위해 기존 자원의 구조를 즉흥적으로 변경하는 것을 목표로 하는 학습된 능력'을 말한다. 마치 재즈 연주처럼 즉흥적으로 수행되는 역량을 의미한다.

창의성과 문화적 공감대를 중시하는 창조형 생태계에서는 시장 수요, 소비자의 선호도, 신기술 개발, 기술 혁신 등의 변화를 예측하기가 어렵기 때문에 즉흥적 역량이 강조된다. 대개 즉흥적으로 수행한 일이 결과가 좋으면 능력보다는 운이 좋았다고 평가한다. 그러나 즉흥적 역량은 단순한 운이 아니라 재즈의 즉흥 연주처럼 상황에 따라 조금씩 다르지만 지속적으로 의미 있는 내용을 만들어 내는 능력을 말한다. 즉, 즉흥적 역량은 예상치 못한 변화에 즉흥적으로 대응해 자원을 재배치하는 학습된 능력을 의미한다.[47]

네이버 라인의 사례도 우연히 지진이라는 천재지변을 경험하면서 새로운 기회를 발견한 억세게 운이 좋은 성공 경험으로 치부할 수 있을지 모른다. 또한 음악이나 드라마와 같은 콘텐츠들도 우연히 운 좋게 히트를 하는 것 같이 보이지만 이러한 성공들은 앞에서도 설명했듯이 수많은 시간과 막대한 금액의 투자가 이루어낸 창발 경영의 산물이며, 그 안에는 창업자의 직관과 학습된 능력이 자리 잡고 있다.

한국 기업들에게 창조경제란 스피드 경쟁의 한계에서 벗어나 창조형 생태계, 즉 C-생태계creative/culture-ecosystem로 이동하는 것을 의미하기도 한다. 창조형 생태계에서 부가가치는 가격 경쟁보다는 창조적으로 제품과 시장을 제안하는 데서 얻어진다. 기존 산업 생태계와는 비교할 수 없는 불확실성이 존재하지만 높은 수익과 빠른 성장을 가능케 하는 엄청난 기회가 동시에 존재한다. 평균 영업이익률이 창조형 산업 생태계에서 3~4배가 높은 것도 이 때문이다.

하지만 현재 한국 기업들은 대부분 효율성 중심의 E-생태계efficiency/economic-ecosystem에 속해 있다. E-생태계란 하드웨어 중심의 산업 생태계로서, 여기에 속한 기업들은 효율성과 생산성을 최우선으로 한다. E-생태계의 특징은 첫째, 생산성 제고가 가장 큰 목표이기 때문에 산출량, 비용절감, 제품 생산 속도 등을 중시한다. 둘째, 협력사에 대한 강력한 통제와 수직적 계열화를 통해 안정적으로 제조 및 유통 기반을 유지하려 한다.

반면에 애플Apple, 구글Google, 페이스북과 같이 최근 글로벌 시장을 지배하고 있는 기업들은 대부분 창조형인 C-생태계creative/cultural-ecosystem를 구축하고 있다. C-생태계의 특징은 첫째, 전략적 고착성을 강조한다. 이에 따라 브랜드 충성도, 문화적 동질감 등을 중시한다. 둘째, 네트워크 확장성을 강조한다. 이에 따라 관련 기업들은 정보, 유통망, 기술 등 보유 자원들을 공유함으로써 생태계 자체를 확장시키고, 전체 생태계 파이의 확대를 협력적으로 도모한다. 셋째, 개방성을 강조함에 따라 다양한 외부자원들이 기업생태계 내부로 진입하여 그 사용이 용이하도록 한다. 특히 오픈 플랫폼open platform 전략을 통해 외부의 역량 있는 파트너들을 유인하고, 다양한 창조적 아이디어들의 수집을 통해 전략적 혁신을 도모한다. C-생태계에서도 고객의 요구needs가 빠르게 변화하고 경쟁이 치열하다. 하지만 무작정 빠른 것만으로는 지속적으로 경쟁력을 확보할 수 없다.

같은 산업을 둘러싸고 E-생태계와 C-생태계가 서로 경쟁을 벌이기도 한다. 스마트폰 산업이 대표적인 예다. 21세기 최대 고속성장 산업 중 하나인 스마트폰 산업은 사실 스티브 잡스의 애플이 열었다. 애플은 제조 업체이지만 철저하게 C-생태계의 가치관과 행동 양식을 가지고 스마트폰 산업에 진입했다. 모든 생산은 대당 5달러의 비용으로 대만 홍하이그룹의 중국 팍스콘 공장에서 해결한다. 연구개발도 내부에만 의존하지 않고 수십 개의 벤처기업의 기술들을 흡수합병함으로써 외부에서 들여온다.

대신에 이들은 앞의 [그림 3-4]의 스마일 커브 안에 존재하는 아이디어, 특허, 고객 네트워크, 그리고 브랜드 이미지 등에 집중한다. 매년 수많은 특허와 디자인으로 차별화된 단일 모델만을 출시하면서도 음악을 매개로 하는 아이튠즈와 앱 스토어를 통해 고객들을 하나로 묶어낸다. 즉 문화적 매력과 공감대를 기초로 고객들이 스스로 자신의 아이디와 패스워드를 제공하고 수시로 드나들게 함으로써 고객 네트워크를 확보하고 이들의 브랜드 충성도를 무기 삼아 막대한 영업이익을 챙긴다.

반면에 삼성전자 등 나머지 E-생태계 기업들은 우수한 성능을 가진 스마트폰을 좋은 품질과 합리적 가격으로 제공하는 것이 지상과제이다. 연구개발-생산-유통으로 이어지는 가치 사슬의 전 과정을 수직적으로 통합하고 통제함으로써 생산성과 효율성을 지켜나간다. 이들에게 스마일 커브 안의 가치 창출 활동은 이차적 관심사다. 대량의 하드웨어 제품을 전 세계 구매자에게 원활하게 공급하는 것이 지상과제이다. 구매자들이 누구이고 생태계 안에서 어떤 일을 하고 싶어 하는지는 관심 밖이다. 이러다 보니 지금까지 10억 대가 넘는 휴대폰을 팔았어도 10억 명의 잠재 고객을 기반으로 한 시장 기회들은 그냥 놓치고 만다. 지금 한국 기업들은 창조형 생태계로의 이동이 불가피하다. 이를 위해 창조형 생태계를 지배하는 행동 양식과 가치관을 이해해야 한다.

다초점 사회로의 이동

스피드 사회에서는 이분법적 관점에서 사물을 보고 판단하는 것이 유리하다. 어떤 사물이나 생각을 대비시켜 비교 검토하고 취사선택하는 것이 편리하고 빠르기 때문이다. 모든 것은 좋은 것과 나쁜 것, 큰 것과 작은 것, 강한 것과 약한 것, 이것과 저것 등 반대되는 개념으로 구분할 수 있지만, 이러한 구분은 모두가 주관적 생각에서 분별해 말하는 것이지 그 기준이 뚜렷하지 않다. '이것 아니면 저

것' 식의 이분법적 사고는 제로섬 게임zero-sum game을 부추기면서 사회를 승자 아니면 패자가 되는 험악한 분위기로 몰고 가기 쉽다.

그러나 우리는 이분법적으로 갈라져 있던 개념들로부터 벗어나 협력과 시너지를 창출할 수 있다는 것을 깨닫기 시작했다. 예를 들면 기업 경영에서 경쟁과 협력은 과거 상호 대립적인 관계로만 인식되었다. 기업은 이 둘 중 하나를 선택하여 수행하는 것이 정상이었다. 하지만 예일대 배리 넬버프 교수와 하버드대 애덤 브랜든버거 교수에 의해 코피티션copetition이라는 개념이 제안됨으로써 경쟁과 협력이 함께 이루어질 수 있음을 알게 되었다.[48] 이를 통해 기업들은 극단적 경쟁이 초래하는 불확실성과 위험을 회피할 수 있고 합작 투자나 전략적 제휴를 통해 기업의 자원을 서로 활용하고 불필요한 경쟁의 가능성을 감소시키는 한편 자사에 유리한 방향으로 시장의 변화를 이끌 수 있음이 강조되고 있다.

이러한 통합적 관점은 사회의 다양한 분야에서 창조적 융합(통섭: consilience)을 가능하게 하고 있다. 이제는 다양한 시각과 관점으로 접근하는 다초점 사회가 되고 있다. 예를 들면, 남/녀, 청년/노년, 일/여가, 고소득/저소득, 정규직/비정규직, 단일민족/다문화 등의 상반된 두 극단이 모두 중요하고 각자의 논리와 존재 이유가 있음을 인지하기 시작했다.

예를 들면 남성과 여성 간의 차이, 즉 성별의 차이에 대한 인식이 변화하고 있다. 남녀의 차별이 아닌 남녀의 차이를 인정하고 그에 적합한 제도와 문화를 만들어 나가고 있다. 청년과 노년 간의 차이, 즉 연령의 차이에 대한 인식도 변화하고 있다. 과거에는 청년은 주로 경제 활동에 참여하는 그룹인 반면, 노년은 경제 활동에 참여하지 않고 부양의 대상이 되는 연령으로 생각했다. 하지만 지금은 청년과 노년이라는 기존의 구분에서 벗어나 다양한 연령대의 인력들이 경제 활동에 참여할 수 있도록 제도를 마련해나가야 한다.

일과 여가 역시 모두 소중하며 점점 더 병행할 수 있는 관계로 발전하고 있다. 일이 더 중요하고 여가는 여유가 있을 때 즐기는 사치스러운 개념이 아니라 여가를 잘 즐겨야 일도 창의적으로 잘 할 수 있고 일한 만큼 여가도 즐길 수 있는 상호 보완적 관계로 발전하고 있다.

비정규직은 부당노동 대우나 정규직과의 차별 등 많은 부작용에도 불구하고 전 산업분야에서 증가하는 추세이다. 특히 비전문직 서비스업 분야에서 크게 증가하고 있다. 하지만 모든 직업을 정규화할 수 없는 것이 현실 상황이다. 지식기반의 사회가 되고 기술 혁신과 빠른 시장변화로 고용의 유연화 없이 기업들이 생존하기 어려운 것도 사실이기 때문이다.

저소득층과 고소득 간의 차이, 즉 소득과 소비의 차이에 대한 인식의 변화가 일어나고 있다. 민간 소비는 고소득층이 주도하고 기업들은 이들을 위한 상품 개발에 집중해야 한다는 인식이 지배해왔다. 그러나 최근에는 고소득층의 소비가 다른 계층에 비해 부진한 반면 저소득층의 소비지출 비중이 상대적으로 더 높아지고 있다.

특히 세계적으로 가장 소득이 낮으나 가장 많은 인구 분포를 가진 저소득층, 즉 피라미드의 저변bottom of pyramid이 침체된 선진국 시장의 대안으로 주목받고 있다. 개인별 구매력은 미약하나 이들을 위한 시장화 전략이 주목을 받고 있다.[49] 이와 함께 문화의 다양성이 강조되고 있다. 한국은 단일 민족이라는 의식으로, 다문화에 대한 이해가 선진국에 비해 떨어지는 편이다. 하지만 문화의 다양성은 글로벌 환경에서 매우 중요시되고 있다. 유네스코의 문화 다양성 협약은 2007년부터 발효되었으며, 문화 다양성이 인류의 기본적인 특성이며 지속 가능한 발전의 원천이라고 강조되고 있다. 따라서 문화 다양성은 국내는 물론 국제적 차원에서 평화와 안전을 위해 필수불가결한 요소라는 인식이 확대되고 있다.[50]

이와 같이 다양한 관점이 함께 존중되는 다초점 시대에서는 하나의 목표(초점)를 향해 전진하는 속도 경영의 효과가 점점 더 감소할 것이 확실하다.

더 위험한 세계로 몸을 던져야 하는 시대

창발성 시대에서 바람직한 리더의 모습은 무엇일까? 아마도 이 시대의 영웅은 '세상을 사랑하는 전략가chief strategy officer for the world'의 모습에 가까울 것이다. 이때의 사랑이란 리더 입장에서 베푸는 '배려와 어짐仁'의 차원을 넘어서 국가를 아끼고 상대(소비자와 사회)를 존중하고 높임으로써 '진정한 위함'의 가치관을 실천하는 것을 의미한다. 수많은 조직원으로부터 복종과 존경을 이끌어내어 그 힘과 속도로 세상을 지배하려는 리더보다는 세상을 위해 꼭 필요한 제안을 함으로써 우리의 삶을 풍요롭게 할 수 있는 전략가를 사람들은 더 존경하고 따를 것이다.

1960년대 달착륙 우주선을 보내기 위해 사용했던 그 당시의 슈퍼컴퓨터보다 월등하게 우수한 성능을 가진 스마트 폰을 우리 손안에 쥐여준 사람, 공짜로 편지를 보내고 문자와 동영상을 주고받게 해준 기업, 어려운 수학과 과학을 무료로 친절하게 내 실력에 맞추어 가르쳐주는 교육서비스를 만들어낸 창업자 등이 이 시대의 리더이자 영웅이 아닐까 한다.

한국인들은 2014년 8월 교황 방문을 통해 소위 '쏘울SOUL 리더십'을 경험했다. 쏘울이라는 기아자동차가 만든 작은 차로 이동하며 겸손한 자세로 상대방의 입장에 서서 들어주고 위로하는 교황의 모습에서 위로와 희망을 얻었다. 그의 큰마음과 영적 지도력에 감동되어 스스로 따른다는 의미에서 영성의SOUL 리더십이라 부르는 사람들도 있다. 이러한 리더십은 물리적 힘이나 카리스마보다는 정신적, 영적 자존감을 바탕으로 강한 영향을 미친다.

창발성 시대에서는 기존의 틀과 기준을 근거로 행동하는 사람이 아니라 세상의 진실을 수용하면서 자신의 꿈을 끈기와 정성으로 실현하고자 하는 사람이 진정한 리더가 될 것이다.[51] 다시 말해 뜻이나 비전으로 스스로의 존재 가치를 드러내고, 세상의 변화 속에서 생존하면서도 자신의 변함없는 정체성을 유지하는 사람이 새 시대의 주인이 될 것이라는 점이다.

그들은 '1%의 영감'을 소중히 간직하고 언제 만날지 모르는 기회를 기다리면서 꿈을 실현하기 위해 쉬지 않고 일상을 반복할 수 있는 용기와 기다림, 그리고 그 순간의 결단을 위해 최후 순간까지 늦출 수 있는 역량과 여유를 소유하고 있다.

하지만 창발성 시대에서 기회란 평생 오지 않을 수 있는 확률이 존재한다. 이 또한 어쩌랴. 그것은 하늘의 몫인걸. 이런 불행한 시나리오에도 불구하고 자신의 꿈과 비전을 위해 쉬지 않고 일상을 반복할 수 있는 용기와 인내가 이 시대의 리더를 만들어낼 것이다.

창발성 시대에서는 이렇다 할 집안 내력이나 스펙이 없는 평범한 인재도 창발할 때를 기다릴 수 있는 노하우가 있다면 큰 성공을 이룰 기회가 주어진다. 다만 그것이 언제 올지 누구도 모르는 불확실성이 있을 뿐이다. 물론 앞으로도 스피드 경쟁의 세계는 계속 건재할 것이다. 하지만 그 세계는 어느 정도 확실성과 안정감을 주는 장점이 있는 반면 보상이나 성취도는 점점 더 떨어질 것이다.

지금 우리는 이 두 세계 중 어디에서 살아갈지를 결정해야 하는 난감한 상황에 있는지 모른다. 비유하자면 우리 앞에 두 개의 세계로 들어가는 선택의 버튼이 있다. 하나는 위험하지만 보상도 큰 창발성 세계로 들어가는 버튼이고, 또 다른 하나는 안정적이지만 많은 사람으로 포화되어 있어 성공 가능성은 낮은 전통적 세계로 들어가는 버튼이다.[52]

우리 청년들이나 미래의 아이들에게 과연 둘 중 하나를 선택해야 한다면 어떤 버튼을 누르라 조언할 것인가? 대한민국의 운명은 바로 이 선택에 의해 좌우될 것이다. 대부분의 청년들이 '안정'의 버튼을 누른다면 대한민국은 신성장 동력을 찾지 못한 채 급속히 쇠퇴의 길로 접어들 것이다. 하지만 더 많은 젊은이들이 '도전'의 버튼을 누른다면 수많은 틈새를 발굴하고 새로운 가치들을 만들어냄으로써 스피드 시대의 한계를 극복하고 또다시 도약할 수 있는 기회를 얻을 수 있을 것이다.

원래 인생이란 본질적으로 도전의 과정이다. 창발성 시대는 우리에게 좀 더 본질에 가까운 삶을 살도록 요구하고 있을 뿐이다. 즉 경제주체들로 하여금 남들이 좋다는 일에 매달리기보다는 자기 정체성을 확고히 하면서 '하고 싶고 원하는 일'을 찾아 미래에 도전할 것을 요구한다.

04

창발 경영의 실천 프로세스

창발 경영은 막연히 운에 의해 좌우되는 우연의 산물이 아니다. 체계화할 수 있고 학습될 수 있는 경영 기법이다. 그 내용을 앞에서 강태공과 웅녀, 그리고 라인과 같은 성공 기업으로부터 도출한 4가지 단계로 설명할 수 있다.

사실 현실 세계에서는 이 네 단계가 순차적으로 차근차근 일어나기도 하지만, 뒤죽박죽 순서 없이 일어날 수도 있다. 강태공의 사례에서는 세 번째의 '절박한 몰입의 단계'를 생략한 채 마지막 단계로 바로 진입했다. 웅녀의 사례에서는 두 번째 단계인 '지속적 반복의 과정'이 보이지 않는다, 바로 환웅을 만나 1단계에서 뜻을 세우고 3단계 절박한 노력의 과정으로 바로 진입한다.

심한 경우는 아무 준비도 없이 그야말로 우연히 4단계의 '기회의 창'이 열리는 것을 보고 일단 투자를 감행한 후 뒤늦게 1단계 또는

그림 3-5 **창발 경영 프로세스**

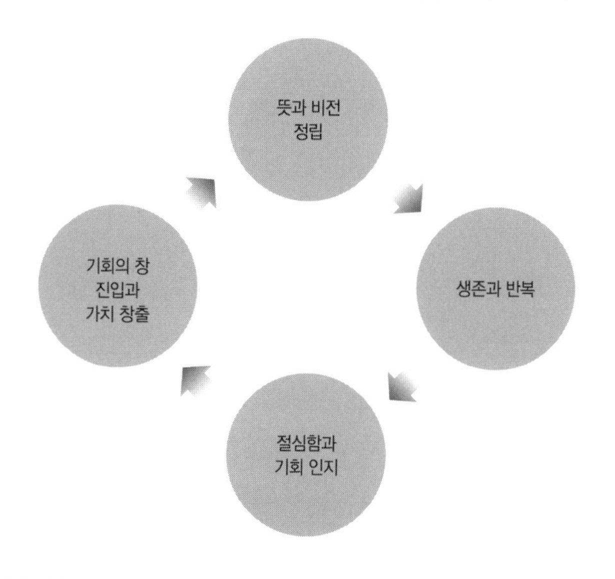

3단계의 작업을 하는 경우도 있을 것이다. 하지만 여기에서는 논리적 설명을 위해 순차적으로 이 과정을 설명하기로 한다.

네 단계의 창발 경영 과정은 1장에서 제시한 새로운 시대의 패러다임을 기반으로 한다. 먼저 가치관에서 스스로 존재 이유와 뜻을 분명히하고 세상의 틀이나 변화에 일방적으로 따라가기보다는 오히려 정체성을 유지하는 것을 소중히 여긴다(1단계). 행동 양식에서는 자신의 때를 기다리며 쉬지 않고 반복하는 것을 기본으로 한다(2단계). 그 이유는 목표 설정과 노력만으로 뜻을 이룰 수가 없는 세계에 있기 때문이다. '1%의 영감'과 직관력에 의존한 채 불현듯 기회가 솟아오를 때를 기다리며 자신의 과업을 반복하는 과정이 중요하다.

또한 사전 예측과 임기응변보다는 최대한 주위 변화의 방향을 주시하고 최종 결단을 마지막 순간까지 늦출 수 있는 역량과 지혜를 발휘한다(3단계). 그리고 결정적 순간에 기회를 잡아 새로운 것을 창조적으로 제안한다(4단계).

이러한 창발 경영의 최대 문제점은 언제 기회가 올지 모른다는 불확실성이다. 수많은 투자와 반복적 기다림에도 그 순간이 반드시 떠오를emerging 것이라는 보장이 없으며 스쳐 지나가는 기회를 몰라볼 수도 있다. 노력만큼 결과가 보장이 안 될 수 있는 세계라고 할 수 있다.

1단계: 뜻과 비전 세우기

창발 경영의 원동력은 뜻이나 비전으로부터 나오는 경우가 대부분이다. 극단적 불확실성을 참고 이겨낼 수 있는 믿음과 용기가 이것으로부터 나오기 때문이다. 비전이란 목적을 향해 끊임없이 달리게 하는 원동력 즉, 진정으로 이루길 원하는 가치이기 때문에 창발 경영의 출발점이 된다.

짐 콜린스의 연구에 의하면 뚜렷한 비전을 가진 기업들은 64년간 1달러를 투자했을 때 6,356달러를 번 것에 비해 동종 산업의 비교 기업군은 같은 기간 동안 1달러를 투자했을 때 955달러만을 벌었다고 한다. 뚜렷한 비전을 가진 기업들이 더 큰 경쟁력을 가졌음을 보여준다.[53] 뜻과 비전은 개인 차원에서도 중요한 작용을 한다. 하버드 대학에 재학 중인 학생 중 명확한 인생 목표와 비전을 가진 3%의 학생들이 몇십 년 후 나머지 학생들보다 10배나 많은 소득을 얻었다는 연구 결과는 이미 잘 알려졌다.

기업 조직에서 비전은 최고경영자뿐 아니라 임원진, 종업원 등 내부 이해관계자들의 생각과 열망이 반영되고 통합되어야 한다. 즉 최고경영자는 비전에 대한 전체 틀을 제공하고 임원진과 종업원들이 이에 동의하고 구체적 내용들을 보충함으로써 합의된 비전을 도출할 수 있다.

이때 최고경영층이 제시하는 비전에 대한 틀이나 개념적 윤곽은 미래 경영 환경에 대한 세심한 분석에 기초하여야 한다. 특히 비전을 세울 때는 다음 사항에 대해 고려할 필요가 있다.[54]

탁월성의 기준을 설정하여 높은 뜻과 이상을 반영한다.

목적과 방향을 명료하게 한다.

열정과 헌신적 참여를 고무시킨다.

명확하게 표현하고 되도록 쉽게 이해되도록 한다.

비전vision이란 앞으로 되고자 하는 뚜렷한 그림, 앞으로 존재하기를 희망하는 미래상, 언젠가 실현될 현실 등으로 이해할 수 있다. 기업 조직의 경우 비전은 다음과 같은 4가지 요소로 구성된다.[55]

핵심 가치와 믿음Core Values and Beliefs

핵심 가치와 믿음은 행동을 통해 나타난다. 비전은 근본적으로 변하지 않는 철학과 원칙으로부터 시작되며, 개인적인 핵심 가치와 조직 리더가 가지는 믿음으로부터 확장된다. 이런 핵심 가치와 믿음은 단순히 말과 글이 아니라 구체적이고 특정한 행동을 통해 확인된다.

목적Purpose

목적은 기업의 존재 이유이며 그 기업이 무엇을 위해 일을 하고 있는가에 대한 근원적인 대답이다. 결코 성취할 수는 없지만 나아가야 할 방향을 나타내는 것이 목적이다. 이 목적을 한두 문장으로 간단하게 요약하면 기업 이념이 된다. 좋은 기업 이념은 근본적이고 설득력이 있으며 지속성을 지닌다.

행동 규범 Doing

행동 규범은 행동의 기준이다. 단기적 사명을 성취하기 위해 취하는 행동의 기준이다. 모든 기업은 공식적, 비공식적 행동 규범을 가지고 있다. 공식적 행동 규범은 법령·규칙·윤리강령·선언문 등으로 명기될 수 있으며 비공식적 행동 규범은 선례·관습·비공식적 역할 기대 등으로 기업 문화 속에 녹아 있다.

단기 사명 Mission

단기 사명은 비전 달성을 위해 조직이 직접 수행해야 할 단기적 목표이다. 훌륭한 사명은 구체적이며 달성 시한이 명시되어야 한다. 가능하다면 대담한 사명을 수립하여 구성원들이 달성하고자 하는 의욕을 북돋을 수 있도록 하는 것이 좋다. 그리고 문장으로 그 목적을 정확하게 표현해야 한다.

2단계: 생존과 반복, 그리고 실패와의 동거

창발 경영은 불확실성과 혼돈 속에서 기회를 포착하는 데 초점을 맞춘다. 따라서 핵심 프로세스를 반복하며 기회와 마주칠 수 있는 확률을 높이는 데 중점을 둔다. 이를 위해 모호하지 않으면서 대부분이 동의할 수 있는, 그러면서 시장흐름에 적합한 규칙을 만들어 반복적이고 지속적으로 실천한다. 이러한 2단계의 반복 과정은 창발 경영의 전체 과정 중 가장 오랜 시간이 걸린다. 마치 강태공이 매일 낚시질을 수십 년간 반복하듯 그 끝을 알 수 없는 시간이 소요될 경우도 많다. 그 이유는 '미래는 천천히 무르익기' 때문이다.[56] 라인 사업을 성공시킨 이해진 의장이나 우리가 잘 알고 있는 스티브 잡스, 그리고 야후의 제리 양, 구글의 레리 페이지, 페이스북의 마크 저커버그 등 창조형 생태계의 영웅들은 한번에 엄청난 성공을 만들어낸 천재가 아니다. 그보다는 '이룰 때까지' 오랜 세월, 남보다 더 지독하게, 자신의 일을 수없이 반복해온 어쩌면 미련한 사람에 더 가깝다.

대부분의 위대한 아이디어는 수십 년이 지나서야 비로소 꽃을 피우는 경우가 많다. 세계적인 창조적 혁신인 포스트 잇 사례만 보더라도 미네소타 광업(3M)이라는 회사 내부에서 처음 이야기가 나온 이후 무려 12년 만에 세계적 상품으로 출시되었다. 새로운 기술적 통찰력이 마술하듯 갑자기 나타나는 것같이 보이지만 실제로는 그렇지 않다. 빨라야만 혁신을 이루어낼 수 있는 것이 아니다. 창조적 혁신일수록 오랜 시간 동안 반복적 행동과 투자가 필요하다.

기업이 반복적으로 전략적 행동을 수행하기 위해서는 양적으로 적절한 수의 규칙을 갖는 것이 필요하다. 너무 많은 규칙은 불필요하게 많은 기회를 추구하게 만들기 때문에 효과적이지 못하다. 대략 2~7개 정도의 개수가 적절하지만 상황에 따라 그 수는 변할 수 있다. 즉 특정 기업에게 적절한 규칙의 수는 시간의 흐름에 따라 달라질 수 있다. 시장 변화에 대한 예측 가능성이 어느 정도 존재하고 이미 중점적 사업의 기회를 확보하고 있는 기간에는 효율성을 높이기 위해 더욱 많은 규칙을 가질 필요가 있다. 그러나 사업 전망이 불투명하고, 사업 기회가 혼란스러울 때는 융통성을 높이기 위해 상대적으로 적은 수의 규칙을 갖고 대응할 필요가 있다.

일반적으로 규칙은 경험을 통해 얻어진다. 특히 실패를 통해 얻어지기도 한다. 교훈을 얻을 만한 경험이 없는 신생 기업들은 다른 기업의 경험을 활용할 수 있다. 또한 많은 경우 규칙의 대략적인 윤곽이 이미 기업 안에 암묵지의 형태로 존재하고 있는데 이것들을 명시적으로 나타냄으로써 새로운 비즈니스 기회를 포착하는 데 활용할 수 있다. 극단적 불확실성이 지배하는 창조형 산업 생태계에서는 간단한 규칙과 몇 가지 중요한 프로세스를 통해 시장 기회를 잡는 것이 중요하다. 비즈니스가 복잡해질수록 오히려 전략은 단순해야 하기 때문이다.

다음은 기업들이 활용할 수 있는 규칙의 종류다.[57]

진행 방법의 규칙

진행 방법의 규칙이란 특정 프로세스가 어떻게 진행되어야 하는지 그 특징을 상세하게 표현하는 형태이다. 예를 들면, 야후의 경우 초창기 제품 혁신 프로세스에 몇 가지 규칙을 수립했다. 즉, 제품 개발 시 반드시 그 제품의 사업적 우선순위를 숙지해야 하고, 모든 개발자는 어느 프로젝트에 상관없이 일할 수 있다는 등의 규칙이다. 이러한 규칙에만 합당하다면 무슨 시간에 어떤 복장으로 일하든 회사에서는 간섭하지 않는다.

Go, Stop의 규칙

경영자들이 어떤 기회를 추구하거나 포기해야 할지에 초점을 맞추는 규칙이다. 이는 특정 고객이나 지역 또는 기술에 집중하도록 해 준다. 예를 들면, 레고는 시장을 확대할 많은 기회가 있기 때문에 시장진입의 프로세스가 중요한 전략적 의사결정 대상이 된다. 이에 대해 레고는 '제안된 제품이 레고 제품처럼 보이는가?', '아이들이 놀면서 무엇인가를 배울 수 있는가?', '그 제품이 창의성을 자극하는가?' 등의 점검표를 가지고 새로운 제품시장의 진입 여부를 결정한다.

우선순위의 규칙

의사결정자들이 수용 가능한 기회를 등급화하도록 하는 것이다.

기업들은 한정된 자원을 가지고 있기 때문에 자원 할당을 위한 우선순위를 책정하는 것이 필요하다.

세계적 반도체 기업인 인텔의 경우, 제조 설비의 투자에 엄청난 비용이 소요되기 때문에 오래전부터 제품들 간의 설비 투자액을 할당할 필요가 있었다. 1980년 중반 한국을 비롯한 아시아 반도체 칩 제조 업체들이 가격 인하와 가속적인 기술 개발로 세계 시장을 공략하기 시작했다. 이때 인텔은 제품의 총 마진율에 따라 제조 설비 투자액을 할당하는 단순한 규칙을 세워 수익성이 높은 마이크로 프로세스 시장에 집중함으로써 비메모리 반도체 분야를 장악할 수 있었다.

혁신 속도의 규칙

기업의 혁신 속도에 관한 규칙은 떠오르는 새로운 기회의 속도와 회사의 움직임을 일치시키도록 하는 데 목적이 있다. 첨단 분야의 기업들은 종종 중요한 전략적 프로세스의 속도나 리듬을 규정하는 규칙을 가지고 있다. 예를 들면, 통신장비 회사인 노텔 네트웍스 Nortel Networks의 경우 제품 혁신 프로세스에 대해 2가지 규칙을 적용했다. 즉, 프로젝트 담당 팀들은 항상 선도 고객들에게 경쟁 기업들보다 먼저 제품을 공급해야 하며, 모든 개발기간은 18개월을 넘어서는 안 된다는 규칙을 정했다.

버릴 시기의 규칙

특정 사업이나 활동을 중단시키는 규칙은 기업들로 하여금 한물

간 과거 기회에서 빠져나오도록 하는 효과가 있다. 예를 들어, 오티콘Oticon이라는 덴마크 보청기 회사는 핵심 기술자가 다른 프로젝트로 이동하면 즉시 기존의 개발 프로젝트를 중지시킨다는 규칙을 가지고 있다. 또한 정해진 기간 내에 이익 목표와 판매 목표를 달성하지 못하면 새로운 사업을 중단한다는 규칙도 이에 해당한다.

창발 경영은 주로 극단적 불확실성과 혼돈의 환경에서 활용된다. 이러한 환경은 한 치 앞을 내다볼 수 없는 상시 위기의 상황과도 유사하다. 상시 위기 상황에서의 성공과 실패 요인을 연구한 짐 콜린스의 연구를 살펴보면 상시 위기 상황에서 탁월한 성과를 내는 기업들은 '일정한 전진의 규칙을 가지고 있다'고 한다.[58] 즉 탁월한 성과를 기록한 기업들은 일정한 목표를 세우고 일관된 실천을 반복했다는 것이다. 주변 환경에 관계없이 매일매일 정해진 목표를 향해서 전진하는 모습을 공통적으로 보였다고 한다.

남극점 탐험의 사례를 살펴보면, 아문센 탐험대의 경우 변화무쌍한 남극의 기후조건에서도 평균 15.5마일을 꾸준하게 전진했다. 반면, 경쟁자인 스콧 탐험대의 경우 날씨가 좋을 때는 많이 가고 날씨가 변덕스러우면 쉬는, 일관성 없는 탐험을 하였다고 한다. 그 결과 아문센 탐험대는 성공을 거두었으나, 스콧 탐험대는 실패하였다는 평가가 나온다.

주목해야 할 또 다른 성공 요인은 '생존권을 우선 확보한다'는 것이다. 어떤 기업에게나 위험은 존재하지만, 그에 대한 대처에 따라 성공과 실패가 나누어진다고 한다. 모든 기업에게는 3가지 위험이 존재한다. 첫째, 기업을 일시에 망하게 하거나 심각한 타격을 주는 치명적 위험death line risk, 둘째, 불리한 상황이 유리한 상황보다 더 큰 비대칭 위험asymmetric risk, 셋째, 통제 및 관리 불가능한 위험인 통제 불가능 위험uncontrollable risk이다. 기업들은 이러한 위험들을 회피하면서 생존권을 지켜나가야 하는 필연적 과제를 안고 있다.[59] 특히 기업의 모든 활동이 항상 치명적 위험에서 벗어난 상태에서 이루어지도록 생존 라인으로부터 벗어나지 않게 평소에 관리하는 것이 무엇보다도 중요하다.

2단계에서 '규칙에 의한 반복'만큼 중요한 것이 '실패와의 동거'이다. 이 단계에서 실패는 혁신의 기반으로서 오히려 적극적으로 활용되어야 한다. 실패 없이는 혁신과 진보도 없기 때문이다. 즉 실패를 통해 혁신적이고 새로운 방식이 만들어진다는 것이다. 앞에서 설명한 창발 경영의 사례들에서도 큰 성공 앞에 항상 많은 실패와 시행착오들이 있었음을 알 수 있다.

실패를 용인하지 않고 위험을 감수하지 않으려는 조직에게는 성공의 기회가 주어지지 않는다. 혁신 없이는 성공의 확률도 점점 더 줄어들기 때문이다. 따라서 혁신과 성공을 바란다면 엉뚱한 시도와 실패가 살아 숨 쉴 여유 공간을 의도적으로 설계해놓아야 한다. 조직 안에는 좀처럼 실수를 저지르지 않는 '똑똑한 인재' 말고도 소위 '바보'들이 활동할 수 있도록 시스템을 만들어놓아야 한다는 것이다. 이들이 일정한 범위 안에서 마음대로 실험하도록 용인하고 그 결과물 중 쓸 만한 것을 발견해 재빨리 키워내는 방법이 필요하다.

3단계: 절실함 속에서 기회의 인지

앞의 단계들이 지루할 정도로 오랜 시간이 걸릴 수 있는 것에 비해 3단계의 몰입과 기회의 인지 과정은 매우 짧은 기간에 이루어지는 경우가 많다. 그러나 그 중요성은 전 과정을 통틀어 가장 크다고 할 수 있다. 마치 서브 리시브를 기다리는 테니스 선수나 투구를 기다리는 야구 선수가 준비동작 끝에 상대방의 라켓과 투수의 손끝을 떠난 공을 주시하듯이 매우 긴박하고 중요한 순간이다. 이때 최고의 선수들은 시간 자체를 확장하고 늦추어 필요한 정보를 가능한 한 많이 수집한 다음 최적의 속도와 각도로 공을 타격한다고 한다. 즉 세심히 관찰하고 정보를 수집처리한 후 가장 마지막 순간까지 기다리다 결행하는 늦춤의 역량과 지혜를 발휘한다. 초고속 스포츠에서는 1초의 1,000분의 1인 밀리초 단위에서 승부가 나며 50밀리초 정도의 근소한 차이를 늦출 수 있는 것만으로도 승부의 결정적 차이를 만든다고 한다.[60]

재빠른 반응을 얼마든지 할 수 있지만 때가 올 때까지 선불리 나서지 않는 것이 3단계에서 가장 중요한 행동 지침이다. 훌륭한 프로 선수는 모름지기 누구보다도 빨리 움직일 수 있는 속도를 가지고 있기 때문에 가능한 여유 있고 느리게 행동할 수 있다. 타격에 필요한 최소 시간을 남겨두고 누구보다도 길게 마지막 순간까지 결정을 늦출 수 있기 때문이다.[61] 이때 스피드란 역설적으로 빨리 움직이기 위해 필요하기보다는 늦추기 위해, 천천히 결정하기 위해 필요한 것이다. 이 짧은 시간에서의 대응이 전체 창발 경영의 성패를 좌우한다고 해도 과언이 아니다. '짧지만 굵은' 시간의 흐름이 바로 3단계에서 발생한다. 새로운 제품과 시장에 대한 제안이 이때 결정되기 때문이다. 하지만 이러한 제안은 막대한 비용이 따르며 자신의 운명을 담보해야 할지 모르는 올인 게임이 될 수 있기 때문에 신중에 신중을 기해야 한다.

위험을 무릅쓰고 새로운 제안을 해야 하는 기업들이 유의해야 할 사항들을 살펴보면 다음과 같다.[62]

첫째, 기술 개발과 제품 출시를 위한 투자가 시장의 요구와 일치하지 않을 가능성이 크며 이 경우 과도한 연구개발 투자로 아까운 자원을 낭비하지 않도록 유의해야 한다. 특히 과거 몇 번의 성공 경험으로 인해 기술에 대한 확신이 경영 핵심부와 조직 문화에 확고히 자리 잡게 되면 새로운 제안에 대한 지나친 낙관으로 재무적 통제나 위험관리 없는 투자들이 감행되고, 그 결과 실패의 나락으로 떨어질 수 있다.

둘째, 오랜 기간 반복적 투자와 기다림에 지친 기업들은 불안정한 이익구조를 해결하기 위해 안정적 수익이 보장되는 더 큰 시장을 향해 맹목적으로 움직이려는 경향이 있다. 그리고 내부에서 작동하는 과거의 성공 경험은 더 새롭고 획기적인 기술 혁신으로 모든 문제를 해결하려는 성향을 충동질한다. 그러다 보니 좀 더 유리한 전략적 위치를 차지하기 위해 좀 더 참신한 기술을 가지고 좀 더 안정적이고 성숙한 시장으로 움직이려 한다. 예를 들면 획기적인 기술을 개발해 일거에 경쟁자들을 물리치고 시장을 차지하기 위해 정면 승부를 건다. 특히 반복된 작은 성공으로 기술 혁신에 대한 자부심과 시장 노하우를 축적한 기업일수록 이러한 유혹에 빠지기 쉽다. 그러나 기존 시장으로의 정면 돌파 전략에서 반드시 고려해야 할 것은 기존의 대규모 시장에는 이미 막강한 경영능력과 유통망, 그리고 브랜드 이미지 등을 보유한 강력한 경쟁자들이 존재한다는 사실이다. 이들이 굳건하게 지키고 있는 성곽을 오로지 기술 혁신 능력을 핵심무기로 삼아 정면으로 돌파하려는 전략은 많은 경우 실패를 자초하게 된다.

이러한 전략적 과제에 현명하게 대처하기 위해서 다음과 같은 대책들을 검토할 필요가 있다.[63]

① 전략적 정체성을 확고하게 재인식해야 한다. 1단계에서 세운 비전과 기업목표를 다시 기억해 분명히 해야 한다. 기업의 뜻과 비전에 합치하고 자신이 감당할 수 있을 정도의 시장 확장은 바람직하나 과도한 시장 확장이나 무리한 시장 진입은 경계해야 한다.

② 시장 기회를 면밀하게 관찰하면서 내부의 혁신 속도를 늦출 필요가 있다. 이를 위해서는 마케팅에 집중하면서 시장을 면밀하게 분석하고 시장의 변화에 인내심을 가지고 기다려야 한다.

③ 경제적 합리성을 추구한다. 기술 차별화를 맹목적으로 추구하기보다는 도전할 시장의 수익성과 위험을 정확하게 평가해서 합리적인 투자를 해야 한다. 새로운 제품 혁신과 서비스를 추구하되 마케팅과 재무적 판단과 통제를 전제로 해야 한다. 즉 합리적으로 통제된 혁신을 추구해야 한다는 것이다.

4단계: 기회의 창으로 진입과 재빠른 가치 창출

3단계에서 기회를 정확히 인지하고 합리적 판단을 했다면 투자를 결행해야 한다. 즉 열린 기회의 창으로 재빨리 들어가 그 기회를 실현시켜야 한다. 한 유명 정치인은 다음과 같이 이야기했다. "기회라는 괴물은 예고 없이 온다. 그때 괴물의 목덜미를 대담하게 잡아라. 야망은 실현된다."

이 단계에서는 속도계 안에 소중히 간직했던 각종 스피드 경영 기법들도 꺼내어 유용하게 활용해야 한다. 아무리 기회의 창에 들어갔다고 하더라도 경쟁자들과의 헤게모니 싸움은 치열하기 마련이다. 따라서 제대로 된 대응을 적기에 하지 않으면 주어진 기회도 한순간에 날아갈 수 있다.

주어진 기회를 시장에서의 가치 창출로 실현시키기 위해 전력을 다해야 한다. 이때 한국 기업들의 강점인 속도 경영은 시장변화에 맞추어 빠른 대응을 할 수 있도록 하기 때문에 효과적이다.

그러나 기회를 잡아 가치 창출에 성공했다고 게임이 끝나는 것은 아니다. 시장에서 가치 창출과 이익의 회수 과정은 경쟁을 통해 이루어지는 것이기 때문에 끊임없이 변화하는 시장 니즈에 대응해야 하며 기존 경쟁자들은 물론 새로운 진입자들과도 싸워야 한다.

재빨리 기회를 잡아 시장에서 1인자 또는 2인자의 지위를 확보한 기업들도 급변하는 시장 상황에 노심초사하는 이유가 여기에 있다. 또한 이러한 4단계의 가치 창출 과정은 완결형으로 끝나는 것이 아니다.

앞의 SM엔터테인먼트 사례에서도 설명했듯이 다시 1단계로 돌아가 뜻과 비전을 확대하거나 구체화함으로써 계속적으로 선순환을 일으킨다.

• 에필로그 •

1994년 데자뷰와 위기의 한국 경제

이 책을 쓰는 동안인 2014년의 한국 경제를 보면서 20년 전인 1994년 무렵의 여러 모습이 데쟈뷰처럼 스쳐갔다.

1993년은 김영삼 전 대통령이 취임하고 우루과이 라운드로 상징되는 시장 개방이 전격적으로 이루어지기 시작한 해였다. 그 당시 안타깝게도 서해 페리호가 침몰해서 292명이 목숨을 잃었다. 사고의 원인은 과적, 불법, 안전 불감증 등이었다. 2014년의 세월호와 판박이처럼 똑같다. 유일하게 다른 점을 찾자면 페리호 선장과 선원들은 승객들을 피신시키느라 전원 사망했다는 사실이다.

1994년에는 성수대교가 무너졌고 사회 양극화의 단면을 보여준 지존파가 체포되었다. 그리고 1995년에 대구 상인동 가스 폭발에 이어 삼풍백화점이 허망하게 무너져내렸다. 이때 '정보화 촉진 기본법'이 통과되면서 정보화 시대로의 돌입을 공식화했다.

이 당시 신문 등 각종 미디어는 시장 개방화에 맞선 한국 경제의 위기 상황을 주된 기삿거리로 다루었다. 한마디로 "아무런 준비 없이 국내 시장이 개방되면 국내 최고의 대기업이라도 살아남을 방도가 없다"는 의견이 지배적이었다. 그리고 3년 후 IMF 경제위기라는 쇼크를 맞아 30대 재벌 기업 중 14개가 역사의 무대에서 사라졌다. 정보화로의 구조 전환에 머뭇거리던 회사들이 줄도산한 것이다.

그로부터 20년 후인 지금의 한국 경제 역시 구조 전환이 논의되고 있다. 요즈음 미디어들은 "선발 주자first mover가 되지 않고서는 국제 경쟁력을 지속할 수 없다"는 기사들을 쏟아내고 있다. 때마침 정부는 창조경제라는 새로운 패러다임을 제시하며 창조화를 위한 정책과 입법에 열을 올리고 있다. 하지만 다른 한편에서는 양적 완화의 종식, 해외발 금융위기, 환율, 중국경제의 경착륙 등 수시로 등장하는 위기설에 마치 언제라도 경제적 충격이 가해질지 모른다는 불안에 시달리고 있다.

만약 2~3년 안에 우리가 우려하는 충격이 가해진다면 과연 지금의 30대 기업 중 버틸 수 있는 회사가 얼마나 될지 의문이 생긴다. 구조 전환이라는 새로운 요구에 우리 기업들이 제대로 대응하고 있는지 묻지 않을 수 없다. 준비성이 부족한 우리의 속성이나, 기존의 성공 방식에 굳어버린 조직 경직성을 고려할 때 또다시 연쇄 파산이 일어나는 위기 상황을 우려할 수밖에 없다.

2010년은 한국 경제에 새로운 전환점이 된 매우 중요한 해였다. 이 2010년을 전후한 몇 가지 상황을 점검해보자. 먼저 스마트폰 보급률이 전해인 2009년보다 9배나 급증했다. 이후 세계 최고 속도로 확산이 이루어져 거의 전 국민이 디지털 정보망에 연결되는 계기가 되었다. 또한 구글 트렌드 검색 기준을 보면 2010년 이후 한류 콘텐츠의 관심도가 전 세계적으로 급속히 확산되었다. 한마디로 창조경제의 원년이라고 할 수 있다.

2010년을 계기로 극적인 전환을 보인 또 한 가지를 찾자면 기업 가치의 변화를 들 수 있다. 총 주식 가액으로 환산한 기업 가치를 보면 융합 산업과 창조 산업과 같이 창조경제의 트렌드 안에 있는 업종들이 획기적인 성과를 기록하거나 성장세를 탔다. 대표적 융합 산업인 스마트폰과 자동차에서 보듯이 삼성전자와 현대자동차가 글로벌 시장에서 대약진을 했다. 그리고 인터넷 서비스 시장을 주도하고 있는 NHN이나 카카오톡, K-pop을 선도하는 SM이나 YG와 같은 엔터테인먼트 회사 등 창의적 비즈니스 모델과 콘텐츠를 다루는 기업들의 가치가 크게 뛰었다.

반면에 그동안 한국 경제를 대표해온 철강, 조선, 화학 등 전통적 제조 기업들의 가치는 지속적으로 하락했다. 인터넷 산업의 대표 주자인 NHN의 기업 가치가 한국 제조 산업의 얼굴격인 포스코POSCO를 한때나마 능가하는 등 어깨를 나란히 한다는 점은 경제 구조의 대전환을 의미한다. 세상이 달라진 것이다.

이렇게 달라진 세상이 갖는 대표적 특징이 바로 창발성이다. 위기이든 기회이든 예상할 수 없이 불현듯 일어나는 현상이 일반화된다는 것이다. 따라서 경제 성장, 성공과 실패, 사회 구조의 변화 등도 예측 가능하도록 서서히 일어나는 것이 아니라 마치 구름, 바람, 번개 등의 자연 현상처럼 불연속적으로 갑자기 발생하기도 하고 없어지기도 하는 양상으로 나타나기 쉽다.

창발성 시대에서는 우발적 요인의 중요성이 점점 더 커진다. 얼마 전 중국에서는 지하철 승객들이 오해하는 바람에 테러가 일어났다는 착각이 번졌고 대규모 탈출 소동이 일어나 11명의 사상자를 내기도 했다. 이제 이러한 사건은 언제 어디서든지 발생할 수 있는 일이 되었다. 특히 이러한 현상은 경제계에도 적용되어 작은 우발적 요인만으로 커다란 파급 효과가 발생할 수 있는 소지가 점점 더 증대하고 있다.

한국은행 조사에 의하면 실물 지수와 기업 심리 지수가 강한 상관관계를 가지며 함께 움직이는 성향이 더욱 강해지고 있다고 한다. 한마디로 실물계의 작은 변동 사항이 심리 요인을 자극하고 이것이 다시 실물계에 영향을 미침으로써 상승 작용을 일으킬 가능성이 점점 더 커지고 있다.

때마침 2010년 직후 실물 경제를 나타내는 성장률과 이익률 등 기업성과 지수가 하락세를 보이고 있다. 여기에 전 산업 업황 전망이나 업황 실적에 관한 심리 지수 역시 유사한 하락세를 보이고 있다. 이러한 두 하락세가 우발적 사건에 의해 서로 맞물린다면 걷잡을 수 없는 위기 상황이 촉발될 수 있다.

지난 50년간 우리는 시대적 전환기 때마다 직면한 위기 상황을 잘 극복해온 저력이 있다. 위기를 기회로 만든 것이다. 속도 경영의 경쟁력도 그렇게 만들어졌다. 하지만 이러한 저력이 미래에도 발휘될 것이라는 보장이 없다. 특히 우려되는 것은 물질적인 급속 성장으로 한껏 부풀어 오른 우리의 자만과 교만이다. '설마 망하기야 하겠냐'

는 것이 자만이요. '미래가 우리 편일 것이다'는 생각이 교만이다.

'미래는 우리 편이 아닐 수 있고, 글로벌 초우량 기업도 한순간 망할 수 있다'는 경계심을 가져야 한다. 실제로 미래에는 스피드 시대의 성공 논리와는 전혀 다른 성공 패러다임이 지배할 것이다. 힘과 속도를 앞세워 세상과 거래하는 방식으로는 한계가 있다. 세상을 진정으로 사랑하면서 끈기와 정성으로 자신의 정체성과 비즈니스 모델을 실천하는 과정 속에서 불현듯 기회가 주어질 것이다.

'두려움 없는 끈기'를 가진 웅족熊族의 성공 DNA가 21세기에 창발하기를 간절히 기대해본다.

한국식 속도 경영의 비밀과 미래 경영

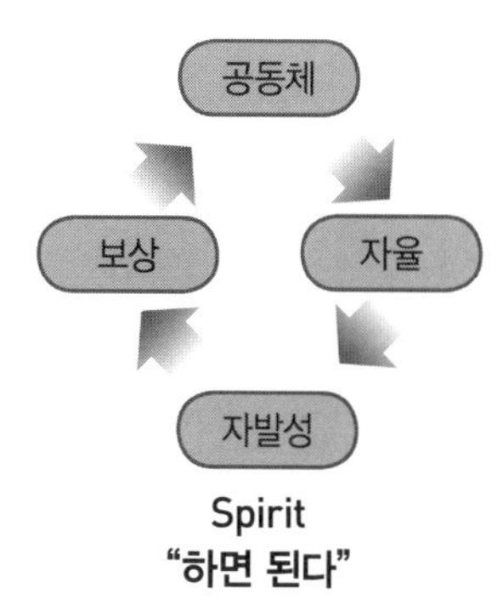

Spirit
"하면 된다"

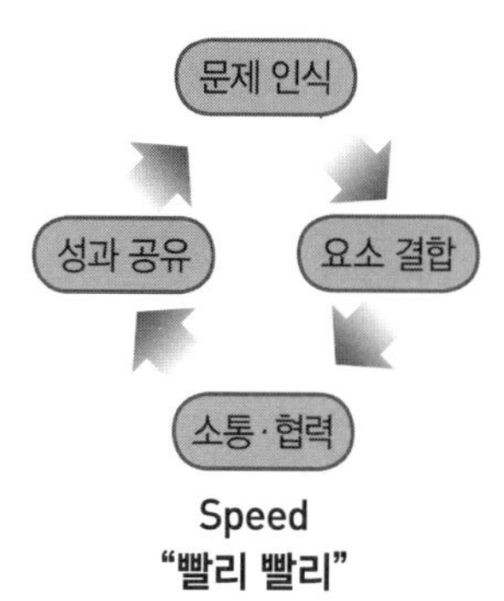

Speed
"빨리 빨리"

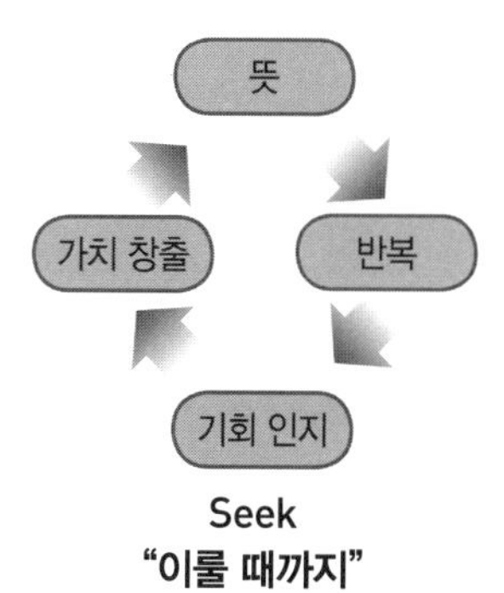

Seek
"이룰 때까지"

• 주석 •

서문

1 Theodore Levitt(1960), Marketing Myopia, Harvard Business Review.

PART 1

1 정주영(1998), 이 땅에 태어나서, 솔.

2 정주영(1998), 위의 책.

3 정주영(1998), 위의 책.

4 이장우·이민화(1995), "신바람 관리: 개념적 모형", 경영학연구, 24(2), pp. 339-370.

5 이장우·이민화(1994), 흔경영, 김영사.

6 정옥자(2002), 우리가 정말 알아야 할 우리 선비, 현암사

7 전도근(2010), 신화를 만든 정주영 리더십, 북오션.

8 전도근(2010), 위의 책

9 정주영(1998), 위의 책

10 신철호(1996), 14가지 경영혁신기법의 통합모델, IBS press

11 Richard, M. S.(1999), *Made in Korea-Chung Ju Yung and The Rise of Hyundai,* Rotledge, U.S.A. pp. 1-3.

12 이병철(1986), 호암자전, 나남.

13 이병철(1986), 위의 책.

14 이병철(1986), 위의 책.

15 이병철(1986), 위의 책.

16 이병철(1986), 위의 책.

17 이병철(1986), 위의 책.

18 이병철(1986), 위의 책.
19 이병철(1986), 위의 책.
20 이장우·이민화(1994), 위의 책.
21 이장우·이민화(1994), 위의 책.
22 이장우·이민화(1994), 위의 책.
23 이장우·이민화(1994), 위의 책.
24 좌승희(2014), "한국의 경제 제도적 환경과 아산의 선택-박정희와 아산, 한강의 기적을 이끌다", Working Paper, 2014
25 좌승희(2014), 위의 논문.
26 이장우·이민화(1994), 위의 책.
27 이장우·이민화(1994), 위의 책.
28 삼성경제연구소(2010), 직장인 스트레스 관리, 3·3 전략, SERI 경영노트 Vol. 70.
29 Peters, T. J.(2004), In Search of Excellence, Harper Business.
30 "삼성그룹, 작년 총매출 390조..정부 총수입(360조)보다 많아", 헤럴드경제, 2013. 01. 07.
31 빌 게이츠(1999), 빌 게이츠 @ 생각의 속도, 청림출판.
32 홍성욱(2012), 융합이란 무엇인가, 사이언스북스.
33 홍성욱(2012), 위의 책.
34 정명호(1997), 패러독스 경영, 삼성경제연구소.
35 "삼성, 글로벌 100대 브랜드 8위 차지", 삼성전자 홈페이지(http://www.samsung.com) 뉴스&공시, 2013.09. 30.
36 송재용·이경묵(2013), SAMSUNG WAY, 21세기북스.
37 이장우·허준석(2013), "삼성 상생경영의 성과와 미래: M-ies 모델에 의한 사례분석", 경영학연구, pp. 51-70.
38 송재용·이경묵(2013), 위의 책.
39 송재용·이경묵(2013), 위의 책.
40 송재용·이경묵(2013), 위의 책.
41 송재용·이경묵(2013), 위의 책.
42 송재용·이경묵(2013), 위의 책.

43 송재용·이경묵(2013), 위의 책.
44 정명호(1997), 패러독스 경영, 삼성경제연구소.
45 삼성 신경영 실천위원회(1997), 삼성 신경영, 삼성.
46 삼성 신경영 실천위원회(1997), 위의 보고서.
47 이건희, 신경영 어록 중에서
48 이건희, 신경영 어록 중에서
49 "현대기아차 '브랜드 가치 높여라'… 국제 행사 '차량 지원 마케팅' 올인", 이투데이, 2013. 06. 30.
50 하태형(2014), 자동차 산업 핵심경쟁력의 중심이동, VIP리포트, 통권 573호, 현대경제연구원.
51 과학기술정책연구원(2008), 개방형 혁신의 산업별 특성과 시사점, STEPI 정책연구 2008-10.
52 오창익(2007), 전략적 기술협력체계와 BPRM, 기술과 경영
53 김석관, 장병열, 이윤준, 송종국, 안두현, 이광호, 최지선·과학기술정책연구원(2008), "개방형 혁신의 산업별 특성과 시사점," 과학기술정책연구원, 2009-10 정책연구.
54 현대 NGV 홈페이지 (http://www.hyundai-ngv.com).
55 현대자동차(2014), 현대자동차 2014 지속가능성 보고서.
56 "현대車 국산화율 90%...부품·소재 투자의 '결실'", 뉴스1코리아, 2013. 06. 04.
57 현대자동차 동반성장 홈페이지 (http://winwin.hyundai.com)
58 현대자동차 동반성장 홈페이지 (http://winwin.hyundai.com)
59 "현대차그룹 '찾아가는 동반성자' 탄력", 뉴시스, 2014. 05. 20.
60 현대 CSR 홈페이지 (http://csr.hyundai.com).
61 현대자동차 동반성장 홈페이지 (http://winwin.hyundai.com)
62 이리야마 아키에(2013), 세계의 경영학자는 지금 무엇을 생각하는가, 에이지21.
63 정상봉(2012), "원효 화쟁사상과 그 현대적 의의, 통일인문학논총," Vol. 53, pp. 201-222.
64 한국민족문화대백과 홈페이지 (http://encykorea.aks.ac.kr)

65 한국민족문화대백과 홈페이지 (http://encykorea.aks.ac.kr)

66 한국민족문화대백과 홈페이지 (http://encykorea.aks.ac.kr)

67 한국민족문화대백과 홈페이지 (http://encykorea.aks.ac.kr)

68 이장우(2011), 패자 없는 게임의 룰, 동반성장, 미래인.

69 강준만(2010), "'빨리빨리'의 문화정치학," 인물과 사상, Vol. 14, pp. 48-59.

70 블로그 (http://blog.daum.net/prof_jklee/13423946).

71 "독일 강소기업의 3가지 성공비결", 조선일보 위클리비즈, 2014. 11. 1-2.

72 이장우(1995), 경영전략론: 통합적 접근, 법문사.

73 이장우(1995), 위의 책.

74 (생산성신문, 1993. 3. 29 기사발췌)

75 (매일경제신문, 1993. 12. 9 기사발췌)

76 이장우(1995), 위의 책.

77 "삼성 2관왕 달성...전 세계 스마트폰·휴대폰 시장 1위", 전자신문, 2013. 3. 10.

78 이장우·허준석(2013), 앞의 논문.

79 송재용·이경묵(2013), 위의 책.

80 현대자동차그룹 자체보고, 2013. 1

81 이장우·허준석(2013), 앞의 논문.

82 이장우(1995), 위의 책.

83 Blackburn, J. D.(1990), *Time-Based Competition: The Next Battle Ground in American Manufacturing*, Homewood, Ill: Business One Irwin.

84 Lieberman, M. (1990), "Inventory Reduction and Productivity Growth, A Study of Japanese Automobile Producers," Chapter 21 in *Manufacturing Strategy*, John Ettlie, M. Burstein, and A. Feigenbaum, eds, Boston: Kluwer Academic Publisher.

85 Clark, K. B., Chew, W. B. and Fujimoto, T.(1987), "Product Development in the World Auto Industry," *Brooking Papers on Economic Activity, 3*, pp. 729-771.

86 이장우(1995), 위의 책.

87 Blackburn, J. D.(1990), 위의 책.

88 Ridley, M.(2006), The Red Queen, 김영사.

89 Derfus, P. J., Maggitti, P. G., Grimm, C. M. and Smith, K. G.(2008), "The Red Queen Effect: Competitive Actions and Firm Performance," *Academy of Management Journal*, Vol. 51, No. 1, pp. 61-80.

90 "신시아 몽고메리(Cynthia Montgomery)와의 대담," 조선일보, 2013. 3. 14.

91 "삼성 반도체사업 40년, 도전과 창조의 역사", 삼성반도체이야기(http://samsungsemiconstory.com), 2012. 04. 06

92 "韓 초고속인터넷 보급률 45%… 세계 1위", 스포츠투데이, 2013. 10. 23.

93 "韓 초고속인터넷 보급률 45%… 세계 1위", 스포츠투데이, 2013. 10. 23.

94 "스마트폰 보급률 1위, 평균보다 4.6배↑...전 세계 1위 달성", 동아일보, 2013. 06. 25.

95 안전보건공단, 연도별 산업재해분석(1985~2012년).

96 이충호(2014), "한국 기업의 산업안전실태, 그리고 이슈", 한국경영학회 춘계심포지엄,

97 이충호(2014), 위의 논문.

98 환경부, 연도별 환경통계연감(1985~2012년).

99 환경부, 연도별 환경통계연감(1985~2012년).

100 신성욱(2014), 조급한 부모가 아이 뇌를 망친다, 어크로스.

PART 2

1 다음 블로그 (http://blog.daum.net/yeodonhual/17447470)

2 다음 블로그 (http://blog.daum.net/yeodonhual/17447470)

3 권종욱·이지석(2001), "아시아적 가치와 한국의 외한위기," 사회연구, 2, pp. 127-149.

4 윤순봉·장승권(1995), 열린시대 열린경영, 삼성경제연구소.

5 김인수(2001), 세계가 두려워할 미래의 한국 기업 어떻게 만들 것인가?, 삼성경제연구소.

6 최정표(2010), "재벌의 연쇄도산과 흥망재벌 간 경영구조의 차이," 산업조직연구, Vol. 18, No. 3, pp. 79-102.

7 장세진(2003), 외환 위기와 한국 기업 집단의 변화: 재벌의 흥망, 박영사.

8 “시총 톱10, 코카콜라·인텔 빠지고 구글·애플 진입”, 중앙일보, 2014. 8. 29.
9 이재열(2000), “기업의 구조와 변화-재벌 조직을 중심으로,” 한국사회, Vol. 3, pp. 31-62.
10 이재열(2000), 위의 논문.
11 김인수(2001), 위의 책
12 최정표(2010), 앞의 논문.
13 삼성 신경영 실천위원회(1997), 삼성 신경영, 삼성.
14 삼성 신경영 실천위원회(1997), 앞의 보고서.
15 김인수(2001), 위의 책
16 김인수(2001), 위의 책
17 김인수(2001), 위의 책
18 김인수(2001), 위의 책
19 “한국제조업은 군대식 문화 …… 창의성 저해,” 매일경제신문, 2014. 8. 29.
20 Gladwell, M.(2008), Outliers: The Story of Success, Hachette.
21 Gladwell, M.(2008), 위의 책
22 이장우(2010), 대한민국 강소기업 스몰자이언츠, 미래인.
23 이장우(2010), 위의 책
24 이장우(2010), 위의 책
25 Buchanan, M.(2014), 우발과 패턴, 시공사.
26 Buchanan, M.(2014), 위의 책
27 D'Aveni, R. A. & Robert E. G.(1994), *Hypercompetition: Managing the Dynamics of Strategic Maneuvering*. Free Press.
28 이리야마 아키에(2013), 위의 책
29 Wiggins, R. R. & Timothy W. R.(2002). “Sustained Competitive Advantage: Temporal Dynamics and the Incidence and Persistence of Superior Economic Performance,” *Organization Science*, Vol. 13, No. 1, pp. 81-105.
30 Wiggins, R. R. & Timothy W. R.(2002). 위의 논문.
31 Leadbeater, C.(2009), 집단지성이란 무엇인가, 21세기북스.
32 Chesbrough, H., Vanhaverveke, W. and West J.(2008), *Open*

Innovation: Researching a New Paradigm, Oxford University Press.

33 Hamel, G. & Breen, B.(2008), 경영의 미래, 세종서적.

34 이장우(2011), 패자없는 게임의 룰 동반성장, 미래인

35 Baym, N. K.(1999), *Tune In, Log on: Soaps, Fandom, and Online Community*, SagePublications Inc.

36 "삼성전자, 지난 4-5년 이익규모가 오히려 비정상적이었다," 주간조선, 2014. 8. 2.

37 "통치자는 백성을 믿고 말을 아껴야 - 스스로 이루도록 이끌어라," 조선 위클리비즈, 2014. 8. 23.

38 조지프 나이(2004), 소프트 파워, 세종연구원.

39 Miller, D.(1995), 이카루스 패러독스, 21세기북스.

40 Stevenson, H.(1983), "A Perspective on Entrepreneurship," *Harvard Business School Case*.

41 Leadbeater, C.(2009), 위의 책.

42 "슈밋 구글 회장이 보는 인터넷의 현재와 미래," 중앙일보, 2013. 4. 22.

43 Hamel, G. & Breen, B.(2008), 위의 책.

44 강준만(2010), 앞의 논문

45 김일섭, 한국형 경영에 관한 강의 중에서, aSSIST, K-way CEO 과정.

46 신철호(1996), 위의 책

47 Andrews, K. R.(1971), *The Concept of Corporate Strategy, Irwin*, Homewood, IL.

48 이장우·허준석(2013), 앞의 논문.

49 Jean, C. L.(2011), *The Momentum Effect-The Secret of Efficient Growth*, Seoul, Kyobo.

50 이장우·허준석(2013), 앞의 논문.

51 말콤 글래드웰(2004), 티핑 포인트, 21세기북스.

52 송재용·이경묵(2013), 위의 책.

53 김인수(2001), 위의 책

54 김인수(2001), 위의 책

PART 3

1 이장우(2013), 창조경제의 이해와 대응방안, 창조경제연구원.

2 Steven Johnson, *Where Good Ideas Come From*, Riverhead, 2010. 10.

3 Anderson, C.(2012), *Makers*, Random House Business Books.

4 최진석(2013), 인간이 그리는 무늬, 소나무.

5 "황벽 선사는 왜 사미를 때렸을까", 중앙일보, 2014. 9. 27.

6 "통치자는 백성을 믿고 말을 아껴야...스스로 이루도록 이끌어라", 조선 위클리 비즈, 2014. 8. 23.

7 "[100년 기업] 혁신 또 혁신, 변해야 산다.", 비즈니스워치, 2014. 05. 21.

8 2014년 8월 16일 이해진 NHN 이사회 의장과의 대담을 참고로 함.

9 이장우(2013), 창조경제의 이해와 대응방안, 창조경제연구원.

10 이장우(2013), 위의 책.

11 Partnoy, F.(2013), 속도의 배신, 추수밭.

12 박승주(2013), 사랑은 위함이다, 운주사.

13 박승주(2013), 위의 책.

14 "성공한 사람은 꼭 외로워야만 하는가?", 중앙일보, 2014. 10. 24.

15 박승주, 위의 책

16 Baym, N. K.(1999), *Tune In, Log on: Soaps, Fandom, and Online Community*, SagePublications Inc.

17 Majchrzak, A., Logan, D., McCurdy, R. and Kirchmer, M.(2006), "Four Keys to Managing Emergence", *MIT Sloan Management Review*, Vol. 47, No. 2.

18 Mintzberg, H.(1994), *Rise and Fall of Strategic Planning*, Simon and Schuster.

19 "강태공의 육도 제1장", 다음팁 (http://tip.daum.net/openknow/67825260)

20 강영경(2012), "단군신화에 나타난 웅녀의 역할", 여성과 역사, Vol.16, pp.37-68.

21 강영경(2012), 위의 논문.

22 강영경(2012), 앞의 논문.

23 중소기업중앙회의 리더스포럼 인터뷰 내용 참조, 2014. 6. 25.
24 중소기업중앙회의 리더스포럼 인터뷰 내용 참조, 2014. 6. 25.
25 이해진 의장과의 대담 내용 참조, 2014. 8. 16.
26 이해진 의장과의 대담 내용 참조, 2014. 8. 16.
27 임원기(2007), 네이버, 성공신화의 비밀, 황금부엉이.
28 한류미래전략연구포럼(2012), 한류의 수익효과 및 자산가치 분석, 한국문화산업교류재단.
29 이장우 · 허재원(2013), "리더십과 조직역량이 해외진출 전략에 미치는 영향: 한류 음악 시장에서의 SM엔터테인먼트의 사례," KBR, 한국경영학회, Vol.17, No. 1, pp.243-266.
30 "매출 1조 원 대기업 된 '태양의 서커스'", 조선일보 위클리비즈, 2014. 11. 1-2.
31 임원기(2007), 네이버, 성공신화의 비밀, 황금부엉이.
32 임원기(2007), 위의 책
33 문보경 · 권건호 · 김민수(2011), 톡톡! 국민앱 카카오톡 이야기, 머니플러스.
34 임원기(2007), 위의 책
35 David A. V. & Mark, M.(2006), 구글, 성공신화의 비밀, 황금부엉이.
36 Mezrich, B.(2009), *The Accidental Billionaires*, Doubleday.
37 David A. V. & Mark, M.(2006), 위의 책
38 "매출 99%가 광고, 구글은 광고대행사?", 이버즈, 2006. 10. 09.
39 Richard L. Brandt(2010), 구글웨이, 북섬.
40 Mezrich, B.(2009), 위의 책.
41 Slywotzky, A. J. and Weber, K.(2012), 디맨드, 다산북스.
42 Slywotzky, A. J. and Weber, K.(2012), 위의 책.
43 "파괴적 혁신만이 애플을 따라잡는다", 매일경제, 2014. 8. 29.
44 이장우(2010), 위의 책.
45 Hamel, G. & Breen, B.(2008), 경영의 미래, 세종서적.
46 임일(2012), 격변하는 세상, 즉흥적 역량 키워야, 동아비즈니스리뷰 114호.
47 이장우(2013), 위의 책.
48 Nalebuff, B. J. and Brandenburg, A. M.(1996), *Co-opetition*, London: Harper Collins.

49 "'피라미드 저변' 이론 만든 하트 교수-저소득층이 금맥 될 것", 조선일보 위클리비즈, 2011. 01. 22.
50 유네스코 한국위원회(2005), 문화적 표현의 다양성 보호와 증진 협약.
51 "노자에게 배운다", 조선일보 위클리비즈, 2014. 8. 16.
52 "더 위험한 버튼을 눌러라. 보상도 크다", 중앙일보, 2014. 8. 1
53 Collins, J.(2004), 짐 콜린스의 경영 전략, 위즈덤하우스.
54 이장우, 창조경제에서 경영 전략, 법문사, 2013, p. 106.
55 이장우(2013), 위의 책, p. 99.
56 Partnoy, F.(2013), 위의 책.
57 이장우(2013), 위의 책.
58 Collins, J.(2004), 위의 책.
59 Collins, J.(2004), 위의 책.
60 Partnoy, F.(2013), 위의 책.
61 Partnoy, F.(2013), 위의 책.
62 이장우(2010), 대한민국 강소기업 스몰자이언츠, 미래인.
63 이장우(2010), 위의 책

KI신서 5838
창발경영

1판 1쇄 발행 2015년 1월 9일
1판 5쇄 발행 2015년 3월 4일

지은이 이장우
펴낸이 김영곤 **펴낸곳** (주)북이십일 21세기북스
부사장 이유남
책임편집 정지은 **디자인 표지** 북이십일 디자인팀 **본문** 네오북
영업본부장 안형태 **영업** 권장규 정병철 오하나
마케팅본부장 이희정 **마케팅** 민안기 김한성 김홍선 강서영 최소라 백세희
출판등록 2000년 5월 6일 제10-1965호
주소 (우 413-120) 경기도 파주시 회동길 201(문발동)
대표전화 031-955-2100 **팩스** 031-955-2151
이메일 book21@book21.co.kr **홈페이지** www.book21.com
트위터 @21cbook **블로그** b.book21.com

ISBN 978-89-509-5727-8 03320
책값은 뒤표지에 있습니다.